Kath Dalmeny

Kuscheltiere
selbst gestrickt

Kath Dalmeny

Kuscheltiere

selbst gestrickt

Bechtermünz

Meiner Mutter, die mich das Stricken lehrte.

Originaltitel: World of Knitted Toys
Originalverlag: David & Charles Ltd, England

Deutsche Erstausgabe

Fotografie: Alan Duns
Styling: Kath Dalmeny
Artwork: Penny Brown
Grafische Gestaltung: StoreyBooks

Ins Deutsche übertragen von Marina Benham
Bearbeitung der deutschen Ausgabe:
Maasburg GmbH, München
Redaktion: Helene Weinold-Leipold, Aystetten
Umschlaggestaltung: Atelier Seidel, Altötting

Gesamtherstellung: Neue Stalling, Oldenburg
Printed in Germany
ISBN 3-8289-2380-1

2005 2004 2003 2002 2001

Die letzte Jahreszahl gibt die aktuelle Lizenzausgabe an.

INHALT

Einführung

Gestrickte Spielsachen sind bei Kindern von jeher beliebt – man kann sie drücken, mit ihnen schmusen und spielen. Aber auch das Stricken macht Spaß und geht schnell von der Hand. In diesem Buch stelle ich Ihnen eine große Auswahl an Tieren aus allen Erdteilen vor: Klassiker wie Kätzchen, Affenbabys und junge Tiger, aber auch etwas ungewöhnlichere Tiere, die Sie wahrscheinlich nirgendwo sonst finden, beispielsweise Warzenschweine, Backenhörnchen und sogar ein Schnabeltier.

Jedes Kapitel beschäftigt sich mit einem anderen Lebensraum, mit seinen Tieren und jeweils einem Menschen, der dort zu Hause ist. Die Puppen tragen die für ihre Region typische Kleidung und sind oft mit allerlei Accessoires ausgestattet. Diese Details (am Hut des australischen Schafzüchters hängen sogar echte Korken!) und Zubehörteile liefern zahllose Anregungen zum Spielen.

Modelle für Einsteiger und Könner

Jedes Strickmodell ist einer von drei Kategorien zugeordnet: für Einsteiger, für Fortgeschrittene und für Könner. Das macht es Ihnen leicht, sich für ein Modell zu entscheiden.

Für Einsteiger
Diese Modelle gelingen auch Strick-Anfängern.

Für Fortgeschrittene
Einfach nachzuarbeiten mit anspruchsvolleren Details.

Für Könner
Für diese Modelle sollten Sie schon Erfahrung haben.

Material und Zubehör

Bei jedem Modell finden Sie eine Liste der dafür benötigten Materialien. Außerdem erfahren Sie, was Sie brauchen, um all die hübschen Dinge anzufertigen, mit denen Puppen und Tiere abgebildet sind.

Garn

Die meisten Modelle werden mit Stricknadeln Nr. 3 bis 3,5 und Garn entsprechender Stärke gearbeitet. Welche Garnmarke und -qualität Sie verwenden, bleibt Ihnen überlassen. Suchen Sie für jedes Modell das Garn aus, mit dem Sie den gewünschten Effekt erzielen. Alle Mengenangaben dienen nur als Anhaltspunkte. Beachten Sie bitte die Pflegehinweise auf der Garnbanderole. Die meisten Stricktiere überleben durchaus die Waschmaschinenwäsche, vorausgesetzt, sie sind nicht mit Kapok gefüllt und werden nicht geschleudert oder im Wäschetrockner getrocknet.

Strick- und Stecknadeln

Jede Anleitung gibt an, welche Nadelstärke zu verwenden ist. Sie müssen sich nicht an diese Angabe halten; bedenken Sie jedoch, dass Sie beim Stricken mit stärkeren Nadeln mehr Garn benötigen, als in der Materialliste angegeben ist. Benutzen Sie immer Stecknadeln mit großem Plastikkopf, da normale Stecknadeln mit kleinem Glas- oder Plastikkopf leicht in der Puppe oder dem Stricktier verschwinden und dann zu einer Gefahr für die damit spielenden Kinder werden können.

Augen

Die Spielsachen in diesem Buch sind mit Sicherheitsaugen ausgestattet. Diese bestehen aus einem kuppelförmigen Kunststoffteil mit Stiel an der Rückseite. Wenn das Auge in der richtigen Position sitzt, fixiert man es mit Hilfe eines Federrings, der über den Stiel geschoben wird. Gerade bei Tieren für Säuglinge können Sie die Augen aber auch einfach mit dunklem oder farbigem Garn aufsticken. Alternativ können Sie Augen aus Filz aufnähen. Unten finden Sie Schablonen für alle Augengrößen, die für die Modelle in diesem Buch benötigt werden. Der größere Kreis jedes Augenpaares wird aus farbigem Filz geschnitten, der kleinere Kreis für die Pupille aus schwarzem Filz. Pausen Sie die Kreise auf Papier durch und schneiden Sie sie aus. Verwenden Sie die Papierkreise als Schablone und zeichnen Sie rundherum die Kontur auf den Filz. Schneiden Sie die Filzkreise aus, nähen Sie die Pupille auf den farbigen Kreis und anschließend das fertige Auge auf das Gesicht.

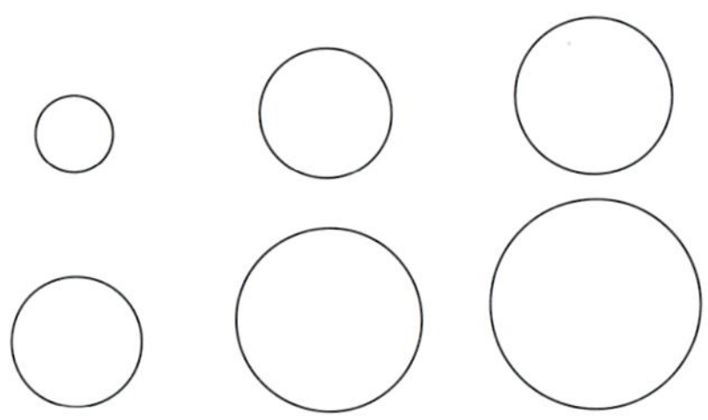

10 mm 14 mm 16 mm

Schablonen für Filzaugen

Füllmaterial

Polyesterwatte eignet sich am besten als Füllmaterial für Strickspielzeug. Sie ist ungefährlich, hygienisch, waschbar und leicht zu verarbeiten. Kapok staubt leicht, „kriecht“ durch die Strickmaschen nach außen und verklumpt im Inneren des Tieres. Kleinere Spielsachen oder kompliziert geformte Figuren stopfen Sie am besten während des Zunähens nach und nach mit Füllmaterial aus, statt alles am Ende durch eine winzige Öffnung einzufüllen.

Sicherheitshinweise

Wenn Sie Spielsachen für Säuglinge oder Kleinkinder unter drei Jahren anfertigen, sollten Sie sich vergewissern, dass alle Einzelteile wirklich fest zusammengenäht sind. Außerdem sollten Sie alle zusätzlichen Dekorationsteile wie Perlen und Pfeifenreiniger weglassen.

Abkürzungen

abk = abketten
anschl = anschlagen
arb = arbeiten
Fb = Farbe
cm = Zentimeter
li = links
M = Masche(n)
mm = Millimeter
Nd = Nadel
R = Reihe
re = rechts
str = stricken
wdh = wiederholen
weiterstr = weiterstricken
zun = zunehmen
zusstr = zusammenstricken

Hinweis zu den Strickanleitungen

Werden Anleitungsteile in Klammern angegeben, so steht davor jeweils, wie oft die Arbeitsschritte in Klammern zu arbeiten sind. „3x (2 M re zusstr, 2 M re)“ beispielsweise würde ausgeschrieben so lauten: „2 M re zusstr, 2 M re, 2 M re zusstr, 2 M re, 2 M re zusstr, 2 M re“.

GRUNDTECHNIKEN

Alle Arbeitstechniken, die Sie zur Herstellung der Projekte aus diesem Buch benötigen, sind hier zusammengestellt: das Anschlagen und Abketten, das Stricken rechter und linker Maschen sowie das Zusammensetzen der Einzelteile und das Aufsticken von Details.

Stricken

Für die Projekte in diesem Buch müssen Sie nur einige einfache Techniken beherrschen. Die meisten Modelle werden glatt rechts gestrickt; nur selten brauchen Sie andere Maschen für Spezialeffekte.

Maschenanschlag

Den Faden mindestens 1 m vom Fadenende entfernt um die Finger der linken Hand legen und von vorne nach hinten einmal um den Daumen schlingen. Das Ende wird zwischen Mittel- und Ringfinger oder zwischen Ringfinger und kleinem Finger gehalten. Zwei Stricknadeln parallel von unten in die Daumenschlinge einstechen und anschließend von vorne nach hinten den Faden erfassen, der zwischen

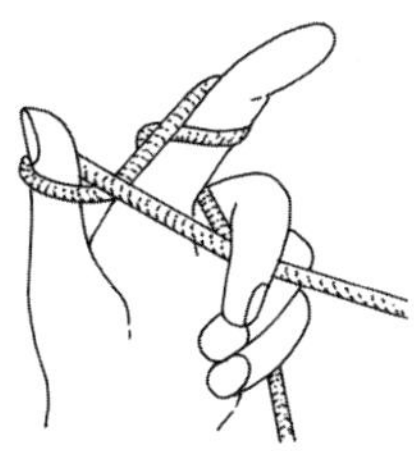

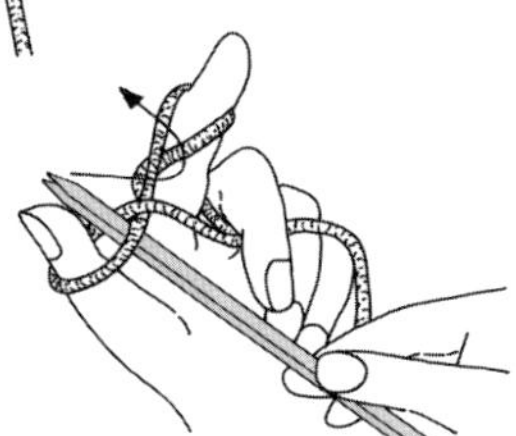

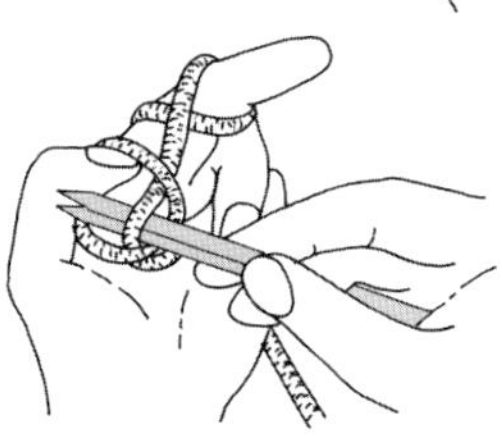

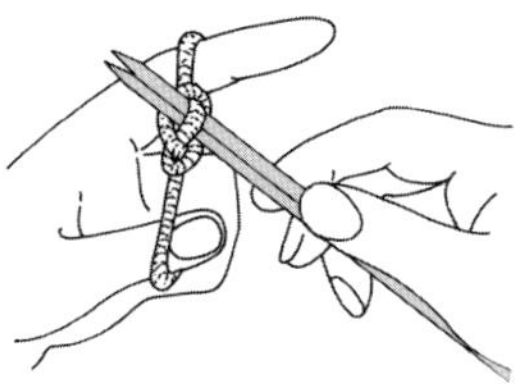

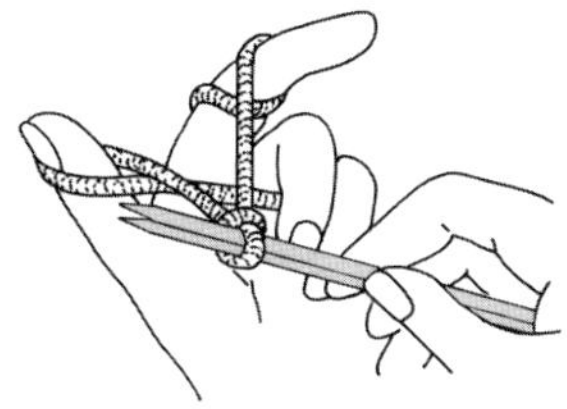

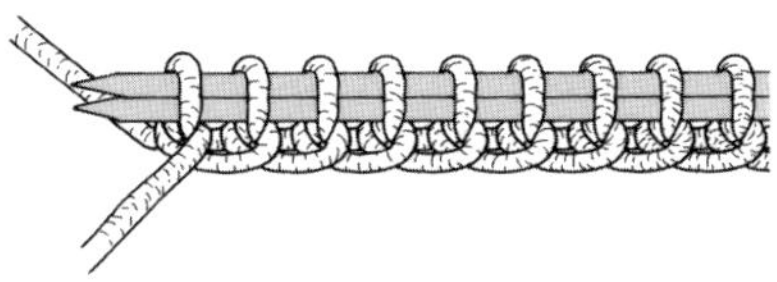

Daumen und Zeigefinger verläuft. Den Faden durch die Schlinge ziehen und die Daumenschlinge vom Daumen gleiten lassen. Mit dem Daumen das Fadenende wieder aufnehmen und wie vorher um den Daumen schlingen. Dabei zieht sich die erste Masche zusammen.
Nun wieder von unten in die neue Daumenschlinge einstechen und eine weitere Masche bilden. Die benötigte Maschenzahl so anschlagen.

Abketten

Die ersten beiden Maschen mustergerecht abstricken. *Mit der linken Nadel die erste Masche über die zweite heben und von der Nadel gleiten lassen. Die nächste Masche arbeiten und ab * wiederholen, bis nur noch eine Masche auf der rechten Nadel übrig ist. Das Garn abschneiden und durch die letzte Masche ziehen.

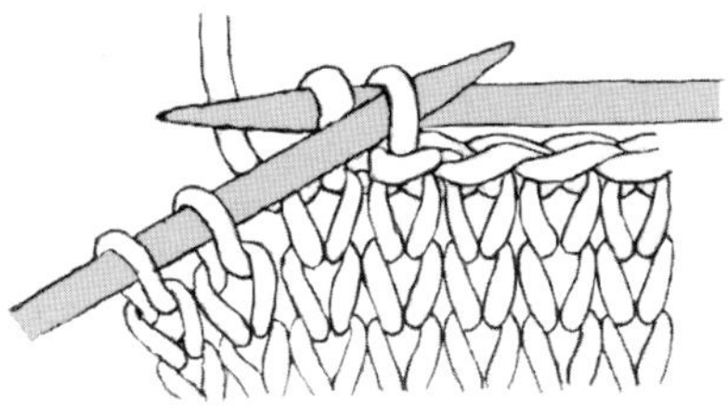

Rechte Maschen (1 M re)

Das Garn auf der Rückseite der Arbeit halten. Die rechte Nadel von links nach rechts durch das vordere Glied der ersten Masche auf der linken Nadel einstechen. Das Garn von vorne nach hinten um die rechte Nadel legen. Dann die rechte Nadel mit der Schlinge (= neue Masche)

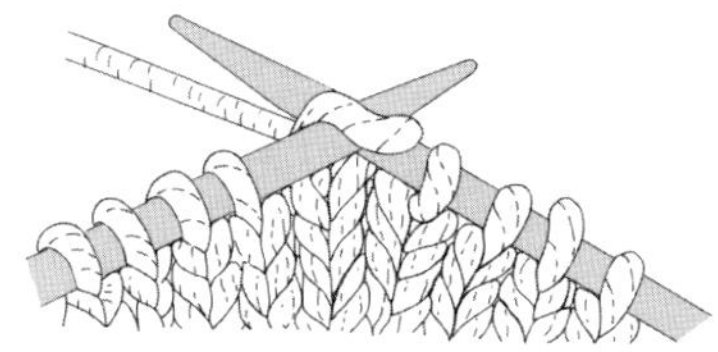

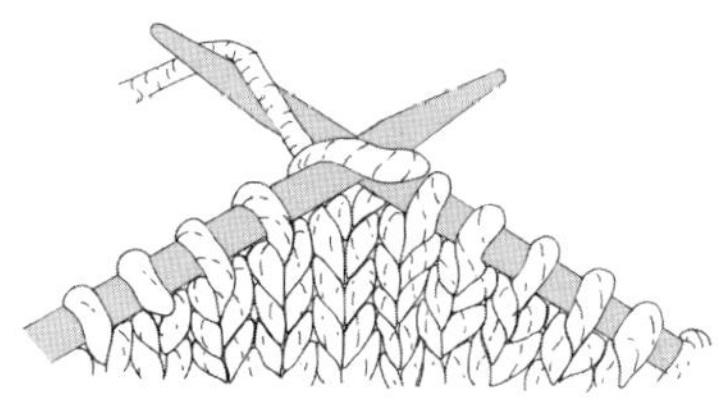

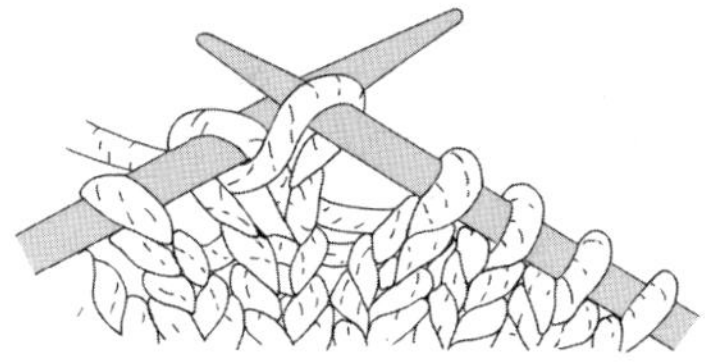

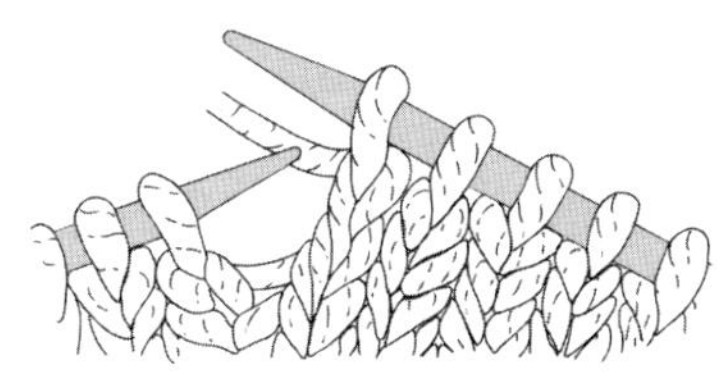

durch die Masche auf der linken Nadel ziehen. Die ursprüngliche Masche von der linken Nadel gleiten lassen, dabei die neue Masche auf der rechten Nadel behalten.

Linke Maschen (1 M li)

Das Garn auf der Vorderseite der Arbeit halten. Die rechte Nadel von rechts nach links durch das vordere Glied der ersten Masche auf der linken Nadel einstechen. Das Garn von vorne nach hinten um die rechte Nadel legen. Dann die rechte Nadel mit der Schlinge (= neue Masche)

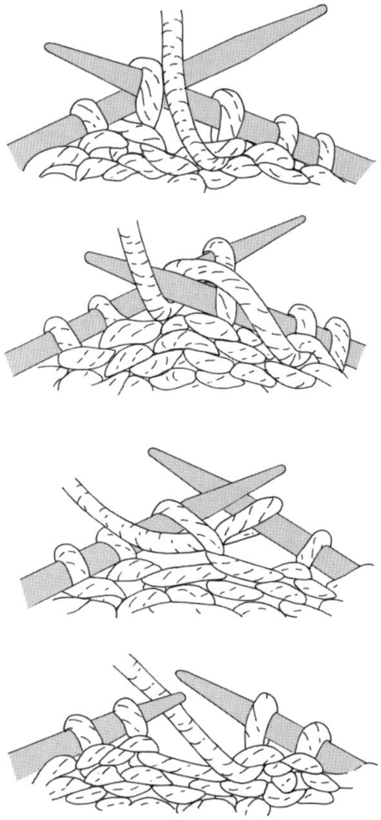

durch die Masche auf der linken Nadel ziehen. Die ursprüngliche Masche von der linken Nadel gleiten lassen, dabei die neue Masche auf der rechten Nadel behalten.

Glatt rechts (gl re)
In Hinreihen rechte Maschen, in Rückreihen linke Maschen stricken. Die Arbeit erhält dadurch eine glatte und eine strukturierte Seite.

Glatt links (gl li)
Wie glatt rechts arbeiten, jedoch werden die Hinreihen links, die Rückreihen rechts gestrickt, sodass die strukturierte Seite zur Schauseite wird.

Rippenmuster – Rechte und linke Maschen wechseln sich innerhalb einer Reihe ab. Die in einer Reihe rechts gestrickten Maschen werden in der nächsten Reihe links gearbeitet, die links gestrickten Maschen in der nächsten Reihe rechts.
Bei einer geraden Maschenzahl werden die Rippen wie folgt gestrickt:
1. Reihe: *1 M re, den Faden vor die Arbeit legen, 1 M li, den Faden hinter die Arbeit legen, ab * wdh bis zum Ende der R.
2. Reihe (= wie 1. Reihe): *1 M re, den Faden vor die Arbeit legen, 1 M li, den Faden hinter die Arbeit legen, ab * wdh bis zum Ende der R.
Bei einer ungeraden Maschenzahl wird die zweite Reihe wie folgt gearbeitet: *1 M li, 1 M re, ab * wdh bis zum Ende der R. In jedem Fall werden die Maschen „gestrickt, wie sie erscheinen“: Befinden sich glatte, V-förmige Maschen unterhalb der nächsten zu arbeitenden Masche, so wird diese rechts gearbeitet. Sind die Maschen unterhalb der nächsten zu arbeitenden Masche strukturiert, dann wird diese links gearbeitet.
1. und 2. Reihe stets wiederholen.

Perlmuster – Auch hier wechseln – wie beim Rippenmuster – rechte und linke Maschen innerhalb einer Reihe ab, doch wird jede Masche in Hin- und Rückreihen gleich gestrickt, sodass sich hier ein strukturiertes Muster ergibt.
Bei einer geraden Maschenzahl wird das Perlmuster wie folgt gearbeitet:
1. Reihe: *1 M re, den Faden vor die Arbeit legen, 1 M li, den Faden hinter die Arbeit legen, ab * wdh.
2. Reihe: *1 M li, 1 M re, ab * wdh.
Bei einer ungeraden Maschenzahl wird die zweite Reihe wie folgt gearbeitet: *1 M re, 1 M li, ab * wdh.
Als Regel gilt: Befindet sich eine glatte V-förmige Masche unterhalb der nächsten zu arbeitenden Masche, muss diese links gearbeitet werden; befindet sich dort eine strukturierte Masche, so muss die nächste Masche rechts gearbeitet werden.
1. und 2. Reihe stets wiederholen.

Ansetzen einer neuen Farbe – Bei allen Modellen in diesem Buch sind Farbwechsel nur am Reihenende oder -anfang vorgesehen. Daher wird bis zum Ende der Reihe mit der ursprünglichen Farbe gearbeitet. Dieses Garn abschneiden, jedoch ein etwa 15 cm langes Stück Faden hängen lassen, das später zum Zusammennähen verwendet wird.
Die neue Farbe mit dem alten Garn verknoten (möglichst dicht am Gestrick) und mit der neuen Farbe weiterarbeiten.

Markierungen – Manchmal müssen bestimmte Reihen innerhalb der Arbeit gekennzeichnet werden. Dazu wird ein kurzes Stückchen Garn in einer Kontrastfarbe durch ein oder zwei Maschen am Ende der entsprechenden Reihe gezogen.

Abnehmen (2 M re bzw. li zusstr)
Hier werden zwei rechte oder zwei linke Maschen gemeinsam abgestrickt (2 M re zusstr; 2 M li zusstr), als ob es sich um eine einzige Masche handelte. Die rechte Nadel in beide Maschen einstechen, den Arbeitsfaden wie gewohnt auffassen und durch beide Maschen gleichzeitig ziehen.

Zunehmen (1 M zun) – In einer rechts gestrickten Reihe wird wie folgt zugenommen: Den Querfaden zwischen der eben gestrickten und der nächsten Masche auf die linke Nadel heben und rechts verschränkt abstricken (= von rechts nach links einstechen).
In einer links gestrickten Reihe wie folgt zunehmen: Den Querfaden zwischen der eben gestrickten und der nächsten Masche auf die linke Nadel heben und links verschränkt abstricken (= von hinten nach vorne einstechen).

Maschenprobe – Für Spielsachen nicht ganz so wichtig wie für Bekleidung, bei der Größe und Passform eine entscheidende Rolle spielen. Die Maschenprobe soll Ihnen nur als Anhaltspunkt dienen. Wenn Ihre Puppe oder Ihr Tier größer werden soll als das im Buch abgebildete Modell, verwenden Sie dickeres Garn und stärkere Nadeln. Umgekehrt entsteht aus dünnerem Garn, das mit Nadeln geringerer Stärke verstrickt wird, ein kleineres Tier. Achten Sie darauf, dass das Maschenbild möglichst dicht wird, damit später nicht die Füllung zwischen den Maschen herausquillt.

Sticken

Einige Details bei den Spielsachen – etwa der Mund, Tupfen oder Knopflöcher – werden in einfachen Stichen mit Strickgarn und einer dicken Sticknadel ohne Spitze aufgestickt.

Kettstich – Die Nadel an der Stelle ausstechen, an der die Kettstichlinie beginnen soll. *Die Nadel durch das Ausgangsloch wieder einstechen und die Spitze etwa 1 cm weiter in Richtung der gewünschten Linie wieder ausstechen. Das Garn um die Nadelspitze legen, dann die Nadel durchziehen, sodass sich eine Schlinge bildet, die durch das Garn in Form gehalten wird. Ab * wiederholen bis zum Ende der Kettstichlinie.

Knopflochstich – Der Knopflochstich wird von links nach rechts gearbeitet. Das Garnende in der Nähe des Knopfloches auf der Rückseite der Arbeit vernähen. Die Nadel etwa 1 cm vom Rand des Knopflochs entfernt ausstechen. *Die Nadel neben der Ausgangsstelle einstechen und auf der Randlinie des Knopflochs wieder ausstechen. Das Garn um die Nadel legen und die Nadel durchziehen. Ab * um das ganze Knopfloch herum wiederholen, dann das Garn vernähen.

Margeritenstich – Er besteht aus fünf Kettstichen, die von einem zentralen Punkt ausgehen.

Maschenstich – Farbige Muster, die nur schwer einzustricken sind, können nachträglich im Maschenstich aufgestickt werden und sehen dann wie gestrickt aus.
Jede gestrickte Masche sieht aus wie ein V. Die Nadel an der unteren Spitze eines V ausbringen. Das Garn über den rechten Schenkel des V nach oben führen, die Nadel an der rechten oberen Ecke ein- und an der linken oberen Ecke wieder ausstechen. In die untere Spitze des V einstechen, die Nadel hinter der Arbeit zur unteren Spitze des links daneben liegenden V führen und dort wieder ausstechen. In Zählmustern für Stickereien im Maschenstich wird jeder V-förmige Stich durch ein Quadrat mit einem schwarzen Punkt in der Mitte dargestellt.

Vorstich – Eine Reihe von Stichen, die durch die Strickarbeit in einer Linie auf und ab geführt werden.

Fertigstellung

Die meisten Spielsachen bestehen aus Einzelteilen, die ausgestopft und dann zusammengenäht werden. Verwenden Sie dazu eine stumpfe Sticknadel oder eine Wollnadel und farblich zur Strickarbeit passendes Garn.

Leiterstich – Er hält zwei ausgestopfte Teile zusammen. Teil 1 in der richtigen Position an Teil 2 halten. *Einen Stich in Teil 1 ansetzen, dann in Nahtrichtung einen Stich in Teil 2 arbeiten. Ab * wiederholen, bis die Teile auf der ganzen Strecke, an der sie einander berühren, fest verbunden sind. Danach das Garn mit einigen Stichen vernähen.

Matratzenstich – Durch den Matratzenstich werden die Nähte zwischen zwei gestrickten Teilen sauber geschlossen. *Die Nadel durch eine Masche an der Kante von Teil 1 ausstechen. In Nahtrichtung durch eine Masche von Teil 2 ein- und eine Masche weiter wieder ausstechen. Eine Masche vom ersten Ausstichpunkt entfernt wieder in Teil 1 einstechen. Ab * wiederholen, bis die Naht geschlossen ist.

Abwinkeln (Formgebung am Kopf und an den Pfoten)

Kopf-, Schwanz- und Pfotenteile werden oft durch Abknicken eines Teiles der Arbeit geformt, indem man den Leiterstich einsetzt, um die Teile in Form zu halten (siehe Abbildung). Arbeiten Sie die Stiche möglichst gleichmäßig.

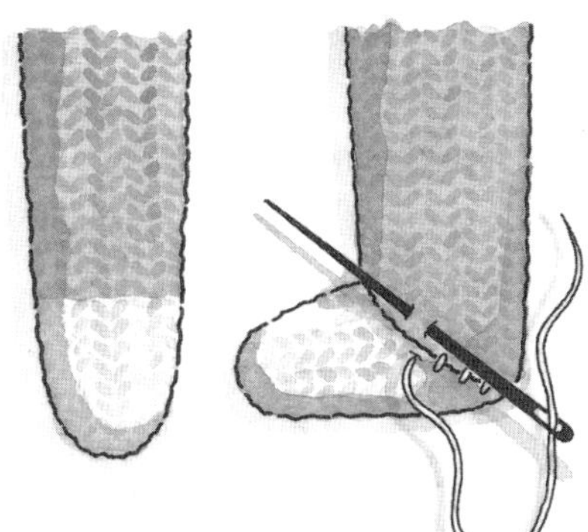

Maul – Meistens wird das Maul der Tiere in diesem Buch aus Spannstichen mit Garn in der gewünschten Farbe gearbeitet. Dann wird es durch viele kleine Stiche mit farblich

passendem Nähgarn in einer leicht gebogenen Linie fixiert (siehe Abbildung oben).

Garn vernähen – Nach dem Nähen mit dem Strickgarn muss das Garn innerhalb der Strickarbeit an einer Stelle vernäht werden, an der die Stiche nicht zu sehen sind (beispielsweise unter dem Arm oder hinter dem Ohr). Arbeiten Sie winzige Stiche übereinander, um das Garn fest zu vernähen, bevor Sie das Garnende abschneiden.

Dekorative Details

Luftmaschenkette – Aus dem Garn eine Schlinge formen, die Häkelnadel durchführen und den Arbeitsfaden durchholen. Die Schlinge festziehen. In gleicher Weise fortfahren, bis die gewünschte Länge erreicht ist.

Zopf – Aus drei Garnfäden oder -strängen entsteht ein dekoratives und vielseitig verwendbares Band. Alle drei Fäden (oder Stränge aus jeweils mehreren Fäden) nebeneinander legen und an einem Ende verknoten. *Den linken Faden über den mittleren legen, dann mit dem rechten Faden den links daneben liegenden überkreuzen. Ab * wiederholen, bis der Zopf die gewünschte Länge hat. Das Ende verknoten.

Pompon – Das Garn locker vielfach um die Finger wickeln. In der Mitte mit einem weiteren Stück Garn fest abbinden. Das Garn von den Fingern gleiten lassen und alle Schlaufen durchtrennen. Den Pompon in Form schneiden.

So stricken Sie die Puppen

Größe: ca. 29 cm

Alle Strickpuppen in diesem Buch werden auf die hier beschriebene Weise gearbeitet. In den Anleitungen zu den jeweiligen Modellen finden Sie zusätzliche Details zu Kleidung und Frisur sowie Angaben zu Werkzeug und Zubehör, die zu den Puppen passen.

Maschenprobe

26 M/34 R gl re mit Nd Nr. 3,5 = 10 cm x 10 cm

Anleitung

Die Einzelteile der Puppen werden glatt rechts gestrickt und später zusammengenäht. Um die Teile zu formen, wird nur in den rechts gestrickten Hinreihen zu- oder abgenommen. Die Rückreihen werden stets links gestrickt.
Die Grundtechniken, die Sie beherrschen müssen, um die Puppen zu arbeiten, sind auf Seite 9 bis 11 ausführlich beschrieben.

Rumpf und Kopf

1x arbeiten.
44 M anschl und 28 R gl re str (1. R = Hin-R re).

Schultern

29. Reihe: 9 M re, 2x 2 M re zusstr, 18 M re, 2x 2 M re zusstr, 9 M re (= 40 M.). *30. Reihe und alle folgenden Rückreihen:* Li str. *31. Reihe:* 8 M re, 2x 2 M re zusstr, 16 M re, 2x 2 M re zusstr, 8 M re (= 36 M). *33. Reihe:* 7 M re, 2x 2 M re zusstr, 14 M re, 2x 2 M re zusstr, 7 M re (= 32 M).
35. Reihe: 6 M re, 2x 2 M re zusstr, 12 M re, 2x 2 M re zusstr, 6 M re (= 28 M). *37. Reihe:* 5 M re, 2x 2 M re zusstr, 10 M re, 2x 2 M re zusstr, 5 M re (= 24 M). *38. Reihe:* Li str. Den Anfang und das Ende dieser R mit einem kontrastfarbenen Faden markieren.

Kinn

39. Reihe: 1 M re, 7x (1 M zun, 2 M re), 1 M zun, 1 M re (= 32 M).
41. Reihe: 5 M re, 2x (1 M zun, 3 M re), 1 M zun, 4 M re, 2x (1 M zun, 3 M re), 1 M zun, 5 M re (= 38 M).
43. Reihe: 5 M re, 2x (1 M zun, 4 M re), 1 M zun, 6 M re, 2x (1 M zun, 4 M re), 1 M zun, 5 M re (= 44 M).
44. – 48. Reihe: Gl re str (= insgesamt 10 R ab Kontrastfaden; 44. R = Rück-R li).

Nase

49. Reihe: 22 M re, wenden, 5 M neu anschl (= Unterteil der Nase), wenden und bis zum Ende re arb (= 49 M).
50. - 52. Reihe: Gl re str (= insgesamt 14 R ab Kontrastfaden; 50. R = Rück-R li). *53. Reihe:* 22 M re, 2 M re zusstr, 1 M re, 2 M re zusstr, 22 M re (= 47 M). *55. Reihe:* 21 M re, 2 M re zusstr, 1 M re, 2 M re zusstr, 21 M re (= 45 M). *56. - 60. Reihe:* Gl re str (= insgesamt 22 R ab Kontrastfaden; 56. R = Rück-R li).

Oberteil des Kopfes

61. Reihe: 5 M re, 7x (2 M re zusstr, 3 M re), 5 M re (= 38 M). *63. Reihe:* 3 M re, 8x (2 M re zusstr, 2 M re), 3 M re (= 30 M). *65. Reihe:* 2 M re, 4x (2 M re zusstr, 1 M re), 2 M re, 4x (2 M re zusstr, 1 M re), 2 M re (= 22 M).
67. Reihe: 3 M re, 8x 2 M re zusstr, 3 M re (= 14 M). Den Faden abschneiden, das Ende durch die letzte M ziehen. Dies ist das Oberteil des Kopfes. Das Strickteil der Länge nach rechts

auf rechts zusammenlegen und die Öffnung an der Nase zunähen; dann wieder links auf links legen und die lange Naht an Hinterkopf und Rücken von oben nach unten im Matratzenstich schließen. Rechts und links von der Nase die Sicherheitsaugen anbringen. Kopf und Körper mit Bastelwatte füllen und die Naht am unteren Rumpfende schließen. Kontrastfaden entfernen.

Beine (2 x)

Für die Fußspitze 16 M anschl.
1. Reihe: Li M str. *2. Reihe:* 1 M re, 1 M zun, 6 M re, 2x (1 M re, 1 M zun), 6 M re, 1 M zun, 1 M re (= 20 M), *3. – 28. Reihe:* Gl re str (3. R = Rück-R li). *39. Reihe:* Alle M abk.
Das Strickteil rechts auf rechts zusammenlegen. Die Nähte an der Fußspitze und an der Seite im Matratzenstich schließen, das Bein mit Bastelwatte füllen und die letzte Öffnung zunähen. Das Bein im Leiterstich an den Körper nähen, etwa 4 cm von der Fußspitze entfernt im rechten Winkel abknicken und im Leiterstich fixieren. Beide Beine gleich arbeiten.

Arme (2 x)

14 M anschl. *1. Reihe:* Li M str. *2. Reihe:* 1 M re, 1 M zun, 5 M re, 2x (1 M re, 1 M zun), 5 M re, 1 M zun, 1 M re (= 18 M). *3. – 27. Reihe:* Gl re str (27. R = Rück-R li). *28. – 36. Reihe:* Gl re str, dabei am Beginn, in der Mitte und am Ende jeder Hin-R 2 M re zusstr (= 3 M). *37. Reihe:* Alle M li abk (= Schultern).
Den Arm rechts auf rechts zusammenlegen. Die Nähte an den „Fingerspitzen" und an der Seite schließen, den Arm mit Bastelwatte füllen und das offene Ende im Leiterstich an den Körper nähen. Etwa 2,5 cm von den „Fingerspitzen" entfernt farblich passendes Garn fest um den Arm wickeln, um die Hand zu formen. Die Garnenden mit Stichen fixieren.

Ohren (2 x)

8 M anschl und 1 R li M str. *2. Reihe:* 2 M re in die 1. M str (= 1 M zun), 6 M re, 2 M re in die letzte M str.
3. – 6. Reihe: Gl re str (3. R = Rück-R li). Alle M abk.
Mit farblich passendem Garn um das Strickteil herumnähen, um das Ohr in Form zu bringen. Das fertige Ohr seitlich an den Kopf nähen.

Mund

Arbeiten Sie einen langen waagêrechten Spannstich und formen Sie den Mund durch winzige Stiche in farblich passendem Nähgarn aus (siehe Seite 11).

Haare

Häkeln Sie eine etwa 3 m lange Luftmaschenkette und nähen Sie diese mit Nähgarn um den Puppenkopf, wobei Sie hinter einem Ohr beginnen. Die Kette bestimmt den Haaransatz (siehe Abbildung oben). Von dieser äußeren Umrandung ausgehend nähen Sie die Kette weiter von außen nach innen rund um den Kopf, um dessen Oberfläche ganz zu bedecken. Das letzte Ende der Kette befestigen Sie in der Mitte des Kopfes.

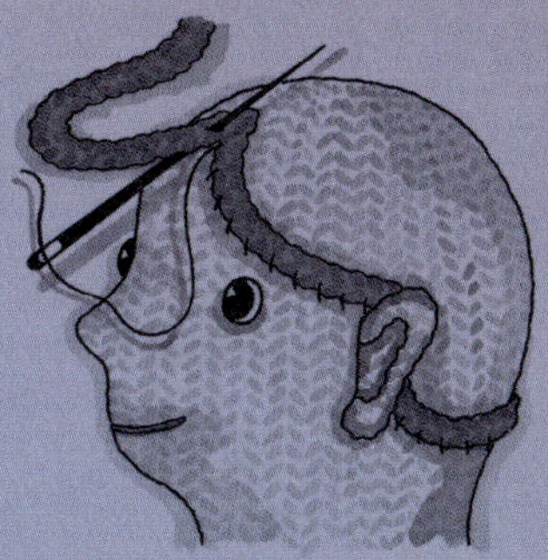

Zöpfe (2 x)

Schneiden Sie 6 Stücke Garn von jeweils etwa 20 cm Länge zu. Bündeln Sie die Fäden und binden Sie alle in der Mitte mit einem weiteren Stück Garn zusammen (damit wird später der Zopf am Kopf angenäht). Legen Sie das Garn an der abgebundenen Stelle zur Hälfte zusammen. Danach teilen Sie die 12 Fäden in 3 Stränge à 4 Fäden. Diese Stränge flechten Sie bis ca. 5 cm vom Ende entfernt zusammen (s. Grundtechniken, S. 11). Das Zopfende verknoten Sie und binden buntes Garn als Schleife darum. Zöpfe hinter den Ohren annähen.

Im Dschungel

Indianer aus Südamerika

Größe: ca. 29 cm

In den Dschungeln Südamerikas leben noch viele eingeborene Völker das traditionelle Leben der Jäger und Sammler. Es ist ein einfaches Leben im Einklang mit der Natur – die Menschen respektieren ihre Umwelt und den üppigen tropischen Regenwald, der sie mit allem Lebensnotwendigen versorgt.

Dieser Südamerikaner trägt den traditionellen Lendenschurz – vielleicht für eine Feier zu Ehren des Dschungels. Auf seinem Schild erkennen wir Schlangen und eine Echse, und in seinem Haar stecken bunte Papageienfedern.

Schwierigkeitsgrad

Für Fortgeschrittene. Alle Teile sind einfach anzufertigen. Für Lendenschurz, Schild und Speer brauchen Sie etwas mehr Zeit, Sie können sich die Arbeit aber erleichtern, indem Sie einige Details weglassen. Wenn Sie diesen Indianer für ein kleines Kind anfertigen, so empfiehlt es sich eventuell, den Lendenschurz an den Körper zu nähen, damit er nicht verloren geht.

Strickgarn (LL ca. 160 m/50 g) in folgenden Mengen und Farben: 50 g in Braunrot, 20 g in Natur (für den Lendenschurz), Reste in Schwarz und Dunkelbraun sowie in beliebigen anderen Farben für Lendenschurz und Schild
Stricknadeln Nr. 3 – 3,5
Häkelnadel Nr. 3 – 3,5
2 Sicherheitsaugen, Ø 10 mm
Sticknadel Nr. 18 ohne Spitze
Nähnadel
Nähgarn, dunkelbraun
Kunstfaser-Bastelwatte (waschbar)
Außerdem:
Karton für Schild und Speerspitze; Klebstoff; doppelseitiges Klebeband; Bastelfarbe, silber; Holzstäbchen (z. B. Schaschlikspieß) für den Speer; kleine Federn oder Garnreste

Maschenprobe

26 M/34 R gl re = 10 x 10 cm

Anleitung

Die Grundanleitung für Strickpuppen finden Sie auf Seite 12.
Die Grundtechniken, die Sie beherrschen müssen, um die Puppen zu arbeiten, sind auf Seite 9 bis 11 ausführlich beschrieben.

Rumpf und Kopf

1x in Braunrot arbeiten.
Die Teile stricken und zusammennähen, wie auf Seite 12/13 beschrieben.

Beine, Arme und Ohren

Je 2x in Braunrot arbeiten.
Die Teile stricken und im Leiterstich an den Körper nähen.

Lendenschurz

2x in Natur arbeiten.
20 M anschl und 22 R gl re str (1. R = Hin-R re). Alle M abk (= Oberkante).
Eine 40 cm lange Luftmaschenkette häkeln. Beide Teile des Lendenschurzes mit 1 cm Abstand und der rechten Seite nach oben nebeneinander legen. Die Luftmaschenkette mit unsichtbaren Stichen an der Oberkante der Teile annähen.
Die Bordüre nach Zählmuster (unten) im Maschenstich auf die beiden Rockteile sticken (siehe auch Grundtechniken, Seite 11, und Foto, Seite 17).

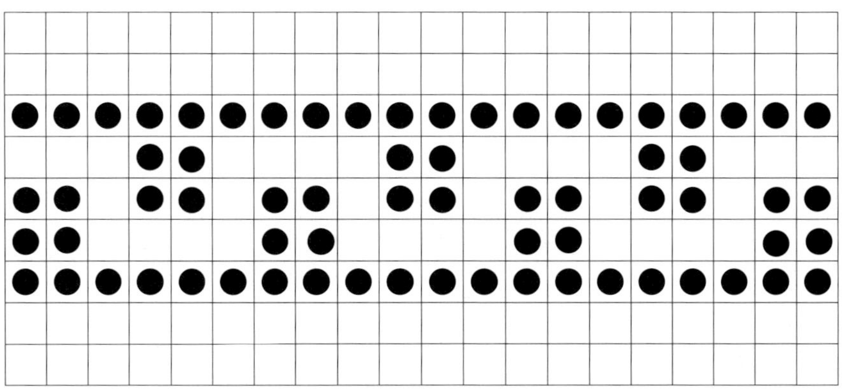

Zählmuster für den Lendenschurz

Vorlage für den Schild (Originalgröße)

Accessoires

Schild: Übertragen Sie die Konturen auf Karton und schneiden Sie den Schild aus. Überziehen Sie den ganzen Schild mit doppelseitigem Klebeband und ziehen Sie die Schutzschicht ab. Bedecken Sie die Konturen der Motive und den Hintergrund mit farbigem Garn. Auf die Rückseite kleben Sie einen Streifen Karton als Griff.

Speer: Schneiden Sie ein kleines Dreieck aus Karton zu und kleben Sie es an die Spitze des Holzstäbchens. Bemalen Sie diese Speerspitze mit Silberfarbe.

Haarband: Häkeln Sie eine 22,5 cm lange Luftmaschenkette und nähen Sie dieses Haarband rund um den Kopf des Indianers. Stecken Sie kleine Federn in das Band.

Mund

In Dunkelbraun aufsticken, wie auf Seite 13 beschrieben.

Haare

In Schwarz arbeiten, wie auf Seite 13 beschrieben.

KLAMMERAFFE

Größe: Mutter ca. 66,5 cm, Kind ca. 43 cm

Als Artisten des Dschungels können sich Klammeraffen auf der Suche nach ihren Lieblingsfrüchten mit erstaunlicher Geschwindigkeit durch die hohen Zweige der Bäume schwingen. Sie spielen auch gern zusammen unter dem Blätterdach des Dschungels und messen dabei ihre Talente als Turner. Dabei kreischen sie fröhlich.

Bei diesen gestrickten Klammeraffen sind Arme und Beine bewusst weich ausgestopft, damit die Tiere sich ganz natürlich über Tisch, Bett oder Schulter legen oder – mit ein wenig Unterstützung – munter turnen können! Sie wollen einfach überall dabei sein – egal, ob ein kleiner Rabauke sie nun an einem Fuß hinter sich her schleppt oder Kinderarme sie fest umarmen.

Schwierigkeitsgrad

Für Einsteiger. Arme, Beine, Körper, Kopf, Ohren und Schwanz sind einfache Rechtecke mit wenigen Zu- und Abnahmen. Nur das Gesicht ist etwas komplizierter, und die einzelnen Finger erfordern etwas Geduld. Wer ungern flauschiges Mohairgarn verstrickt oder einen Affen für ein Baby anfertigt, verwendet einfach normales Sportgarn.

Für beide Affen:
Stricknadeln Nr. 3 – 3,5
Sticknadel Nr. 18 ohne Spitze
Nähnadel; Nähgarn, schwarz
Kunstfaser-Bastelwatte (waschbar)

Für die Affenmutter:
120 g Mohairgarn in Kastanienbraun
40 g Sportgarn oder Strickwolle (LL ca. 160 m/50 g) in Mittelbraun, Rest in Schwarz
2 Sicherheitsaugen, Ø 14 mm

Für das Affenbaby:
60 g Mohairgarn in Kastanienbraun
20 g Sportgarn oder Strickwolle (LL ca. 160 m/50 g) in Mittelbraun, Rest in Schwarz
2 Sicherheitsaugen, Ø 10 mm

Maschenprobe

26 M/34 R gl re = 10 x 10 cm

Anleitung

Die Grundtechniken, die Sie beherrschen müssen, um die Affen zu arbeiten, sind auf S. 9 bis 11 ausführlich beschrieben.

Die Angaben für die Affenmutter stehen vor dem Schrägstrich, die für das Affenbaby dahinter. Steht nur eine Angabe, so gilt sie für beide Modelle.

Rumpf und Kopf

1x aus dunkelbraunem Mohairgarn arbeiten.
60/40 M anschl und 100/70 R gl li str (1. R = Rück-R re).
101./71. Reihe: *2 M re zusstr, 26/16 M re, 2 M re zusstr; ab * 1x wdh.
102./72. Reihe und alle weiteren geraden Reihen: Li M str.
103./73. Reihe: *2 M re zusstr, 24/14 M re, 2 M re zusstr; ab * 1x wdh.
105./75. Reihe: *2 M re zusstr, 22/12 M re, 2 M re zusstr; ab * 1x wdh.
107./77. Reihe: *2 M re zusstr, 20/10 M re, 2 M re zusstr; ab * 1x wdh.
109./79. Reihe: *2 M re zusstr, 18/8 M re, 2 M re zusstr; ab * 1x wdh.
110./80 Reihe: Li M str/für das Affenbaby alle M li abk.
111. Reihe (Affenmutter): *2 M re zusstr, 16 M re, 2 M re zusstr; ab * 1x wdh.
113. Reihe: *2 M re zusstr, 14 M re, 2 M re zusstr; ab * 1x wdh (= 32 M).
114. Reihe: Alle M li abk (= Scheitel).
Das Strickteil der Länge nach mit der glatt links gestrickten Seite nach außen zusammenlegen, die Naht am Oberkopf und an der Seite schließen. Kopf und Körper mit Bastelwatte füllen; auch die untere Naht schließen.
Hals: Etwa 15 cm/10 cm vom Scheitel entfernt eine Runde Vorstiche in passender Farbe arbeiten und den Faden festziehen, um den Hals zu bilden (siehe Grundtechniken, Seite 11). Das Garnende mit einigen kleinen Stichen befestigen.

Arme und Beine

4x aus kastanienbraunem Mohairgarn arbeiten.
30/20 M anschl und 80/60 R gl li str (1. R = Rück-R re). Alle M abk.
Jedes Rechteck der Länge nach mit der glatt links gestrickten Seite nach außen zusammenlegen, eine Schmalseite und die Längsseite im Matratzenstich zusammennähen. Das Teil locker mit Bastelwatte füllen und die Naht an der zweiten Schmalseite schließen.
Alle 4 Teile gleich arbeiten und mit Leiterstichen am Rumpf befestigen.
Knie und Ellenbogen: Die Arme und Beine jeweils in der Mitte abknicken und leicht angewinkelt mit Leiterstichen fixieren (siehe Grundtechniken, Seite 11).

Schwanz

1x aus kastanienbraunem Mohairgarn arbeiten.
24/26 M anschl und 100/70 R gl li str (1. R = Rück-R re). Hinreihen stets li str.
101./71. Reihe: *2 M re zusstr, 8/4 M re, 2 M re zusstr; ab * 1x wdh.
103./73. Reihe: *2 M re zusstr, 6/2 M re, 2 M re zusstr; ab * 1x wdh.
104./74. Reihe: Li M str/für das Affenbaby alle M li abk.
105. Reihe (Affenmutter): *2 M re zusstr, 4 M re, 2 M re zusstr; ab * 1x wdh (= 12 M).
106. Reihe: Alle M li abk.

Den Schwanz der Länge nach mit der glatt links gestrickten Seite nach außen mittig zusammenlegen.
Alle offenen Kanten zusammennähen. Die gerade Schmalseite des Schwanzes im Leiterstich an den Körper nähen.

Ohren

2x in Mittelbraun arbeiten.
24/16 M anschl und 4/3 R gl re arb (1. R = Hin-R re; Rück-R li str).
5./4. Reihe: *2 M re zusstr, 8/4 M re, 2 M re zusstr; ab * 1x wdh.
6./5. Reihe: Alle M li abk.
Das Ohr mit der glatt rechts gestrickten Seite nach außen zusammenlegen. Kanten zusammennähen. Beide Ohren gleich arbeiten und im Leiterstich rechts und links an den Kopf nähen.

Hände und Füsse

4x in Mittelbraun arbeiten.
30/20 M anschl und in 16/10 R gl re str (1. R = Hin-R re). Rückreihen stets li str.
17./11. Reihe: *2 M re zusstr, 11/6 M re, 2 M re zusstr; ab * 1x wdh.
19./13. Reihe: *2 M re zusstr, 9/4 M re, 2 M re zusstr; ab * 1x wdh.
20./14. Reihe: Li M str/für das Affenbaby alle M li abketten.
21. Reihe (Affenmutter): *2 M re zusstr, 7 M re, 2 M re zusstr; ab * 1x wdh (= 18 M).
22. Reihe: Alle M li abk.
Jedes Teil mit der glatt rechts gestrickten Seite nach außen in der Mitte falten. Die gerundeten Kanten und die Seiten zusammennähen. Hand oder Fuß mit Bastelwatte füllen und die letzte Öffnung schließen. Alle 4 Teile gleich arbeiten und im Leiterstich an die Enden von Armen und Beinen nähen.

Finger und Zehen

20x in Mittelbraun arbeiten.
10/8 M anschl und 14/10 R gl re str (1. R = Hin-R re).
15./11. Reihe: 5/4x 2 M re zusstr.
16./12. Reihe: Li M str. Den Faden abschneiden, das Ende durch die restlichen M führen und fest anziehen. Jedes Teil mit der glatt rechts gestrickten Seite nach außen zusammenlegen und die Seitennaht schließen. Bastelwatte einfüllen und die Naht an der Schmalseite schließen. Im Leiterstich jeweils 4 Finger oder Zehen an das Ende jeder Hand und jedes Fußes und einen Finger an das obere Ende der Hand oder des Fußes nähen. Dabei den Daumen oder großen Zeh mit zusätzlichen Leiterstichen flach an Hand oder Fuß anlegen.

Gesicht der Affenmutter

1x in Mittelbraun arbeiten.
14 M anschl und gl re str.
1. Reihe: Re M str.
2. Reihe und alle weiteren Rückreihen: Li M str.
3. Reihe: 2x (1 M re, 1 M zun); *2 M re, 2x (1 M re, 1 M zun); ab * 2x wdh (= 22 M).
5. Reihe: 2x (1 M re, 1 M zun), *4 M re, 3x (1 M re, 1 M zun); ab * 1x wdh; 4 M re, 2x (1 M re, 1 M zun) (= 32 M).
7. Reihe: 10 M re, 3x (1 M re, 1 M zun), 6 M re, 3x (1 M re, 1 M zun), 10 M re (= 38 M).
9. Reihe: 12 M re, 3x (1 M re, 1 M zun), 8 M re, 3x (1 M re, 1 M zun), 12 M re (= 44 M).
10. – 16. Reihe: Gl re str (10. R = Rück-R li).
17. Reihe: 12 M re, 3x 2 M re zusstr, 8 M re, 3x 2 M re zusstr, 12 M re (= 38 M).
19. Reihe: 10 M re, 3x 2 M re zusstr, 6 M re, 3x 2 M re zusstr, 10 M re (= 32 M); 21. Reihe: 8 M re, 3x 2 M re zusstr, 4 M re, 3x 2 M re zusstr, 8 M re (= 26 M).
22. – 30. Reihe: Gl re str (22. R = Rück-R li).
31. Reihe: 2 M re zusstr, 5 M re, 2 M re zusstr, 8 M re, 2 M re zusstr, 5 M re, 2 M re zusstr (= 22 M).
33. Reihe: 2x 2 M re zusstr, 1 M re, 2 M re zusstr, 8 M re, 2 M re zusstr, 1 M re, 2x 2 M re zusstr (= 16 M).
34. Reihe: Alle M li abk.

Gesicht des Affenbabys

1x in Mittelbraun arbeiten.
10 M anschl und gl re str.
1. Reihe: Re M str.
2. Reihe und alle folgenden Rückreihen: Li M str.
3. Reihe: 1 M re, 1 M zun, *3 M re, 1 M zun; ab * 2x wdh (= 14 M).
5. Reihe: 1 M re, 1 M zun, 2 M re, 2x (1 M re, 1 M zun), 4 M re, 2x (1 M re, 1 M zun), 2 M re, 1 M zun, 1 M re (= 20 M).
7. Reihe: 1 M re, 1 M zun, 4 M re, 2x (1 M re, 1 M zun), 6 M re, 2x (1 M re, 1 M zun), 4 M re, 1 M zun, 1 M re (= 26 M).
8. – 12. Reihe: Gl re str (8. R = Rück-R li).
13. Reihe: 6 M re, 2x 2 M re zusstr, 6 M re, 2x 2 M re zusstr, 6 M re (= 22 M).
15. Reihe: 5 M re, 2x 2 M re zusstr, 4 M re, 2x 2 M re zusstr, 5 M re (= 18 M).
16. – 22. Reihe: Gl re str (16. R = Rück-R li).
23. Reihe: 2 M re zusstr, 3 M re, 2 M re zusstr, 4 M re, 2 M re zusstr, 3 M re, 2 M re zusstr (= 14 M).
25. Reihe: 3x 2 M re zusstr, 2 M re, 3x 2 M re zusstr (= 8 M).
26. Reihe: Alle M li abk.

Fertigstellung

Gesicht

Die Augen am Gesichtsteil anbringen. Das Gesicht mit Hilfe von Stecknadeln mit der glatt rechts gestrickten Seite nach außen auf den Kopf stecken. Legen Sie die Schnauze dabei nicht zu straff an, damit sie noch ausgestopft werden kann. Gesicht im Leiterstich annähen, dabei ein Stück Naht zum Ausstopfen offen lassen. Stecknadeln entfernen, Gesicht ausstopfen und Öffnung schließen.

Nasenlöcher und Maul

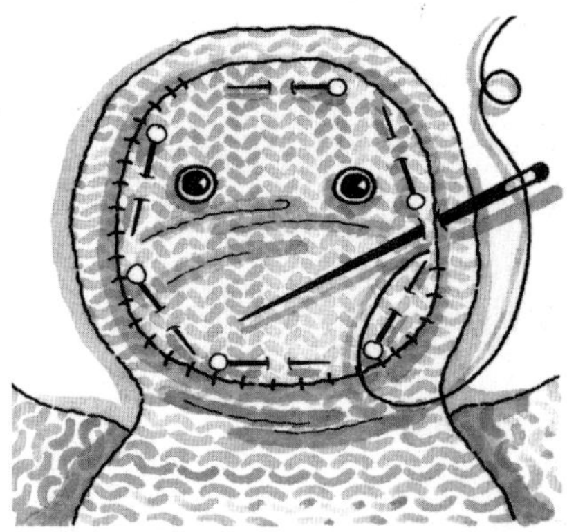

Mit schwarzem Garn für die Nasenlöcher 2 bis 3 Spannstiche zu beiden Seiten der Schnauze arbeiten. Mit langen Spannstichen das Maul aufsticken und mit kleinen, unsichtbaren Stichen in schwarzem Nähgarn ausformen (siehe Grundtechniken, Seite 11, und Foto, Seite 19).

SCHLANGE

Länge: ca. 90 cm (ohne Zunge)

Schlangen haben dem Menschen zu allen Zeiten Respekt eingeflößt, ihn aber gleichzeitig auch fasziniert. Immerhin sind einige von ihnen mit Giftzähnen bewaffnet oder können ihre Beute erdrücken. Im Dschungel warnen die Schlangen ihre Feinde durch fantastische Farbschattierungen und Muster. Sie schlängeln sich fast lautlos zwischen den Bäumen durch, winden sich um Äste und sind in der Lage, mit ihren empfindlichen Zungen bereits aus der Entfernung ihre Leibspeise, kleine Nagetiere und Frösche, zu wittern.

Glücklicherweise ist diese Schlange weder giftig, noch kann sie ihren Besitzer erdrücken. Man kann sie sich deshalb gefahrlos um den Hals legen oder sogar mit ins Bett nehmen – hoffen wir zumindest!

Schwierigkeitsgrad

Für Einsteiger. Nur das Ende des Schwanzes und der Kopf müssen etwas abgerundet werden. Wie eine neue Farbe angesetzt wird, lesen Sie auf Seite 10. Falls Ihnen das noch zu schwierig erscheint, stricken Sie die Schlange einfarbig und sticken nach Belieben zum Schluss einige dekorative Muster im Kettstich auf die fertige Strickarbeit.

Strickgarn (LL ca. 160 m/50 g) in folgenden Mengen und Farben:
20 g in Dunkelrosa, 20 g in Weiß, 40 in g Schwarz
Stricknadeln Nr. 3 – 3,5
Filzreste, grün und schwarz
Sticknadel Nr. 18 ohne Spitze
Nähnadel
Nähgarn, schwarz
Kunstfaser-Bastelwatte (waschbar)

Maschenprobe

26 M/34 R gl re = 10 x 10 cm

Anleitung

Die Grundtechniken, die Sie beherrschen müssen, um die Schlange zu arbeiten, sind auf Seite 9 bis 11 ausführlich beschrieben.

KÖRPER UND KOPF

1x in Schwarz, Dunkelrosa und Weiß arbeiten.

3 M in Schwarz anschl und gl re str.
1. Reihe: Re M str.
2. Reihe und alle folgenden Rückreihen: Li M str.
3. Reihe: 1 M in jede M zun (= 6 M).
4. – 6. Reihe: Gl re str (4. R = Rück-R li).
7. Reihe: 1 M re, 1 M zun, [1] M re, 2x (1 M re, 1 M zun), [1] M re, 1 M zun, 1 M re.
8. – 10. Reihe: Gl re str (8. R = Rück-R li).
7. – 10. R 2x wdh, dann die 7. R noch 1x wdh; dabei jedoch die Zahl in eckigen Klammern jedes Mal um 2 erhöhen (= 26 M).
24. – 28. Reihe: Gl re str (24. R = Rück-R li).
Streifenmuster: Gl re im Streifenmuster weiterstr (4 R in Weiß, 8 R in Dunkelrosa, 4 R in Weiß, 6 R in Schwarz). Diese Streifenfolge 10x arb (= 220 Muster-R oder 248 R ab Schwanzspitze).
Lassen Sie die Fadenenden bei jedem Farbwechsel hängen: Sie können damit später die Schlange zusammennähen.
Kopf: In Schwarz weiterstr.
249. Reihe: 2x (1 M re, 1 M zun), 9 M re, 4x (1 M re, 1 M zun), 9 M re, 2x (1 M zun, 1 M re)(= 34 M).
251. Reihe: 2x (1 M re, 1 M zun), 13 M re, 4x (1 M re, 1 M zun), 13 M re, 2x (1 M zun, 1 M re) (= 42 M).
253. Reihe: 2x (1 M re, 1 M zun), 17 M re, 4x (1 M re, 1 M zun), 17 M re, 2x (1 M zun, 1 M re)(= 50 M).
255. Reihe: 1 M re, 1 M zun, 23 M re, 2x (1 M re, 1 M zun), 23 M re, 1 M zun, 1 M re (= 54 M).
256. - 262. Reihe: Gl re str. (= 20 R Schwarz seit dem letzten weißen Streifen).
263. Reihe: *2x 2 M re zusstr, 19 M re, 2x 2 M re zusstr; ab * 1x wdh (= 46 M).
265. Reihe: *2x 2 M re zusstr, 15 M re, 2x 2 M re zusstr; ab * 1x wdh (= 38 M).
267. Reihe: *2x 2 M re zusstr, 11 M re, 2x 2 M re zusstr; ab * 1x wdh (= 30 M);
269. Reihe: *2x 2 M re zusstr, 7 M re, 2x 2 M re zusstr; ab * 1x wdh (= 22 M).
270. – 274. Reihe: Gl re str (= 32 R Schwarz ab dem letzten weißen Streifen).
275. Reihe: *2x 2 M re zusstr, 3 M re, 2x 2 M re zusstr; ab * 1x wdh (= 14 M).
277. Reihe: *2 M re zusstr, 3 M re, 2 M re zusstr; ab * 1x wdh (= 10 M).
278. Reihe: Alle M li abk.
Mit den Garnenden, die beim Farbwechsel hängen geblieben sind, die lange Seitennaht der Schlange schließen, dabei beim Schwanz beginnen und gleichzeitig nach und nach die Schlange ausstopfen.

AUGEN

Pausen Sie die auf der nächsten Seite abgedruckten Vorlagen auf Papier durch und schneiden Sie die Formen aus. Schneiden Sie den Kreis 2x aus grünem Filz zu, die Pupille 2x aus schwarzem Filz. Nähen Sie eine Pupille auf jeden Kreis und die fertigen Augen rechts und links an den Kopf (siehe Grundtechniken, Seite 8).

Zunge

Häkeln Sie eine etwa 30 cm lange Luftmaschenkette in Dunkelrosa (siehe Grundtechniken, Seite 10). Diese Kette nähen Sie Y-förmig zusammen (siehe Abbildung rechts), sodass eine gespaltene Zunge entsteht. Die Zunge an den Kopf nähen.

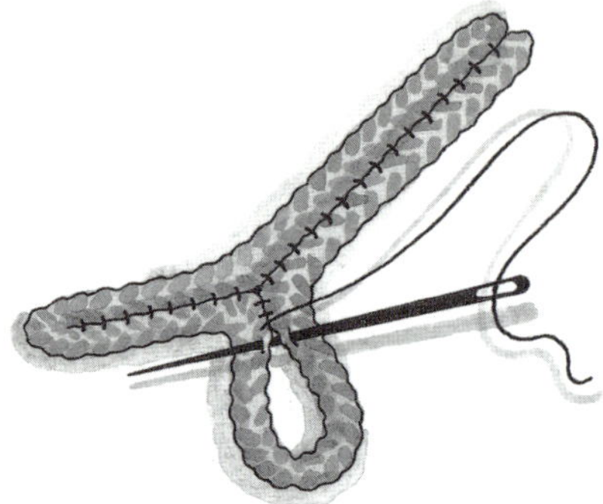

Nähen Sie die Luftmaschenkette zu einem doppelten Y zusammen (siehe Abbildung), damit eine breite, flache Zunge entsteht.

2 x in Grün ausschneiden

2 x in Schwarz ausschneiden

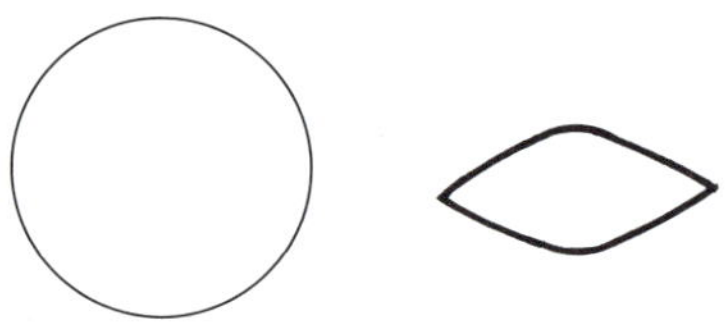

Vorlagen für die Augen der Schlange

Farbvarianten

Die Farben der abgebildeten Schlange sind an die der Korallenschlange angelehnt. In Tierbüchern finden Sie aber sicher noch andere dekorative Farbkombinationen. Sie können auch selbst ein Streifenmuster für Ihre Schlange erfinden. Erfahrene Strickerinnen verleihen ihrer Schlange durch Zopf- oder Norwegermuster in Grün- und Brauntönen eine persönliche Note.

TIGERBABY

Größe: ca. 20 cm

Trotz ihrer Größe – immerhin sind sie die größten Katzen der Erde – können Tiger geräuschlos durch den Dschungel schleichen, um ihre Beute zur Strecke zu bringen. Ihre schwarzen und orangefarbenen Streifen stellen eine ideale Tarnung in den wechselnden Schatten des Unterholzes der dichten tropischen Dschungel von Indien und Indonesien dar. Der Mensch hat dem Tiger in Märchen und Geschichten daher die Rolle eines einsamen Jägers mit nahezu göttlicher Macht zugeteilt.

Dieses Tigerkind jedoch, das noch nicht zu voller Größe herangewachsen ist, wird keineswegs Furcht und Schrecken im Kinderzimmer verbreiten. Es ist ein etwas unbeholfenes Baby mit großen Pfoten, das am liebsten den ganzen Tag herumtollt.

Schwierigkeitsgrad

Für Könner. Die Beine, der Körper und Schwanz sind mit wenigen Zu- und Abnahmen problemlos herzustellen, werden allerdings in Streifen gearbeitet, was Anfänger möglicherweise verwirren könnte. Für Kopf und Gesicht sind etwas mehr Erfahrung und Aufmerksamkeit nötig, weil einige Teile der Schnauze nach oben gefaltet und rund ausgeformt werden müssen.

Maschenprobe

26 M/34 R gl re = 10 x 10 cm.

Strickgarn (LL ca. 160 m/50 g) in folgenden Mengen und Farben:
50 g in Weiß, je 40 g in Orange, Schwarz und Gelb, Reste in Dunkelbraun
Stricknadeln Nr. 3 – 3,5
Sticknadel Nr. 18 ohne Spitze
Nähnadel
2 Sicherheitsaugen, Ø 10 mm
Kunstfaser-Bastelwatte (waschbar)

Anleitung

Die Grundtechniken, die Sie beherrschen müssen, um das Tigerbaby zu arbeiten, sind auf Seite 9 bis 11 ausführlich beschrieben.

Kopf und Körper (Oberteil)

1x in Gelb, Orange und Schwarz arbeiten.

Streifenfolge: Jeweils 4 R in Gelb, Orange und Schwarz str; Farbfolge stets wdh (siehe Grundtechniken, Seite 10).

14 M in Gelb anschl und gl re in der Streifenfolge str.

1. Reihe: Re M str.

2. Reihe und alle folgenden Rückreihen: Li M str.

3. Reihe: [6] M re, 2x (1 M re, 1 M zun), [6] M re.

4. Reihe: Li M str.

3. und 4. R 6 x wdh, anschließend die 3. R noch 1 x wdh, dabei die Zahl in eckigen Klammern jedes Mal um 1 erhöhen (= 30 M).

18. – 38. Reihe: Gl re str (18. R = Rück-R li).
39. Reihe: [13] M re, 2x 2 M re zusstr, [13] M re.
40. Reihe: Li M str.
39. und 40. R 3x wdh, dabei die Zahl in eckigen Klammern jedes Mal um 1 reduzieren (= 22 M).
47. Reihe: 10 M re, 2x (1 M re, 1 M zun), 10 M re (= 24 M).
49. Reihe: 11 M re, 2x (1 M re, 1 M zun), 11 M re.
51. Reihe: 12 M re, 2x (1 M re, 1 M zun), 12 M re (= 28 M).
52. – 58. Reihe: Gl re str (52. R = Rück-R li).
59. Reihe: 12 M re, 2x 2 M re zusstr, 12 M re (= 26 M).
61. Reihe: 11 M re, 2x 2 M re zusstr, 11 M re (= 24 M).
63. Reihe: 10 M re, 2x 2 M re zusstr, 10 M re (= 22 M).
64. Reihe: Alle M li abk (= Kopfende).

Kopf und Körper (Unterteil)

1x in Weiß arbeiten.
Bis zur 64. R wie für das Oberteil arbeiten, jedoch nur in Weiß.
M nicht abk, sondern Anfang und Ende der 64. R mit einem kontrastfarbenen Faden markieren.
65. Reihe: 8 M neu anschl, 9 M re, 2x 2 M re zusstr, 9 M re.
66. Reihe: 8 M neu anschl, 28 M li (= 36 M).
67. Reihe: 2 M re zusstr, [14] M re, 2x 2 M re zusstr, [14] M re, 2 M re zusstr.
68. Reihe: Li M str.
67. und 68. R 3x wdh, dabei die Zahl in eckigen Klammern jedes Mal um 2 reduzieren (= 20 M).
75. – 78. Reihe: Gl re str (= 14 R insgesamt ab Markierung).
79. Reihe: 6 M re, 4x 2 M re zusstr, 6 M re (= 16 M).
81. Reihe: 4 M re, 4x 2 M re zusstr, 4 M re (= 12 M).
82. Reihe: Alle M li abk (= Nasenspitze).
Ober- und Unterteil mit der glatt rechts gestrickten Seite nach außen entlang einer Längsseite im Matratzenstich so zusammennähen, dass das Kopfende des gestreiften Teils mit dem kontrastfarbenen Markierungsfaden übereinstimmt. Die zweite Seitennaht ebenso schließen. Verbinden Sie die Oberteile der beiden „Flügel", sodass die Schnauze entsteht, und setzen Sie die Sicherheitsaugen ein. Stopfen Sie Schnauze, Kopf und Körper mit Bastelwatte aus. Dann klappen Sie die Oberkante der weißen Schnauze zum Kopfende des gestreiften Teils und nähen sie fest (siehe Abbildung). Entfernen Sie die Markierungsfäden.

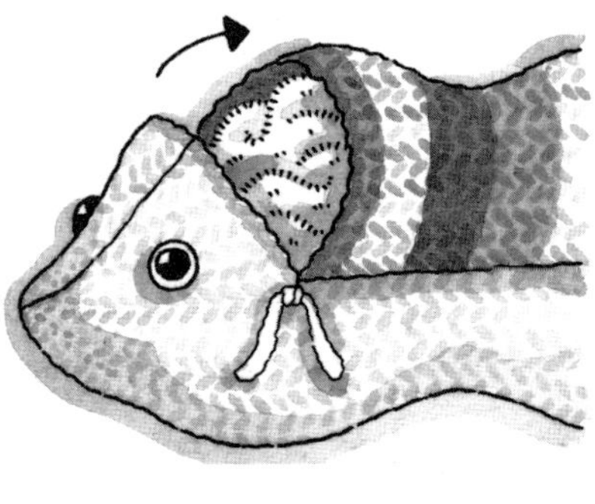

Falten Sie die Oberkante der Schnauze nach oben und nähen Sie sie am gestreiften Teil fest.

Beine

4x in Weiß, Gelb, Orange und Schwarz arbeiten.
12 M Weiß anschl und gl re str.
1. Reihe: Re M str.
2. Reihe und alle folgenden Rückreihen: Li M str.
3. Reihe: 1 M re, 1 M zun, [4] M re, 2x (1 M re, 1 M zun), [4] M re, 1 M zun, 1 M re.
4. Reihe: Li M str.
3. und 4. Reihe 2x wdh, dann die 3. R noch 1 x wdh, dabei die Zahl in eckigen Klammern jedes Mal um 2 erhöhen (= 28 M).
10. – 16. Reihe: Gl re str (10. R = Rück-R li).
Zu Gelb wechseln und 22 R gl re in der Streifenfolge str (je 4 R in Gelb, Orange und Schwarz; Farbfolge stets wdh).
39., 41. und 43. Reihe: Re M str, dabei am Beginn und am Ende sowie etwa in der Mitte der R jeweils 2 M re zusstr (= 16 M).
44. Reihe: Alle M li abk.
Das Bein mit der glatt rechts gestrickten Seite nach außen der Länge nach mittig falten und mit weißem Garn im Matratzenstich die Schmalseite an der Pfote und die Seitennaht schließen. Bein mit Bastelwatte ausstopfen und im Leiterstich an den Körper nähen.
Alle 4 Beine gleich arbeiten. Die weißen Pfoten jeweils im rechten Winkel abbiegen und mit Leiterstichen fixieren.

Schwanz

1x in Orange, Gelb und Schwarz arbeiten.
Streifenfolge: Jeweils 4 R in Gelb, Orange und Schwarz str; Farbfolge stets wdh.
14 M in Orange anschl und 26 R gl re str (1. R = Hin-R re).
27. Reihe: 7x 2 M re zusstr (= 7 M).
Den Faden abschneiden, das Ende durch die verbleibenden M führen und festziehen.
Das Strickteil der Länge nach mit der glatt rechts gestrickten Seite nach außen mittig falten und die Längsnaht mit orangefarbenem Garn schließen. Den Schwanz locker mit Bastelwatte füllen. Das offene Ende an den Körper nähen.

Ohren

2x in Gelb, Orange und Schwarz arbeiten.
20 M in Gelb anschl und 4 R gl re str (1. R = Hin-R re).
5. Reihe: In Orange re M str.
6. Reihe: In Orange li M str.
7. Reihe: In Schwarz *2 M re zusstr, 6 M re, 2 M re zusstr; ab * 1x wdh (= 16 M).
8. Reihe: In Schwarz li M str.
9. Reihe: *2 M re zusstr, 4 M re, 2 M re zusstr; ab * 1x wdh (= 12 M).
10. Reihe: Alle M li abk.
Das Ohr mit der glatt rechts gestrickten Seite nach außen in der Mitte falten. Die Oberkanten mit schwarzem Garn zusammennähen. Die übrigen offenen Kanten mit orangefarbenem Garn schließen und das Ohr mit Leiterstichen an den Kopf des Tigers nähen.

Nase, Maul und Krallen

Die Nase mit 4 bis 5 Spannstichen in braunem Garn sticken. Einen langen Spannstich von der Nase nach unten arbeiten und für das Maul 2 Stiche zu den Seiten hin sticken. Das Garn mit kleinen, unsichtbaren Stichen in Schwarz befestigen (siehe Grundtechniken, Seite 11). Auf jede Pfote 3 Krallen aufsticken (siehe Foto, Seite 23).

Gorilla

Größe: ca. 52,5 cm

Gorillas leben in einem engen Familienverband im Dschungel. Sie durchforsten den Urwald nach schmackhaften Früchten und Blättern. Nachts bauen sie sich aus aufgehäuften Ästen und Blättern Nester zum Schlafen, um vor der Kälte des Bodens geschützt zu sein und nicht im Schlaf einen Abhang hinunterzurollen.

Gorillas sind intelligente Tiere. Manche von ihnen, die in Gehegen gehalten werden, haben sogar gelernt, mit dem Menschen durch Symbole zu kommunizieren. Ja, sie haben sogar einfache Sätze zustande gebracht. Doch die großen, ausdrucksvollen Gesichter der Gorillas im Käfig mit ihren tief liegenden Augen und dem kummervollen Ausdruck stimmen Zoobesucher oft traurig. Die Tierfreunde wissen, dass der Gorilla viel lieber in Freiheit leben würde und der Dschungel sein eigentliches Zuhause ist.

Schwierigkeitsgrad

Für Einsteiger. Arme, Beine, Ohren, Schwanz, Körper und Kopf sind Rechtecke mit wenigen Zu- und Abnahmen. Nur das Gesicht erfordert durch seine charakteristischen Erhebungen etwas mehr Arbeit. Die Pfoten sind einfach zu stricken, nur der Daumen wird getrennt gearbeitet. Erfahrene Strickerinnen können jedoch nach der Anleitung zum Klammeraffen (Seite 20) einzelne Finger für die Pfoten arbeiten.
Wer ungern flauschiges Mohairgarn verstrickt oder einen Affen für ein Baby anfertigt, verwendet einfach normales Sportgarn in Schwarz.

120 g Mohairgarn in Schwarz
40 g Strickgarn (LL ca. 160 m/50 g) in Dunkelgrau; Reste in Schwarz und Mittelgrau für den Gorilla sowie in Gelb, Schwarz und Weiß für die Banane
Stricknadeln Nr. 3 – 3,5
Sticknadel Nr. 18 ohne Spitze
Nähnadel
Nähgarn, schwarz
2 Sicherheitsaugen, Ø 14 mm
Kunstfaser-Bastelwatte (waschbar)

Maschenprobe

26 M/34 R gl re = 10 x 10 cm.

Anleitung

Die Grundtechniken, die Sie beherrschen müssen, um den Gorilla zu arbeiten, sind auf Seite 9 bis 11 ausführlich beschrieben.

Körper und Kopf

1x in Schwarz arbeiten.
60 M anschl und 100 R gl li str (1. R = Rück-R re).
101. Reihe: 2 M re zusstr, [26] M re, 2x 2 M re zusstr, [26] M re, 2 M re zusstr.
102. Reihe: Li M str.
101. und 102. R 7x wdh, dann die 101. R noch 1x wdh, dabei die Zahl in eckigen Klammern jedes Mal um 2 reduzieren (= 32 M).
126. Reihe: Alle M li abk. Damit ist der Kopf beendet.
Das Strickteil mit der links gestrickten Seite nach außen der Länge nach mittig falten und die Naht am Kopf sowie die lange Seitennaht schließen. Kopf und Körper mit Bastelwatte ausstopfen und die untere Naht schließen.
Hals: Mit farblich passendem Nähgarn etwa 15 cm unterhalb des Scheitels 1 Runde Vorstiche arbeiten und den Faden leicht anziehen, um den Kopf zu bilden (siehe Grundtechniken, Seite 11). Das Ende des Garns vernähen und abschneiden.

Arme

2 x aus schwarzem Mohairgarn arbeiten.
30 M anschl und 80 R gl li arb (1. R = Rück-R re). Alle M abketten.
Das Strickteil der Länge nach mit der links gestrickten Seite nach außen mittig falten. Die Nähte an einer Schmalseite und an der Längsseite schließen. Den Arm mit Bastelwatte ausstopfen und die letzte Naht schließen.
Beide Arme genau gleich arbeiten und mit Leiterstichen an den Körper nähen.
Ellenbogen: Jeden Arm in der Mitte abknicken und mit Leiterstichen fixieren (siehe Grundtechniken, Seite 11).

Beine

2x aus schwarzem Mohairgarn arbeiten.
30 M anschl und 50 R gl li str (1. R = Rück-R re). Alle M abketten.
Die Beine fertig stellen wie die Arme, die Knie arbeiten wie die Ellenbogen.
Beide Beine gleich arbeiten.

Ohren

2x in Dunkelgrau arbeiten.
24 M anschl und 4 R gl re str (1. R = Hin-R re).
5. Reihe: *2 M re zusstr, 8 M re, 2 M re zusstr; ab * 1x wdh (= 20 M).
6. Reihe: Alle M li abk.
Das Ohr mit der glatt rechts gestrickten Seite nach außen mittig zusammenlegen. Die offenen Kanten zusammennähen und das Ohr mit Leiterstichen am Kopf fixieren.
Beide Ohren gleich arbeiten.

Hände und Füsse

4x in Dunkelgrau arbeiten.
Dies ist eine einfache Anleitung für eine Pfote mit angedeuteten Fingern. Daumen und große Zehen werden separat gearbeitet.
26 M anschl und 30 R gl re str (1. R = Hin-R re).
31. Reihe: *2 M re zusstr, 9 M re, 2 M re zusstr; ab * 1x wdh (= 22 M).
32. Reihe: Alle M li abk.
Naturgetreuer sieht die Pfote aus, wenn Sie die Hand nach folgender Anleitung stricken und die Finger einzeln arbeiten (siehe Anleitung unten):
26 M anschl und 16 R gl re str (1. R = Hin-R re).
17. Reihe: *2 M re zusstr, 9 M re, 2 M re zusstr; ab * 1x wdh (= 22 M).
18. Reihe: Alle M li abk.
Das Strickteil mit der glatt rechts gestrickten Seite nach außen mittig zusammenlegen und die Nähte an einer Schmalseite sowie an der Seitenkante schließen. Die Pfote mit Bastelwatte füllen, die untere Naht ebenfalls schließen und die Pfote mit Leiterstichen an einen Arm oder ein Bein nähen.
Alle 4 Pfoten gleich arbeiten.

Daumen

4x in Dunkelgrau arbeiten.
10 M anschl und 14 R gl re str (1. R = Hin-R re).
15. Reihe: 5x 2 M re zusstr.
16. Reihe: Li M str. Den Faden abschneiden, durch die verbleibenden M führen und festziehen.
Jedes Teil mit der glatt rechts gestrickten Seite nach außen zusammenlegen und die Seitennaht schließen. Bastelwatte einfüllen und die Naht an der Schmalseite schließen.
Für eine Pfote mit einzelnen Fingern dieses Teil 20x arbeiten.

Finger

Für eine einfache Pfote: 4 cm von der oberen Kante entfernt eine waagerechte Linie abnähen. Dann 3 weitere Linien von der gerundeten Seite der Pfote zur waagerechten Linie sticken, um die Finger darzustellen. Den Daumen im Leiterstich an das untere Ende der Pfote setzen und mit zusätzlichen Stichen flach an die Pfote anlegen.

Für eine Pfote mit einzelnen Fingern: Gehen Sie nach der Anleitung für die Pfote und Finger der Klammeraffenmutter vor (Seite 20).

Gesicht

1x in Dunkelgrau arbeiten.
Arbeiten Sie das Gesicht für den Gorilla wie das für die Klammeraffenmutter (Seite 20), jedoch aus dunkelgrauem Garn, und bringen Sie es auf dem Affenkopf an, wie auf Seite 20 beschrieben.

Augenbrauen

2x in Dunkelgrau arbeiten.
12 M anschl und 4 R gl re str. Alle M abk.
Beide Brauen gleich arbeiten.
Augenbrauen so oberhalb der Augen anbringen, dass sie plastisch hervortreten.

Nasenwülste

2x in Dunkelgrau arbeiten.
8 M anschl und 4 R gl re str. Alle M abk.
Beide Nasenwülste gleich arbeiten und jeweils so an den Seiten der Schnauze annähen, dass sie plastisch hervortreten.

Nasenlöcher und Maul

Mit schwarzem Garn jeweils 2 bis 3 Spannstiche unterhalb der Nasenwülste arbeiten. In Mittelgrau einige lange Spannstiche für das Maul arbeiten und mit kleinen unsichtbaren Stichen in Schwarz fixieren (siehe Grundtechniken, Seite 11, und Foto auf Seite 27).

Orang-Utan

Nach der Anleitung für den Gorilla können Sie auch einen Orang-Utan arbeiten. Stricken Sie Kopf, Körper, Arme und Beine einfach in Orange, Gesicht, Ohren und Pfoten in Mittelbraun.
Der Orang-Utan (rechts im Bild) wurde mit den naturgetreueren Pfoten mit einzelnen Fingern ausgestattet. Für den Gorilla wurde eine einfache Pfote gearbeitet, bei der die Pfote im Ganzen gestrickt wird und die Finger anschließend abgenäht werden.

Banane

Fruchtfleisch

1x in Weiß arbeiten.
6 M anschl und gl re str.
3. Reihe: 1 M re, 1 M zun, 1 M re, 3x (1 M re, 1 M zun), 1 M re (= 10 M).
4. – 16. Reihe: Gl re str (4. R = Rück-R li).
17. Reihe: *2 M re zusstr, 1 M re, 2 M re zusstr; ab * 1x wdh.
18. Reihe: 3x 2 M re zusstr.
Den Faden abschneiden, durch die verbleibenden M führen und fest anziehen.
Das Strickteil mit der glatt rechts gestrickten Seite nach außen der Länge nach mittig zusammenlegen und die lange Seitennaht schließen, dabei eine kleine Öffnung zum Ausstopfen frei lassen. Die Banane mit Bastelwatte füllen und die letzte Naht schließen.

Schale

3x in Gelb arbeiten.
3 M anschl und gl re str.
1. Reihe: Re M str.
2. Reihe und alle folgenden Rückreihen: Li M str.
3. Reihe: 1 M re, 1 M zun, 1 M re, 1 M zun, 1 M re (= 5 M).
4. – 18. Reihe: Gl re str (4. R = Rück-R li).
19. Reihe: 2 M re zusstr, 1 M re, 2 M re zusstr.
20. Reihe: 3 M re zusstr. Den Faden abschneiden, durch die verbleibende M führen und fest anziehen.
Zwei Schalenteile etwa bis zur Hälfte zusammennähen. Das dritte Schalenteil an das erste nähen, die ganze Schale um die Banane legen und festnähen. Mit schwarzem Garn Linien auf die Verbindungsstellen der Schalenteile und einen dicken Punkt an das unteren Ende der Banane sticken.

PAPAGEI

Größe: ca. 38 cm

Offenbar fürchten sich Papageien vor nichts und niemandem. Im Dschungel, wo immer jemand nach einer leckeren Mahlzeit sucht, ist eigentlich eine gute Tarnung empfehlenswert, wenn man am Leben bleiben will. Andere Dschungeltiere halten sich auch daran. Es gibt Motten, die Borke ähneln, und Insekten, die aussehen wie Blätter, so dass man sie kaum erkennt. Die bunten Federn des Papageis sind hingegen ein Zeichen dafür, dass er kaum natürliche Feinde hat: Er kann es sich leisten, gesehen zu werden.

Dieser bunte Papagei ist ein Hellroter Ara. Er kann auf der Bettkante, auf einer Stuhllehne oder sogar auf der Schulter balancieren, falls Sie Pirat sein sollten!

Schwierigkeitsgrad

Für Fortgeschrittene. Um den Flügeln Struktur zu verleihen, müssen Sie im Rippenmuster arbeiten können (siehe Grundtechniken, Seite 10).

50 g Strickgarn (LL ca. 160 m/50 g) in Rot; Reste in Gelb, Blau, Schwarz und Weiß.
Stricknadeln Nr. 3 – 3,5
Sticknadel Nr. 18 ohne Spitze
2 Sicherheitsaugen, Ø 10 mm
Kunstfaser-Bastelwatte (waschbar)

Maschenprobe

26 M/34 R gl re = 10 x 10 cm.

Anleitung

Die Grundtechniken, die Sie beherrschen müssen, um den Papagei zu arbeiten, sind auf Seite 9 bis 11 ausführlich beschrieben.

KOPF UND RUMPF

1x in Rot arbeiten.

16 M anschl für das Kopfende und gl re str.

1. Reihe: Li M str. *2. Reihe:* 1 M re, 1 M zun, [6] M re, 2x (1 M re, 1 M zun), [6] M re, 1 M zun, 1 M re.

1. und 2. R 3x wdh, dabei die Zahl in eckigen Klammern jedes Mal um 2 erhöhen (= 32 M). *9. – 17. Reihe:* Gl re str (9. R = Rück-R li). *18. – 25. Reihe:* Gl re str, dabei am Beginn und am Ende jeder Hin-R jeweils 2 M re zusstr (= 24 M). *26. – 43. Reihe:* Gl re str, dabei am Beginn und am Ende jeder Hin-R jeweils 1 M zun (= 42 M). *44. – 71. Reihe:* Gl re str (44. R = Hin-R re). *72. Reihe:* 2x 2 M re zusstr, 34 M re, 2x 2 M re zusstr. *73. Reihe und alle folgenden Rückreihen:* Li M str. *74. Reihe:* 2x 2 M re zusstr, 30 M re, 2x 2 M re zusstr. *76. Reihe:* 2x 2 M re zusstr, 26 M re, 2x 2 M re zusstr. *78. – 116. Reihe:* Gl re str, dabei am Beginn und am Ende der 78. R und jeder 2. folgenden Hin-R jeweils 2 M re zusstr (= 8 M). *117. Reihe:* Li M str. Faden abschneiden, das Ende durch die verbleibenden M führen und fest anziehen (= Schwanzende).

Das Strickstück mit der glatt rechts gestrickten Seite nach außen zusammenlegen und die lange Naht schließen, dabei ein Stück zum Füllen offen lassen. Kopf und Rumpf mit Bastelwatte ausstopfen und das letzte Nahtstück schließen. Etwa 7,5 cm vom oberen Ende des Kopfes entfernt den Kopf im rechten Winkel zur Brust beugen und mit Leiterstichen fixieren (siehe Grundtechniken, Seite 11).

FLÜGEL

2x in Rot, Gelb und Blau arbeiten.

Die Flügel werden glatt rechts und im Rippenmuster gestrickt (siehe Grundtechniken, Seite 10). Rippenmuster: *1 M re, 1 M li; ab * wdh.

Linker Flügel: In Rot 12 M anschl. *1. Reihe:* Re M str. *2. Reihe:* Li M str. *3. – 8. Reihe:* Gl re str, dabei am Beginn und am Ende jeder Hin-R jeweils 1 M zun (= 18 M). *9. – 12. Reihe:* In Rot * 1 M re, 1 M li; ab * stets wdh. *13. – 16. Reihe:* In Gelb wie 9. R. *17. – 20. Reihe:* In Blau wie 9. R. *21. – 24. Reihe:* In Rot wie 9. R. Im Rippenmuster weiterarbeiten und die Maschen str, wie sie erscheinen. *25. Reihe:* 2 M re zusstr, 16 M im Rippenmuster str. *26. – 28. Reihe:* Im Rippenmuster str. *29. Reihe:* 2 M re zusstr, 15 M im Rippenmuster str. *30. – 32. Reihe:* Im Rippenmuster str. *33. Reihe:* 2 M re zusstr, [14] M im Rippenmuster str. *34. Reihe:* Im Rippenmuster str.

33. und 34. R 10x wdh, dabei die Zahl in eckigen Klammern jedes Mal um 1 reduzieren (= 3 M).

Den Faden abschneiden, das Ende durch die verbleibenden M führen und fest anziehen.

Rechter Flügel: Bis einschließlich 24. R arbeiten wie den linken Flügel. Im Rippenmuster weiterarbeiten und die M str, wie sie erscheinen. *25. Reihe:* 16 M im Rippenmuster str, 2 M re zusstr. *26. – 28. Reihe:* Im Rippenmuster str. *29. Reihe:* 15 M im Rippenmuster str, 2 M re zusstr. *30. – 32. Reihe:* Im Rippenmuster str. *33. Reihe:* [14] M im Rippenmuster str, 2 M re zusstr. *34. Reihe:* Im Rippenmuster str. 33. und 34. R 10x wdh, dabei die Zahl in eckigen Klammern jedes Mal um 1 reduzieren (= 3 M).

Den Faden abschneiden, das Ende durch die verbleibenden M führen und fest anziehen. Die losen Garnenden vernähen.

Jeden Flügel mit Oberkante und Rückseite des Flügels (bis zum unteren Ende des blauen Streifens) an eine Seite des Papageis nähen. Nähen Sie unter den oberen Teil jedes Flügels etwas Bastelwatte oder rote Wollreste ein, um die Schulter auszuformen. Fixieren Sie die Flügelspitzen am Rücken des Vogels.

Zehe

6x in Braun arbeiten.

8 M anschl, und 12 R gl re str (1. R = Hin-R re). *13. Reihe:* 2 M re zusstr, [4] M re, 2 M re zusstr. *14. Reihe:* Li M str. 13. und 14. R 1x wdh, dabei die Zahl in eckigen Klammern um 2 reduzieren (= 4 M). Den Faden abschneiden, das Ende durch die verbleibenden M führen und fest anziehen. Das Strickteil mit der glatt rechts gestrickten Seite nach außen der Länge nach zusammenlegen, die Naht bis auf eine kleine Öffnung schließen. Die Zehe mit Bastelwatte ausstopfen und die Öffnung zunähen. Alle Zehen gleich arbeiten. **Fuß:** Drei Zehen im Leiterstich zusammennähen, dabei darauf achten, dass die Zehen etwas nach außen zeigen. Die Füße mit Leiterstichen am Vogel anbringen (siehe Foto).

Schnabel

1x in Braun arbeiten.

20 M anschl und 8 R gl re str (1. R = Hin-R re).

9. Reihe: 3 M anschl, 6 M re, 4x 2 M re zusstr, 6 M re (= 19 M).

10. Reihe: 3 M neu anschl, 19 M li (= 22 M).

11. Reihe: 7 M re, 4x 2 M re zusstr, 7 M re (= 18 M).

12. Reihe: Li M str.

13. Reihe: 5 M re, 4x 2 M re zusstr, 5 M re (= 14 M).

14. Reihe: Alle M li abk.

Den Schnabel mit der glatt rechts gestrickten Seite nach außen mittig zusammenlegen. Die Seitennaht schließen, den Schnabel mit Bastelwatte ausstopfen und mit der offenen Seite an das Vorderteil des Kopfes nähen.

Augenflecke

2x in Weiß arbeiten.

4 M anschl und gl re str.

1. Reihe (= Rück-R): Li M str.

2. Reihe: 1 M re, 1 M zun, 2 M re, 1 M zun, 1 M re.

3. Reihe und alle weiteren Rückreihen: Li M str.

4. Reihe: 1 M re, 1 M zun, 4 M re, 1 M zun, 1 M re (= 8 M).

6. Reihe: Re M str.

8. Reihe: 2 M re zusstr, 4 M re, 2 M re zusstr.

10. Reihe: 2 M re zusstr, 2 M re, 2 M re zusstr (= 4 M).

11. Reihe: Alle M li abk.

Die Sicherheitsaugen in der Mitte der Augenflecken anbringen. Jeden Fleck mit den Augen am Kopf anbringen, und den Stiel des Auges in den Kopf drücken. Die Flecken an den Kopf nähen.

Schnabelöffnung und Nasenlöcher

Mit schwarzem Garn an den Seiten des Schnabels einige Spannstiche in schwarzem Garn für die Nasenlöcher anbringen. Eine Linie in Schwarz entlang der Schnabelseiten sticken (siehe Foto).

Im Busch Australiens

Australischer Schafzüchter

Größe: ca. 29 cm

Ein Schafzüchter in Australien lebt einsam. Die Höfe sind so groß, dass der nächste Nachbar etliche Kilometer weit entfernt wohnen kann und selbst die Ärzte bei Bedarf mit dem Flugzeug kommen müssen. Insofern sind Anlässe zum Feiern immer willkommen. Bei Anlässen wie etwa dem Schafscheren treffen sich die Farmer und tauschen Geschichten und Witze aus, während sie eifrig in der Hitze das schwere Vlies von den Abertausenden von Schafen scheren.

Dieser australische Schaffarmer weiß genau, wie er sich am besten vor dem heißen Wetter schützt. Mit seinem kurzärmligen Karohemd unter seiner Jacke und einem Hut, der die sengende Hitze fernhält (einschließlich der Korken, die die Fliegen vor seinen Augen vertreiben sollen), ist er gut ausgerüstet.

Schwierigkeitsgrad

Für Fortgeschrittene. Die einzelnen Teile sind nicht kompliziert. Die Mütze und das gemusterte Hemd können etwas mehr Zeit in Anspruch nehmen, doch kann man sich die Arbeit erleichtern, indem man dem Farmer ein einfarbiges Hemd strickt. Falls die Puppe für ein kleines Kind gedacht ist, lassen Sie die Korken weg und nähen die Kleidung an den Körper, damit die einzelnen Teile nicht verloren gehen.

Strickgarn (LL ca. 160 m/50 g) in folgenden Mengen und Farben: 50 g in Hautfarbe, 40 g in Braun, je 20 g in Dunkelbraun, dunklem Pink und Schwarz, Reste in Pink und Braun
Stricknadeln Nr. 3 – 3,5
Sticknadel Nr. 18 ohne Spitze
Nähnadel
2 Sicherheitsaugen, Ø 10 mm
Kunstfaser-Bastelwatte (waschbar)
3 Holzperlen, Ø 10 mm
Korkstückchen für den Hut

Maschenprobe

26 M/34 R gl re = 10 x 10 cm.

Anleitung

Die Grundanleitung für Strickpuppen finden Sie auf Seite 12/13. Die Grundtechniken, die Sie beherrschen müssen, um die Puppe zu arbeiten, sind auf Seite 9 bis 11 beschrieben.

Rumpf und Kopf

1x in Dunkelbraun, dunklem Pink und Hautfarbe arbeiten.

Stricken Sie nach der Grundanleitung für die Puppen in folgenden Farben: 12 Reihen in Dunkelbraun, weiter in Dunkelrosa, bis das Kinn geformt wird, den Rest in Hautfarbe.

Beine

2x in Schwarz und in Dunkelbraun arbeiten.

Stricken Sie nach der Grundanleitung für die Puppen 22 Reihen in Schwarz, den Rest in Dunkelbraun. Stellen Sie die Beine fertig, wie auf Seite 13 beschrieben, und nähen Sie sie im Leiterstich an den Körper.

Arme

2x in Hautfarbe und in dunklem Pink arbeiten.

14 M in Hautfarbe anschl.

1. Reihe: Li M str.

2. Reihe: 1 M re, 1 M zun, 6 M re, 1 M zun, 1 M re, 1 M zun, 5 M re, 1 M zun, 1 M re (= 18 M).

3. - 24. Reihe: Gl re str (3. R = Rück-R li).

In dunklem Pink weiterarbeiten.

25. Reihe: Re M str. *26. Reihe:* Li M str.

27. Reihe (= Rück-R): Re M str.

Gl re weiterstr (28. R = Hin-R re). Am Beginn, in der Mitte und am Ende der nächsten 5 Hin-R jeweils 2 M re zusstr (= 3 M). Alle M abk.

Die Arme fertig stellen und an den Körper nähen, wie auf Seite 13 erklärt.

Ohren

2x in Hautfarbe arbeiten.

Ohren nach der Grundanleitung für die Puppen auf Seite 12/13 arbeiten und seitlich an den Kopf nähen.

Karohemd

Die Karos mit pinkfarbenem Garn im Maschenstich auf die dunkelrosafarbene Fläche sticken (siehe Grundtechniken, Seite 10).

Jacke

Ärmel

2x in Braun arbeiten.

26 M anschl und 2 R re M str. Anschließend 20 R gl re str (3. R = Hin-R re). 3x am Beginn, in der Mitte und am Ende der nächsten und jeder folgenden Hin-R 2 M re zusstr (= 11 M); in den Rück-R li M str. Mit einer re R (= Hin-R) enden. 2 R re M str, dann alle M abk.

Den Ärmel mit der glatt rechts gestrickten Seite nach außen der Länge nach mittig zusammenlegen und die seitliche Naht bis zum Beginn der Schrägung schließen. Beide Ärmel gleich arbeiten.

Rechtes Vorderteil

1x in Braun arbeiten.

14 M anschl und 2 R re M str. 22 R gl re str (3. R = Hin-R re). 6x am Ende der nächsten und der folgenden Hin-R jeweils 2 M re zusstr (= 8 M). Mit einer re R (= Hin-R) enden. 2 R re M str, dann alle M li abk.

Linkes Vorderteil
1x in Braun arbeiten.
14 M anschl und 2 R re M str.
3. – 10. Reihe: Gl re str (3. R = Hin-R re).
Das erste Knopfloch wird über die nächsten 2 R nahe dem vorderen Rand gearbeitet. *11. Reihe* = 1. Knopfloch-Reihe: *Bis zu den letzten 3 M re str. Stellen Sie sich vor, die restlichen M seien von links nach rechts mit M1, M2 und M3 nummeriert: M3 und M2 re str, M3 über M2 ziehen (= 1 M abk), dann M1 re str.
12. Reihe = 2. Knopfloch-Reihe: 2 M li, wenden und 1 M anschl, wenden und bis zum Ende der R li str.
13. – 20. Reihe: Gl re str (13. R = Hin-R re).
21. und 22. Reihe (Knopfloch): Wie 11. und 12. R str.
23. Reihe: Re M str.
24. Reihe: Li M str.
25. – 32. Reihe: Gl re str, dabei am Beginn jeder Hin-R 2 M re zusstr (= 10 M).
33. Reihe (Knopfloch): 2 M re zusstr, 5 M re, 2 M re, die 1. M über die 2. ziehen (siehe 1. Knopflochreihe), 1 M re.
34. Reihe: Wie 12. R str.
35. Reihe: 2 M re zusstr, 7 M re.
36. und 37. Reihe: Re M str.
38. Reihe: Alle M li abk.
Die Knopflöcher im Knopflochstich umranden (siehe Grundtechniken, Seite 10).

Rückenteil
1x in Braun arbeiten.
32 M anschl, 2 R re str, dann 22 R gl re str (3. R = Hin-R re).
23. Reihe: 3 M abk (1 M bleibt auf der li Nd), 28 M re (= 29 M).
24. Reihe: 3 M abk (1 M bleibt auf der li Nd), 25 M li (= 26 M).
25. – 35. Reihe: Gl re str, dabei am Beginn und am Ende jeder Hin-R 2 M re zusstr (= 14 M).
36. und 37. Reihe: Re M str.
38. Reihe: Alle M li abk.

Fertigstellung
Das Rückenteil mit der glatt rechts gestrickten Seite nach unten auslegen. Das linke und das rechte Vorderteil jeweils mit der glatt rechts gestrickten Seite nach oben so darauf legen, dass Knopf- und Knopflochleiste einander überlappen. Seitliche Nähte bis zur Schrägung schließen und anschließend die Ärmel einsetzen.

Hut

Krempe
1x in Braun arbeiten.
108 M anschl und 2 R re arb. Gl re weiterarbeiten (alle Rückreihen li str).
3. Reihe: *2 M re zusstr, 14 M re, 2 M re zusstr; ab * 5x wdh. (= 96 M).
5. Reihe: *2 M re zusstr, 12 M re, 2 M re zusstr; ab * 5x wdh (= 84 M).
7. Reihe: *2 M re zusstr, 10 M re, 2 M re zusstr; ab * 5x wdh (= 72 M).
9. Reihe: *2 M re zusstr, 8 M re, 2 M re zusstr; ab * 5x wdh (= 60 M).
10. Reihe: Alle M li abk.
Die Schmalseiten zusammennähen, sodass ein Ring entsteht.

Hutkopf
1x in Braun arbeiten.
60 M anschl und gl re str (Rückreihen li str).
1. – 4. Reihe: Gl re str (1. R = Hin-R re).
5. Reihe: *2 M re zusstr, 6 M re, 2 M re zusstr; ab * 5x wdh (= 48 M).
7. Reihe: *2 M re zusstr, 4 M re, 2 M re zusstr; ab * 5x wdh (= 36 M).
9. Reihe: *2 M re zusstr, 2 M re, 2 M re zusstr; ab * 5x wdh (= 24 M).
11. Reihe: 12x 2 M re zusstr (= 12 M).
13. Reihe: Li M str. Den Faden abschneiden, das Ende durch die verbleibenden M führen und fest anziehen.
Das Strickteil mit der glatt rechts gestrickten Seite nach außen in der Mitte zusammenlegen und die seitliche Naht schließen, sodass die Rundung entsteht. Die Unterkante an die innere Rundung der Krempe nähen.
Entlang der Außenkante der Hutkrempe eine Runde Vorstiche arbeiten (siehe Grundtechniken, Seite 11), den Faden leicht anziehen, damit die Krempe Form und Halt bekommt; anschließend den Faden vernähen.

Mund
In Dunkelbraun arbeiten, wie auf Seite 13 beschrieben.

Haare
In Braun arbeiten, wie auf Seite 13 beschrieben.

Details
Kleine Stücke aus Flaschenkorken schneiden und an kurzen Fäden an der Hutkrempe befestigen.

MERINO-SCHAF

Größe: ca. 30 cm

Merino-Schafe werden in Australien und Neuseeland in riesigen Herden gehalten. Sie sind in aller Welt bekannt für ihre langfaserige Wolle, die sich für Winterkleidung ebenso eignet wie für Filz, mit dem sich beispielsweise robuste Stiefel füttern lassen. Dieses Tier mit seinen markanten Hörnern ist sicherlich das Leittier seiner Herde und achtet darauf, dass streunende Dingos kein neugeborenes Lamm reißen. Das Garn, aus dem das Schaf gestrickt wurde, ähnelt dem dichten Vlies, dessentwegen das Merino-Schaf so geschätzt wird. Das abgebildete Schaf ist groß genug zum Kuscheln und Schmusen. Wenn Sie dünneres Garn und Stricknadeln Nr. 2,5 verwenden, entsteht ein kleineres Schaf, das in den Proportionen zum australischen Schafzüchter von Seite 32/33 passt.

Schwierigkeitsgrad

Für Einsteiger. Das Schaf ist aus einfachen Formen zusammengesetzt. Die Hörner sehen zwar recht kompliziert aus, bestehen jedoch im Grunde aus zwei langen, gestrickten „Würsten", die gerollt und zu beiden Seiten des Kopfes angenäht werden.

50 g Bouclégarn, Natur
20 g Strickgarn (LL ca. 160 m/50 g) in Natur sowie Reste in Hellbraun und Dunkelbraun
Stricknadeln Nr. 3 – 3,5
Sticknadel Nr. 18 ohne Spitze
2 Sicherheitsaugen, Ø 14 mm
Kunstfaser-Bastelwatte (waschbar)

Maschenprobe

26 M/34 R gl re = 10 x 10 cm.

Anleitung

Die Grundtechniken, die Sie beherrschen müssen, um das Schaf zu arbeiten, sind auf Seite 9 bis 11 ausführlich beschrieben.

RUMPF

1x aus naturfarbenem Bouclégarn arbeiten.

30 M anschl und gl li str (Hin-R stets li str; Zu- und Abnahmen in den re gestr Rück-R).
1. Reihe: Re M str. *2. Reihe:* Li M str.
3. Reihe: 2x (1 M re, 1 M zun), [11] M re, * 1 M re, 1 M zun; ab * 3x wdh; [11] M re, 2x (1 M zun, 1 M re).
4. Reihe: Li str. 3. und 4. R 2x wdh, dabei die Zahl in eckigen Klammern jedes Mal um 4 erhöhen (= 54 M).
9. Reihe: 1 M re, 1 M zun, 26 M re, 1 M zun, 1 M re, 1 M zun, 25 M re, 1 M zun, 1 M re (= 58 M).
10. – 50. Reihe: Gl li str (10. R = Hin-R li).
51. – 84. Reihe: Gl li str (51. R = Rück-R re), dabei jeweils am Beginn und am Ende der re gestr Rück-R 2 M re zusstr (= 24 M).
85. Reihe: *2 M re zusstr, 8 M re, 2 M re zusstr; ab * 1x wdh (= 20 M).
86. Reihe: Alle M li abk (= Halsende).
Das Strickteil mit der links gestrickten Seite nach außen der Länge nach mittig zusammenlegen, die Öffnung am Hals und die Seitennaht bis auf eine kleine Öffnung schließen. Den Rumpf mit Bastelwatte ausstopfen und die letzte Öffnung schließen.

GESICHT

1x aus glattem Garn in Natur arbeiten.

32 M anschl und gl re str (Rück-R stets li str).
1. Reihe: Re M str.
2. Reihe: Li M str.
3. – 12. Reihe: Gl re str (3. R = Hin-R re), dabei am Beginn und am Ende jeder Hin-R 2 M re zusstr (= 22 M).
13. Reihe: *2 M re zusstr, 7 M re, 2 M re zusstr; ab * 1x wdh (= 18 M).
14. Reihe: Alle M li abk (= Schnauzenende).
Das Strickteil mit der glatt rechts gestrickten Seite nach außen zusammenlegen, die Naht an der Schnauze und an der Seite schließen. Die Sicherheitsaugen anbringen. Das Teil ausstopfen und mit der offenen Seite an das Halsende des Körpers nähen (siehe auch Foto, Seite 35).

BEINE

4x aus naturfarbenem Bouclégarn arbeiten.

16 M mit glattem, naturfarbenem Garn anschl und gl re str (Rück-R stets li str).
1. – 4. Reihe: Gl re str (1. R = Hin-R re).
5. – 17. Reihe:.Gl re str, dabei am Beginn und am Ende der 5., 9., 13. und 17. R jeweils 1 M zun (= 24 M).
18. – 20. Reihe: Gl re str (20. R = Rück-R li).
Zu Bouclégarn in Natur wechseln und gl li weiterstr (Hin-R li; Rück-R re)
21. – 30. Reihe: Gl li str (21. R = Hin-R li). *31. Reihe:* Alle M re abk.
Das Strickteil so der Länge nach mittig zusammenlegen, dass die glatt rechts gestrickte Seite des glatten Garnes und damit die links gestrickte Seite des Bouclégarnes außen liegt. Die Nähte an der Schmalseite unten und an der Längsseite schließen. Bein mit Bastelwatte ausstopfen und mit der offenen Seite an den Rumpf nähen.
Alle 4 Beine gleich arbeiten.
Von der unteren Mitte jedes Beins eine etwa 2,5 cm lange Linie nach oben abnähen, um die Hufe darzustellen (siehe Foto, Seite 35).

Hörner

2x in Hellbraun arbeiten.
12 M anschl und 50 R gl re str (1. R = Hin-R re). *51. Reihe:* 2 M re zusstr, 2 M re, 2 M re zusstr; ab * 1x wdh (= 8 M). *52. Reihe:* Li M str.
53. Reihe: 4x 2 M re zusstr (= 4 M). Den Faden abschneiden, durch die verbleibenden M führen und fest anziehen.
Das Strickstück mit der glatt rechts gestrickten Seite nach außen der Länge nach mittig zusammenlegen und die lange gerade Naht schließen. Horn locker mit Bastelwatte ausstopfen und die Schmalseite ebenfalls schließen. Dann die gerade Schmalseite des Horns mit Leiterstichen an eine Seite des Kopfes nähen, einrollen (siehe Abb. unten) und mit einigen Stichen am Kopf und am Horn selbst fixieren.
Beide Hörner gleich arbeiten.

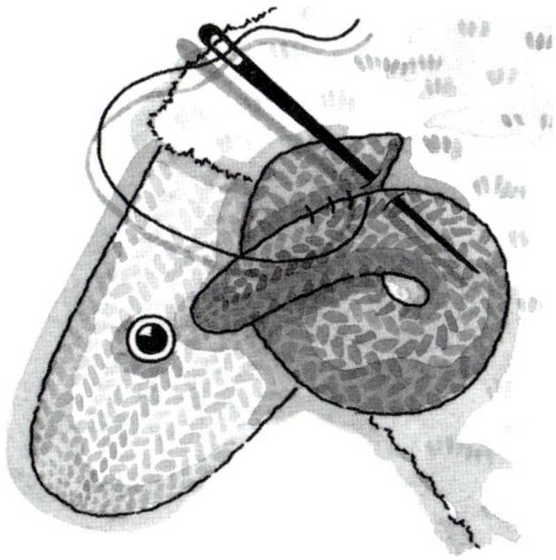

Schwanz

1x aus Bouclégarn arbeiten.
12 M anschl und 18 R gl li str (1. R = Rück-R li). Weiter nach der Anleitung für die Hörner ab der 51. Reihe arbeiten.
Das Strickstück mit der links gestrickten Seite nach außen der Länge nach mittig zusammenlegen und die Naht schließen. Den Schwanz ans Hinterteil des Schafes nähen.

Maul und Nasenlöcher

Für die Nasenlöcher mit braunem Garn jeweils 2 bis 3 Spannstiche beidseitig der Nase arbeiten. Das Maul mit langen Spannstichen sticken (siehe Grundtechniken, Seite 11, sowie Abbildung unten).

Koala-Bären

Größe: ca. 30 cm (Mutter) und 19 cm (Baby)

Sieben Monate lang tragen Koalas – ähnlich wie Kängurus – ihr Junges in einem Beutel. Doch wenn das Baby größer wird, muss es sich am Rücken der Mutter festkrallen, während sie auf der Suche nach saftigen Eukalyptusblättern umherstreift. Sie lässt sich dabei viel Zeit, denn Koalas bewegen sich langsam und ruhen sich öfter in einer Astgabel aus. Immerhin können Koalas bis zu 18 Stunden am Tag schlafen. In der Hitze des australischen Buschlandes sieht man sie oft im Schatten eines Baumes ruhen. Das hat leider den Irrglauben genährt, Koalas würden durch ihre Nahrung, die Eukalyptusblätter, berauscht.

Schwierigkeitsgrad

Für Könner. Die Gliedmaßen, der Körper, die Ohren und die Nase sind alle einfach mit wenigen Zu- und Abnahmen zu stricken. Lediglich die Gestaltung des Gesichtes ist etwas komplizierter, und die Pompon-Ohren erfordern eine ungewöhnliche Technik.

Für beide Koalas:
Stricknadeln Nr. 3 – 3,5
Nähgarn, schwarz
Kunstfaser-Bastelwatte (waschbar)
Für die Mutter:
70 g Strickgarn (LL ca. 160 g/50 m) in Mittelgrau sowie Reste in Dunkelbraun, Hellgrau und Schwarz (2 Knäuel à 50 g in Mittelgrau reichen für Mutter und Kind)
2 Sicherheitsaugen, Ø 14 mm
Für das Baby:
40 g Strickgarn (LL ca. 160 g/50 m) in Mittelgrau sowie Reste in Dunkelbraun, Hellgrau und Schwarz
2 Sicherheitsaugen, Ø 10 mm

Maschenprobe

26 M/34 R gl re = 10 x 10 cm.

Anleitung

Die Grundtechniken, die Sie beherrschen müssen, um die Koalas zu arbeiten, sind auf Seite 9 bis 11 ausführlich beschrieben.
Arbeiten Sie zuerst Rumpf und Kopf für die Koala-Mutter oder das Baby, anschließend Arme, Beine, Ohren und Nase. Bei den Anleitungen für Arme, Beine, Ohren und Nase stehen die Angaben für die Mutter vor dem Schrägstrich, die für das Koala-Junge dahinter. Steht nur eine Angabe, so gilt sie für beide Tiere.

Rumpf und Kopf der Koala-Mutter

1x in Mittelgrau arbeiten.
28 M anschl und gl re str.
1. Reihe: Re M str.
2. Reihe: Li M str.
3. Reihe: 2x (1 M re, 1 M zun), [10] M re, 4x (1 M re, 1 M zun), [10] M re, 2x (1 M zun, 1 M re).
4. Reihe: Li M str.
3. und 4. R 2x wdh, dabei die Zahl in eckigen Klammern jedes Mal um 4 erhöhen (= 52 M).
9. Reihe: 1 M re, 1 M zun, 24 M re, 2x (1 M re, 1 M zun), 24 M re, 1 M zun, 1 M re (= 56 M).
10. – 34. Reihe: Gl re str (10. R = Rück-R li).
35. Reihe: 2 M re zusstr, [24] M re, 2x 2 M re zusstr, [24] M re, 2 M re zusstr.
36. Reihe: Li M str.
35. und 36. R 4x wdh, dabei die Zahl in eckigen Klammern jedes Mal um 2 reduzieren (= 36 M; = Hals).
45. Reihe: 1 M re, 1 M zun, [5] M re, 2x (1 M re, 1 M zun), 2 M re, 2x (1 M re, 1 M zun), [5] M re, 2x (1 M re, 1 M zun), weiter re, enden mit 1 M zun, 1 M re.
46. Reihe: Li M str.
45. und 46. R 3x wdh, dabei die Zahl in eckigen Klammern jedes Mal um 3 erhöhen (= 68 M).
53. Reihe: 1 M re, 1 M zun, 19 M re, 1 M zun, 2 M re, 1 M zun, 19 M re, 2x (1 M re, 1 M zun), 24 M re, 1 M zun, 1 M re (= 74 M).
54. – 58 Reihe: Gl re str (54. R = Rück-R li).
59. Reihe: 2 M re zusstr, 18 M re, 2 M re zusstr, 2 M re, 2 M re zusstr, 18 M re, 2x 2 M re zusstr, weiter re, enden mit 2 M re zusstr (= 68 M).
60. Reihe: Li M str.
61. Reihe: 2 M re zusstr, [14] M re, 2x 2 M re zusstr, 2 M re, 2x 2 M re zusstr, [14] M re, 2x 2 M re zusstr, weiter re, enden mit 2 M re zusstr (– 60 M).
62. Reihe: Li M str.
61. und 62. R 2x wdh, dann die 61. R noch 1x wdh, dabei die Zahl in Klammern jedes Mal um 3 reduzieren (= 36 M).
68. Reihe: Alle M li abk (= oberes Ende des Kopfes).
Das Strickstück mit der glatt rechts gestrickten Seite nach außen der Länge nach mittig zusammenlegen und die Unterkante sowie die Seitennaht schließen. Die Augen rechts und links von der Nasenwölbung einsetzen. Den oberen Teil des Kopfes mit der Nase nach vorne bis auf eine kleine Öffnung zunähen. Kopf und Rumpf mit Bastelwatte ausstopfen und die Naht völlig schließen.
Hals: Etwa 12,5 cm vom Scheitel entfernt eine Runde Vorstiche mit farblich passendem Garn arbeiten und den Faden so anziehen, dass der Hals geformt wird (siehe Grundtechniken, Seite 11). Garnenden vernähen.

Rumpf und Kopf des Koala-Babys

1x in Mittelgrau arbeiten.
18 M anschl und gl re str.
1. Reihe: Re M str.

2. Reihe und alle folgenden Rückreihen: Li M str.
3. Reihe: 2x (1 M re, 1 M zun), 5 M re, 4x (1 M re, 1 M zun), 5 M re, 2x (1 M zun, 1 M re) (= 26 M).
5. Reihe: 2x (1 M re, 1 M zun), 9 M re, 4x (1 M re, 1 M zun), 9 M re, 2x (1 M re, 1 M zun) (= 34 M).
7. Reihe: 1 M re, 1 M zun, 15 M re, 2x (1 M re, 1 M zun), 15 M re, 1 M zun, 1 M re (= 38 M).
8. – 24. Reihe: Gl re str (8. R = Rück-R li).
25. Reihe: 2 M re zusstr, [15] M re, 2x 2 M re zusstr, [15] M re, 2 M re zusstr.
26. Reihe: Li M str.
25. und 26. R 3x wdh, dabei die Zahl in eckigen Klammern jedes Mal um 2 verringern (= 22 M; = Hals).
33. Reihe: 1 M re, 1 M zun, [2] M re, 2x (1 M re, 1 M zun), 1 M re, 2x (1 M re, 1 M zun), [2] M re, 2x (1 M re, 1 M zun), weiter re, enden mit 1 M zun, 1 M re.
34. Reihe: Li M str.
33. und 34. R 2x wdh, dabei die Zahl in eckigen Klammern jedes Mal um 3 erhöhen (= 46 M).
39. Reihe: Re M str.
40. Reihe: Li M str.
41. Reihe: 2 M re zusstr, [8] M re, 2x 2 M re zusstr, 2 M re, 2x 2 M re zusstr, [8] M re, 2x 2 M re zusstr, weiter re, enden mit 2 M re zusstr.
42. Reihe: Li M str.
41. und 42. R 1x wdh, dann die 41. R noch 1x wdh, dabei die Zahl in eckigen Klammern jedes Mal um 3 reduzieren (= 22 M).
46. Reihe: Alle M li abk (= oberes Ende des Kopfes).
Das Strickteil mit der glatt rechts gestrickten Seite nach außen der Länge nach mittig zusammenlegen und die Naht an der Unterkante und an der Längsseite schließen.
Die Augen rechts und links von der Nasenwölbung anbringen und die obere Kopfnaht bis auf eine kleine Öffnung so schließen, dass die Nasenwölbung vorne liegt.
Rumpf und Kopf mit Bastelwatte ausstopfen und die letzte Öffnung schließen.
Hals: Etwa 7,5 cm vom oberen Ende des Kopfes eine Runde Vorstiche um die schmalste Stelle des Halses arbeiten und den Faden anziehen (siehe Grundtechniken, Seite 11). Die Fadenenden vernähen.

Arme

2x in Mittelgrau arbeiten.
28/18 M anschl und 14/10 R gl re str (1. R = Hin-R re). Dann 10/6 R gl re str, dabei am Beginn und am Ende jeder Hin-R jeweils 2 M re zusstr (= 18/12 M). 8/6 R gl re str, dann alle M abk.
Das Strickteil mit der glatt rechts gestrickten Seite nach außen mittig zusammenlegen, die Nähte an einer Schmalseite und an der Längsseite schließen. Den Arm mit etwas Bastelwatte ausstopfen und die letzte Naht schließen. Beide Arme gleich arbeiten und mit Leiterstichen rechts und links an den Rumpf nähen.

Beine

2x in Mittelgrau arbeiten.
28/18 M anschl und 24/16 R gl re str (1. R = Hin-R re). Dann 10/6 R gl re str, dabei am Beginn und am Ende jeder Hin-R jeweils 2 M re zusstr (= 18/12 M). 8/6 R gl re str, dann alle M abk.
Das Bein fertig stellen, wie bei den Armen beschrieben. Beide Beine gleich arbeiten und mit Leiterstichen an den Körper nähen.
Knie: Das Bein in der Mitte leicht abknicken und mit Leiterstichen fixieren (siehe Grundtechniken, Seite 11).

Ohren

4x in Mittelgrau arbeiten.
8/5 M anschl und 6/4 R gl re str (1. R = Hin-R re). Dann 4/2 R gl re str, dabei am Beginn und am Ende jeder Hin-R jeweils 2 M re zusstr (= 4/3 M). In der folgenden Reihe alle M li abk. Alle 4 Teile gleich arbeiten.

Nase

1x in Dunkelbraun arbeiten.
4/3 M anschl und 1 R li M str (= Rück-R). 4/2 R gl re str, dabei am Beginn und am Ende jeder Hin-R je 1 M zun (= 8/5 M). 7/5 R gl re str. Weitere 4/2 R gl re str, dabei am Beginn und am Ende jeder Hin-R 2 M re zusstr (= 4/3 M).
Die fertige Nase mit der glatt rechts gestrickten Seite nach außen auf das Gesicht des Koalas stecken und festnähen (siehe Abbildung auf Seite 37). Stecknadeln entfernen.

Fertigstellung

Ohren

Für jedes Ohr der Koala-Mutter einen großen, zotteligen Pompon (Ø ca. 10 cm) aus mittelgrauem und hellgrauem Garn anfertigen (siehe Grundtechniken, Seite 11). Für die Ohren des Koala-Babys kleinere Pompons (Ø ca. 5 cm) in denselben Farben anfertigen. Den Pompon so zwischen zwei Ohrteile einsetzen, dass die Fransen rundherum hervorstehen (glatt rechts gestrickte Seiten der Ohrteile liegen außen). Das obere auf das untere Ohrteil nähen, dabei den Pompon mit fassen (siehe Abb unten). Beide Ohren gleich arbeiten und mit den geraden Kanten im Leiterstich an den Kopf des Koalas nähen.

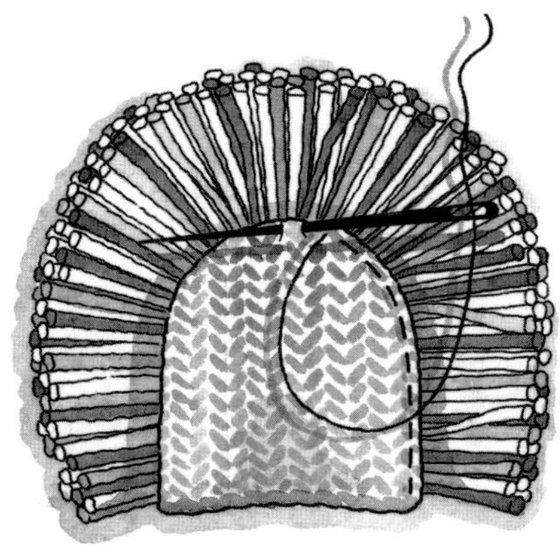

Krallen und Schnauze

Für die Krallen 3 Spannstiche in Schwarz auf jede Pfote sticken.
Für die Nasenlöcher 2 bis 3 Spannstiche am unteren Ende der Nase arbeiten (siehe Foto, Seite 37).
Einen langen Spannstich für die Schnauze arbeiten und mit kleinen, unsichtbaren Stichen in Schwarz fixieren (siehe Grundtechniken, Seite 11).

DAS SCHNABELTIER

Größe: ca. 35 cm (einschließlich Schwanz)

Das Schnabeltier ist ein außergewöhnliches Wesen. Als Forscher seinerzeit mit einem ersten Exemplar aus Australien zurückkamen, um es ihren Kollegen zu zeigen, warf man ihnen vor, es aus verschiedenen Tieren zusammengenäht zu haben. Der Körper eines Säugetieres mit dem Schnabel und den Füßen einer Ente? Unmöglich! – Doch das Schnabeltier gibt es wirklich. Es verbringt sein Leben, indem es Insektenlarven vom Grunde der Flüsse und Seen schöpft und mit seinem unerhört empfindlichen Schnabel herausfiltert. Der dichte Pelz, der das Tier vor dem Erfrieren im kalten Wasser schützt, wird bei unserem Schnabeltier durch dickes, wolliges Chenillegarn dargestellt.

Schwierigkeitsgrad

Für Einsteiger. Die Anleitung enthält nur ganz wenige Zu- und Abnahmen. Sämtliche Teile werden nach dem gleichen Muster gearbeitet.

50 g Chenillegarn in Schwarz
20 g dickeres Strickgarn (LL ca. 125 m/50 g) in Mittelbraun
20 g Strickgarn (LL ca. 160 m/50 g) in Kastanienbraun; Rest in Schwarz
Stricknadeln Nr. 3 – 3,5
Sticknadel Nr. 18 ohne Spitze
2 Sicherheitsaugen, Ø 10 mm
Kunstfaser-Bastelwatte (waschbar)

Maschenprobe

26 M/34 R gl re = 10 x 10 cm.

Anleitung

Die Grundtechniken, die Sie beherrschen müssen, um das Schnabeltier zu arbeiten, sind auf Seite 9 bis 11 ausführlich beschrieben.

KOPF UND RUMPF

1x aus schwarzem Chenillegarn arbeiten.
24 M anschl und gl re str.
1. Reihe: Re M str.
2. Reihe: Li M str.
3. Reihe: 2x (1 M re, 1 M zun), [8] M re, 4x (1 M re, 1 M zun), [8] M re, 2x (1 M zun, 1 M re).
4. Reihe: Li M str.
3. und 4. R 3x wdh, dabei die Zahl in eckigen Klammern jedes Mal um 4 erhöhen (= 56 M).
11. – 60. Reihe: Gl re str (11. R = Hin-R re).
61. Reihe: 2x 2 M re zusstr, [20] M re, 4x 2 M re zusstr, [20] M re, 2x 2 M re zusstr.
62. Reihe: Li M str.
61. und 62. R 2x wdh, dann die 61. R noch 1x wdh, dabei die Zahl in eckigen Klammern jedes Mal um 4 reduzieren (= 24 M).
68. Reihe: Alle M li abk.
Das Strickteil mit der glatt rechts gestrickten Seite nach außen der Länge nach mittig zusammenlegen und die Nähte an einer Schmalseite und an der Längsseite schließen. Die Augen anbringen. Kopf und Rumpf mit Bastelwatte ausstopfen und die letzte Naht schließen.

FÜSSE

4x in Kastanienbraun arbeiten.
20 M anschl und 6 R gl re str (1. R = Hin-R re).
7. Reihe: 1 M re, 1 M zun, [8] M re, 2x (1 M re, 1 M zun), [8] M re, 1 M zun, 1 M re.
8. Reihe: Li M str.
7. und 8. R 2x wdh, dabei die Zahl in eckigen Klammern jedes Mal um 2 erhöhen (= 32 M).
13. – 19. Reihe: Gl re str (13. R = Hin-R re).
20. Reihe: Alle M li abk.
Das Strickteil mit der glatt rechts gestrickten Seite nach außen mittig zusammenlegen. Die Naht an der Abkettkante und die Seitennaht schließen, den Fuß mit etwas Bastelwatte füllen und die letzte Öffnung schließen. Alle 4 Füße gleich arbeiten und mit Leiterstichen an den Rumpf des Schnabeltieres nähen.
Mit schwarzem Strickgarn das charakteristische „Entenfuß-Muster" auf die Füße sticken (siehe Abbildung unten).

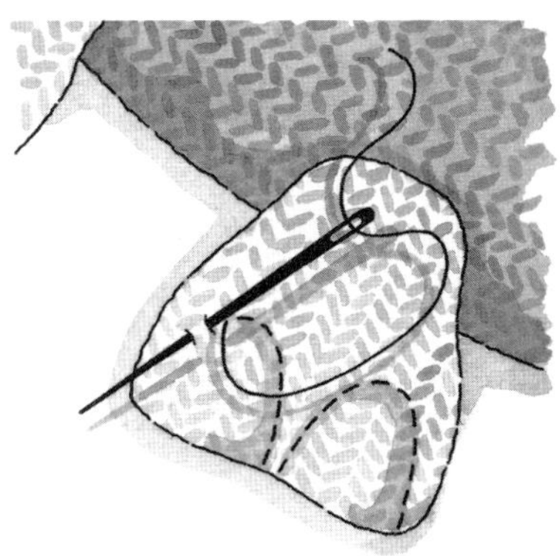

SCHNABEL

1x in Mittelbraun arbeiten.
24 M anschl.
1. Reihe: 11 M re, 2 M li, 11 M re.
2. Reihe: 11 M li, 2 M re, 11 M li.
1. und 2. R 8x wdh (= 18 R).
19. Reihe: 2x 2 M re zusstr, 4 M re, 4x 2 M re zusstr, 4 M re, 2x 2 M re zusstr (= 16 M).
20. Reihe: Li M str.
21. Reihe: *2 M re zusstr, 4 M re, 2 M re zusstr; ab * 1x wdh (= 12 M).
22. Reihe: Alle M li abk.
Das Strickteil mit der glatt rechts gestrickten Seite nach außen mittig

zusammenlegen und entlang der gerundeten Kante zusammennähen, den Schnabel mit Bastelwatte ausstopfen und mit dem offenen Ende knapp unterhalb der Augen an den Kopf des Schnabeltieres nähen.

SCHWANZ

1x in Mittelbraun arbeiten.
30 M anschl und 30 R gl re str (1. R = Hin-R re).
31. Reihe: 2x 2 M re zusstr, 7 M re, 4x 2 M re zusstr, 7 M re, 2x 2 M re zusstr (= 22 M).
32. Reihe: Li M str.
33. Reihe: 2x 2 M re zusstr, 3 M re, 4x 2 M re zusstr, 3 M re, 2x 2 M re zusstr (= 14 M.
34. Reihe: Alle M li abk.
Das Strickteil mit der glatt rechts gestrickten Seite nach außen mittig zusammenlegen und entlang der gerundeten Kante zusammennähen. Den Schwanz mit Bastelwatte ausstopfen und mit Leiterstichen an das Hinterteil des Schnabeltieres nähen.

WANGEN

2x in Mittelbraun arbeiten.
12 M anschl und 6 R gl re str (1. R = Hin-R re), dann alle M abketten.
Zu beiden Seiten des Schnabels jeweils eine solche Wange nähen, dabei die Mitte leicht ausstopfen, damit sie plastisch wirkt (siehe Foto unten).

NASENHÖCKER

1x in Mittelbraun arbeiten.
8 M anschl und 4 R gl re str (1. R = Hin-R re).
5. Reihe: 2 M re zusstr, 4 M re, 2 M re zusstr.
6. Reihe: Alle M li abk.
Den Nasenhöcker so oberhalb des Schnabels zwischen den Augen annähen, dass er sich plastisch abhebt.

SCHNABEL

Für die Schnabelöffnung eine Linie mit schwarzem Garn rund um die Kante des Schnabels sticken (siehe Foto unten).

WOMBAT

Größe: ca. 17,5 cm

Der Wombat ist ein dickes, bärenähnliches Tier mit schwerem Körper, kleinen Augen, einem großen, abgeflachten Kopf und einem charakteristischen Trott. Wie viele andere australische Beuteltiere bewegen sich auch die Wombats sehr langsam und wirken träge. Ob sie mit ihren kräftigen Vorderpfoten nach leckeren Wurzeln buddeln oder sich ein schattiges Refugium graben, um sich vor der glühenden Sonne im Buschland zu schützen – Wombats lassen sich stets Zeit und sparen auf diese Weise Energie, denn Futter und Wasser sind schwer zu beschaffen, sodass nichts davon verschwendet werden darf.

Der raue Pelz, der den Wombat wärmt und ihm hilft, Energie zu sparen, wird hier durch ein meliertes Garn mit eingesponnenem schwarzem Faden imitiert, das den Wombat besonders haarig wirken lässt.

Schwierigkeitsgrad

Für Einsteiger. Alle Teile werden in einer Farbe gestrickt und sind schnell fertig.

40 g Strickgarn (LL ca. 160 m/50 g) in Braun meliert; Rest in Schwarz
Stricknadeln Nr. 3 – 3,5
Sticknadel Nr. 18 ohne Spitze
Nähnadel
Nähgarn, schwarz
2 Sicherheitsaugen, Ø 10 mm
Kunstfaser-Bastelwatte (waschbar)

Maschenprobe

26 M/34 R gl re = 10 x 10 cm.

Anleitung

Die Grundtechniken, die Sie beherrschen müssen, um den Wombat zu arbeiten, sind auf Seite 9 bis 11 ausführlich beschrieben.

Rumpf und Kopf

1x in Braun arbeiten.
14 M anschl und gl re str.
1. Reihe: Re M str.
2. Reihe: Li M str.
3. Reihe: 2x (1 M re, 1 M zun), [3] M re, 4x (1 M re, 1 M zun), [3] M re, 2x (1 M zun, 1 M re).
4. Reihe: Li M str.
3. und 4. R 3x wdh, dabei die Zahl in eckigen Klammern jedes Mal um 4 erhöhen (= 46 M).
11. – 48. Reihe: Gl re str (11. R = Hin-R re).
49. Reihe: 5x (4 M re, 1 M zun), 6 M re, 5x (1 M zun, 4 M re) (= 56 M).
50. Reihe und alle folgenden Rückreihen: Li M str.
51. Reihe: 5x (4 M re, 1 M zun, 1 M re, 1 M zun), 6 M re, 5x (1 M zun, 1 M re, 1 M zun, 4 M re) (= 76 M).
53. Reihe: 4 M re, 4x (1 M zun, 1 M re, 1 M zun, 6 M re), 2x (1 M re, 1 M zun), 8 M re, 2x (1 M re, 1 M zun), 4x (6 M re, 1 M zun, 1 M re, 1 M zun), 4 M re (= 96 M).
54. – 58. Reihe: Gl re str (54. R = Rück-R li).
59. Reihe: 2 M re, 15x (2 M re zusstr, 4 M re), 2 M re zusstr, 2 M re (= 80 M).
61. Reihe: 4 M re, 14x (2 M re zusstr, 3 M re), 2 M re zusstr, 4 M re (= 65 M).
63. Reihe: 4 M re, 14x (2 M re zusstr, 2 M re), 2 M re zusstr, 3 M re (= 50 M).
65. Reihe: 3 M re, 14x (2 M re zusstr, 1 M re), 2 M re zusstr, 3 M re (= 35 M).
67. Reihe: 1 M re, 17x 2 M re zusstr (= 18 M).
69. Reihe: 9x 2 M re zusstr (= 9 M).
71. Reihe: Li M str. Den Faden abschneiden, das Ende durch die verbleibenden M führen und fest anziehen (= Schnauze).
Das Strickteil mit der glatt rechts gestrickten Seite der Länge nach mittig zusammenlegen und die lange Seitennaht schließen (bei der Nase beginnen), dabei eine Öffnung zum Ausstopfen lassen. Die Augen anbringen. Kopf und Körper mit Bastelwatte ausstopfen und die Öffnung schließen.

Beine

4x in Braun arbeiten.
20 M anschl und 18 R gl re str (1. R = Hin-R re). Alle M abk.
Das Rechteck mit der glatt rechts gestrickten Seite nach außen zusammenlegen und die Nähte an der unteren Schmalseite und an der Längsseite schließen. Das Bein mit etwas Bastelwatte ausstopfen und die letzte Naht schließen. Alle 4 Beine gleich arbeiten und mit Leiterstichen an den Rumpf nähen.

Ohren

2x in Braun arbeiten.
18 M anschl und 6 R gl re str (1. R = Hin-R re).
7. Reihe: 2 M re zusstr, 5 M re, 2x 2 M re zusstr, 5 M re, 2 M re zusstr.
8. Reihe: Alle M li abk.
Das Ohr mit der glatt rechts gestrickten Seite nach außen zusammenlegen. Die Außenkanten zusammennähen. Beide Ohren gleich arbeiten und mit Leiterstichen am Kopf befestigen.

Schwanz

1x in Braun arbeiten.
Sie beginnen an der Seite zu stricken, die am Hinterteil des Wombats angenäht wird. 10 M anschl und 4 R gl re str (1. R = Hin-R re).
5. – 11. Reihe: Gl re str, dabei am Beginn und am Ende jeder R jeweils 2 M re zusstr (= 2 M)
12. Reihe: 2 M li zusstr. Den Faden abschneiden, das Ende durch die verbleibende M führen und fest anziehen. Den Faden vernähen.
Das Schwänzchen mit der glatt rechts gestrickten Seite nach außen an den Rumpf nähen.

Nase

1x in Dunkelbraun arbeiten.
6 M anschl und 1 R li M str. Weiter gl re str.
2. Reihe: 1 M re, 1 M zun, 4 M re, 1 M zun, 1 M re.
3. – 5. Reihe: Gl re str (3. R = Rück-R li).
6. Reihe: 2 M re zusstr, 4 M re, 2 M re zusstr.
7. Reihe: Alle M li abk.
Die Nase vorn auf das Gesicht nähen.

Maul und Nasenlöcher

Mit schwarzem Garn unterhalb der Nase einen langen Spannstich für das Maul arbeiten und mit kleinen, unsichtbaren Stichen in Schwarz fixieren (siehe Grundtechniken, Seite 11). Für die Nasenlöcher jeweils 2 schwarze Spannstiche an der Unterkante der Nase sticken.

Känguru

Größe: Mutter 38 cm (ohne Schwanz gemessen), Kind 11,5 cm

Bei der Geburt ist ein Känguru so klein, dass die Mutter seine Ankunft kaum bemerkt. In ihrem Beutel sicher geborgen, wächst das Kleine schnell heran, indem es Muttermilch saugt. Und wenn es alt genug ist, um den Beutel zu verlassen und sich selbst mit Pflanzen zu versorgen ... dann bleibt es bequem im Beutel und wächst weiter! Oft sieht man arme Mütter, die sich mit ihrem riesigen halbwüchsigen Nachwuchs im überquellenden Beutel abplagen müssen. Wenn die Mutter sich bückt, um zu fressen, lehnt sich der Junior gemächlich aus seinem gemütlichen Nest und knabbert etwas Grünzeug.

Unser Känguru-Kind ist noch nicht sehr groß – es hat noch nicht die großen, kräftigen Hinterläufe seiner Eltern, mit denen es durch das australische Buschland springen kann. Also darf es gern noch bei seiner Mutter im Beutel bleiben.

Schwierigkeitsgrad

Für Fortgeschrittene. Die Gestaltung ist recht einfach, aber das Känguru ist ziemlich groß und daher nicht unbedingt für Anfänger zu empfehlen. Mein Tipp: Beginnen Sie mit dem Känguru-Kind und arbeiten Sie sich von dort aus voran.

Für beide Kängurus:
Stricknadeln Nr. 3,5
Sticknadel Nr. 18 ohne Spitze
Nähnadel
Nähgarn, schwarz
Kunstfaser-Bastelwatte (waschbar)
Für die Känguru-Mutter:
80 g dickeres Strickgarn (LL ca. 125 m/50 g) in Mittelbraun, Rest in Schwarz
(100 g mittelbraunes Garn reichen für Mutter und Kind)
2 Sicherheitsaugen, Ø 14 mm
Für das Känguru-Kind:
20 g dickeres Strickgarn (LL ca. 125 m/50 g) in Mittelbraun, Rest in Schwarz
2 Sicherheitsaugen, Ø 10 mm

Maschenprobe

22 M/30 R gl re = 10 x 10 cm

Anleitung

Die Grundtechniken, die Sie beherrschen müssen, um die Koalas zu arbeiten, sind auf Seite 9 bis 11 ausführlich beschrieben.

Känguru-Mutter

Rumpf und Kopf

1x in Mittelbraun arbeiten.
12 M anschl für die Nase.
1. Reihe: Re M str. *2. Reihe:* Li M str.
3. Reihe: 1 M re, 1 M zun, [4] M re, 2x (1 M re, 1 M zun), [4] M re, 1 M zun, 1 M re. *4. – 6. Reihe:* Gl re str (4. R = Rück-R li). 3. – 6. R 3x wdh, dann die 3. R noch 1x wdh, dabei die Zahl in eckigen Klammern jedes Mal um 2 erhöhen (= 32 M).
20. – 48. Reihe: Gl re str (20. R = Rück-R li). *49. Reihe:* [6] M re, 1 M zun, 20 M re, 1 M zun, [6] M re.
50. Reihe: Li M str. 49. und 50. R 4x wdh, dabei die Zahl in eckigen Klammern jedes Mal um 1 erhöhen (= 42 M). *59. Reihe:* 9 M re, 1 M zun, [24] M re, 1 M zun, 9 M re.
60. – 62. Reihe: Gl re str (60. R = Rück-R li). 59. – 62. R 6x wdh, dann die 59. R noch 1x wdh, dabei die Zahl in eckigen Klammern jedes Mal um 2 erhöhen (= 58 M).
88. – 96. Reihe: Gl re str. (88. R = Rück-R li). *97. Reihe:* *2 M re zusstr, 25 M re, 2 M re zusstr; ab * 1x wdh (= 54 M). *98. Reihe:* Li M str.
99. Reihe: 2 M re zusstr, 5 M re, 2 M re zusstr, [16] M re, 2x 2 M re zusstr, [16] M re, 2 M re zusstr, 5 M re, 2 M re zusstr. *100. Reihe:* Li M str.
99. und 100. R 3x wdh, dabei die Zahl in eckigen Klammern jedes Mal um 3 reduzieren (= 30 M).
101. Reihe: *2x 2 M re zusstr, 1 M re*; von * bis * 1x wdh; 1 M re, 4x 2 M re zusstr, 1 M re; von * bis * 2x wdh (= 18 M). *102. Reihe:* Alle M li abk.
Das Strickteil mit der glatt rechts gestrickten Seite nach außen der Länge nach mittig zusammenlegen. Die Naht an der Nase und die lange Naht in der vorderen Mitte des Kängurus schließen. Die Augen einsetzen, dann die untere Naht schließen.
Kopf: Etwa 10 cm von der Nasenspitze entfernt den Kopf im rechten Winkel neigen (siehe Grundtechniken, Seite 11) und mit Leiterstichen fixieren.

Schwanz

1x in Mittelbraun arbeiten
40 M anschl und 4 R gl re str (1. R = Hin-R re; Rück-R stets li str).
5. Reihe: 18 M re, 2x 2 M re zusstr, 18 M re (= 38 M).
7. Reihe: 17 M re, 2x 2 M re zusstr, 17 M re (= 36 M).
9. Reihe: [16] M re, 2x 2 M re zusstr, [16] M re.
10. – 12. Reihe: Gl re str (10. R = Rück-R li).
9. – 12. R 12x wdh, dabei die Zahl in eckigen Klammern jedes Mal um 1 reduzieren (= 10 M).
61. Reihe: *2 M re zusstr, 1 M re, 2 M re zusstr; ab * 1x wdh (= 6 M).
62. Reihe: Alle M li abk.
Das Strickteil mit der glatt rechts gestrickten Seite nach außen der

Länge nach mittig zusammenlegen. Die kurze Naht an der Schwanzspitze und die lange gerade Naht schließen, den Schwanz mit Bastelwatte ausstopfen. Das offene Ende so an das Hintereil des Kängurus nähen, dass der Schwanz leicht nach unten zeigt.

Hinterbeine

2x in Mittelbraun arbeiten.
24 M anschl. Dies ist das obere Ende der Hüfte. Weiter gl re str.
1. Reihe: Re M str.
2. Reihe: Li M str.
3. Reihe: 1 M re, 1 M zun, [10] M re, 2x (1 M re, 1 M zun), [10] M re, 1 M zun, 1 M re.
4. Reihe und alle folgenden Rückreihen: Li M str.
3. und 4. R 2x wdh, dabei die Zahl in eckigen Klammern jedes Mal um 2 erhöhen (= 36 M).
9. – 20. Reihe: Gl re str (9. R = Hin-R re).
21. Reihe: *2 M re zusstr, 14 M re, 2 M re zusstr; ab * 1x wdh (= 32 M).
23. Reihe: *2 M re zusstr, 12 M re, 2 M re zusstr; ab * 1x wdh (= 28 M).
25. Reihe: *2 M re zusstr, 10 M re, 2 M re zusstr; ab * 1x wdh (= 24 M).
Den Vorderfuß wie folgt arbeiten:
27. Reihe: 6 M abk, bis zum Ende der R re M str.
28. Reihe: 6 M abk, bis zum Ende der R li M str (= 12 M).
29. – 56. Reihe: Gl re str (29. R = Hin-R re).
57. Reihe: *2 M re zusstr, 2 M re; ab * 2x wdh (= 9 M).
59. Reihe: *2 M re zusstr, 1 M re; ab * 2x wdh (= 6 M).
60. Reihe: Alle M li abk.
Das Strickteil mit der glatt rechts gestrickten Seite nach außen der Länge nach mittig zusammenlegen. Die Naht um das dicke Hüftteil schließen und die Hüfte mit Bastelwatte ausstopfen. Die Naht entlang dem schmalen Fußteil bis auf eine kleine Öffnung schließen, den Fuß mit etwas Bastelwatte ausstopfen und die letzte Öffnung zunähen. Den Fuß im rechten Winkel zur Hüfte abknicken und mit Leiterstichen fixieren (siehe Foto).
Beide Beine gleich arbeiten und mit Leiterstichen an den Rumpf nähen.

Vorderbeine

2x in Mittelbraun arbeiten.
16 M anschl und gl re str.
1. Reihe: Re M str.
2. Reihe und alle folgenden Rückreihen: Li M str.
3. und 5. Reihe: Re M str, dabei am Beginn und am Ende der R jeweils 2 M re zusstr (= 12 M).
6. – 28. Reihe: Gl re str (6. R = Rück-R li).
29. – 35. Reihe: Gl re str, dabei am Beginn und am Ende jeder Hin-R jeweils 2 M re zusstr. (= 4 M).
36. Reihe: Alle M li abk.
Das Strickteil mit der glatt rechts gestrickten Seite nach außen der Länge nach mittig zusammenlegen. Die lange gerade Naht schließen und dabei das Vorderbein leicht ausstopfen. Das Vorderbein am Ellenbogen und am „Handgelenk" abknicken (siehe Foto) und mit Leiterstichen fixieren. Beide Arme gleich arbeiten und mit Leiterstichen am Rumpf befestigen.

Ohren

2x in Mittelbraun arbeiten.
8 M anschl und 12 R gl re str (1. R = Hin-R re).
13. – 18. Reihe: Gl re str (13. R = Hin-R re), dabei am Beginn und am Ende jeder Hin-R jeweils 2 M re zusstr (= 2 M). Den Faden abschneiden, das Ende durch die verbleibenden M führen und fest anziehen. Faden vernähen.
Das Strickteil mit der glatt rechts gestrickten Seite nach außen mittig zusammenlegen und mit der Unterkante an die Seite des Kopfes nähen. Das Ohr mit einigen Stichen so befestigen, dass es gerade hoch steht. Beide Ohren gleich arbeiten.

Beutel

1x in Mittelbraun arbeiten.
Für die obere Kante des Beutels 24 M anschl und 20 R gl re arb (1. R = Hin-R re; Rück-R stets li str).
21. Reihe: 2 M re zusstr, 6 M re, 2 M re zusstr, 4 M re, 2 M re zusstr, 6 M re, 2 M re zusstr (= 20 M).
23. Reihe: *2 M re zusstr, 4 M re; ab * 2x wdh; enden mit 2 M re zusstr (= 16 M). *25. Reihe:* 2x (2 M re zusstr, 2 M re), 2x (2 M re, 2 M re zusstr) (= 12 M). *26. Reihe:* Alle M li abk.
Den Beutel an den Bauch des Kängurus stecken, dabei ausreichend Platz für das Känguru-Baby lassen. Beutel an den Seiten und an der Unterkante annähen und die Stecknadeln entfernen. Eine Reihe Vorstiche (siehe Grundtechniken, Seite 11) entlang der oberen Kante des Beutels arbeiten und den Faden leicht anziehen. Faden vernähen.

Känguru-Baby

Kopf, Rumpf und Schwanz

1x in Mittelbraun arbeiten.
10 M anschl (= Nasenspitze) und 1 R li M str (= Rück-R), dann gl re weiterstr.
2. Reihe: 1 M re, 1 M zun, 3 M re, 2x (1 M re, 1 M zun), 3 M re, 1 M zun, 1 M re (= 14 M).
3. – 37. Reihe: Gl re str (3. R = Rück-R li).
38. – 51. Reihe: Gl re str (38. R = Hin-R re), dabei am Beginn und am Ende der 38., 42., 46. und 50. R jeweils 2 M re zusstr (= 6 M).
52. Reihe: 3x 2 M re zusstr. Den Faden abschneiden, das Ende durch die verbleibenden M führen und fest anziehen.
Das Strickteil mit der glatt rechts gestrickten Seite nach außen der Länge nach mittig zusammenlegen, die Augen einsetzen und die lange, gerade Naht schließen, dabei Kopf, Rumpf und Schwanz nach und nach mit Bastelwatte ausstopfen. Etwa 5 cm von der abgerundeten Nase entfernt den Kopf im rechten Winkel zum Körper neigen und mit Leiterstichen fixieren. Etwa 7,5 cm vom Schwanzende entfernt den Schwanz im rechten Winkel zum Körper biegen und ebenfalls mit Leiterstichen fixieren.

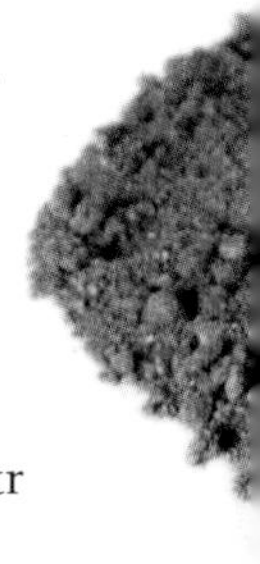

Beine

4x in Mittelbraun arbeiten.
6 M anschl und 10 R gl re str (1. R = Hin-R re).
11. Reihe: 2 M re zusstr, 2 M re, 2 M re zusstr (= 4 M).

12. Reihe: Li M str.
13. Reihe: 2x 2 M re zusstr (= 2 M). Den Faden abschneiden, das Ende durch die verbleibenden M führen und fest anziehen.
Das Strickteil mit der glatt rechts gestrickten Seite nach außen der Länge nach mittig zusammenlegen, die Naht schließen und dabei das Bein leicht mit Bastelwatte ausstopfen. Alle 4 Vorder- und Hinterbeine gleich arbeiten und mit Leiterstichen am Rumpf befestigen.

Ohren

2x in Mittelbraun arbeiten.
5 M anschl und 6 R gl re str (1. R = Hin-R re).
7. Reihe: 2 M re zusstr, 1 M re, 2 M re zusstr.
8. Reihe: Li M str.
9. Reihe: 3 M re zusstr. Den Faden abschneiden, das Ende durch die verbleibenden M bringen und fest anziehen. Den Faden vernähen.
Das Ohr zusammenlegen und mit der Unterkante seitlich an den Kopf nähen. Beide Ohren gleich arbeiten.

Fertigstellung der Kängurus

Maul und Nasenlöcher

Für die Nasenlöcher mit schwarzem Garn 2 bis 3 kleine Stiche zu beiden Seiten der Nase arbeiten. Für das Maul einige lange Spannstiche arbeiten und das Garn mit einigen kleinen, unsichtbaren Stichen in schwarzem Nähgarn fixieren (siehe Grundtechniken, Seite 11, und Foto).

Variante

Das hier vorgestellte ausgewachsene Känguru ist ein Muttertier. Bei einem männlichen Känguru lassen Sie einfach den Beutel weg.

Auf dem Bauernhof

Bäuerin

Größe: ca. 29 cm

Die Landwirtschaft ist einer der wichtigsten Berufe der Welt. Ob sie nun Kartoffeln, Flachs oder Getreide anbauen, Rinder, Schafe oder Schweine züchten – Bauern versorgen uns mit den meisten lebensnotwendigen Dingen, etwa Nahrungsmitteln, Leder für unsere Schuhe und Fasern für unsere Kleidung. Die meisten Landwirte kümmern sich voller Stolz um Land und Vieh und geben ihr Wissen und ihre reiche Erfahrung an die nächste Generation weiter, sodass alte Traditionen gewahrt bleiben.

Unsere Bäuerin muss eine Menge leisten, denn sie hat Hühner, Schweine, eine Ente und ein Hochlandrind zu versorgen. All diese Tiere halten sie den ganzen Tag auf Trab.

Schwierigkeitsgrad

Für Fortgeschrittene. Die Teile sind relativ einfach zu stricken. Einige Male wird die Farbe gewechselt, und die Zopf-Frisur nimmt etwas Zeit in Anspruch.

Strickgarn (LL ca. 160 m/50 g) in folgenden Mengen und Farben: 50 g in Hautfarbe, 40 g in Grün, je 20 g in Beige und Blassgelb, Reste in Schwarz, Dunkelbraun, Weiß, Leuchtendgelb und Dunkelblau
Stricknadeln Nr. 3 – 3,5
Häkelnadel Nr. 3
Sticknadel Nr. 18 ohne Spitze
2 Sicherheitsaugen, Ø 10 mm
Nähnadel
Nähgarn, dunkelbraun
Kunstfaser-Bastelwatte (waschbar)
Außerdem: Miniatur-Korb; Modelliermasse für die Eier, Stoffrest für den Korb

Maschenprobe

26 M/34 R gl re = 10 x 10 cm.

Anleitung

Die Grundanleitung für die Puppen finden Sie auf Seite 12/13.
Alle übrigen Grundtechniken, die Sie beherrschen müssen, um die Puppe zu arbeiten, sind auf Seite 9 bis 11 ausführlich beschrieben.

Rumpf und Kopf

1x in Grün, Beige und Hautfarbe arbeiten.
44 M in Grün anschl und 12 R gl re str (1. R = Hin-R re).
13. Reihe: 16 M li, 12 M re, 16 M li.
14. Reihe: Li M str.
15. – 28. Reihe: In Beige gl re str (15. R = Hin-R re).
29. – 38. Reihe (= Schultern) in Beige arbeiten, wie in der Grundanleitung auf Seite 12 beschrieben.
39. – 67. Reihe (= Kopf) in Hautfarbe nach der Grundanleitung stricken.
Rumpf und Kopf nach der Grundanleitung fertig stellen.

Beine

2x in Schwarz und Grün arbeiten.
Nach der Grundanleitung (Seite 13) in folgenden Farben stricken: bis 22. Reihe in Schwarz, Rest in Grün.
Beine fertig stellen, wie auf Seite 13 beschrieben, und mit Leiterstichen an den Rumpf nähen.

Arme

2x in Hautfarbe und Beige arbeiten.
14 M in Hautfarbe anschl und gl re str.
1. Reihe (= Rück-R): Li M str.
2. Reihe: 1 M re, 1 M zun, 5 M re, 2x (1 M re, 1 M zun), 5 M re, 1 M zun, 1 M re (= 18 M).
3. – 24. Reihe: Gl re str (3. R = Rück-R li).
25. – 27. Reihe: In Beige re M str (= krause Kante des Ärmels).
In Beige nach der Grundanleitung (Seite 13) weiterstr.
Die Arme fertig stellen, wie auf Seite 13 beschrieben, und mit Leiterstichen an den Rumpf nähen.

Ohren

2x in Hautfarbe arbeiten.
Nach der Grundanleitung arbeiten und am Kopf anbringen.

Latz für die Hose

1x in Grün arbeiten.
12 M in Grün anschl und 14 R gl re (1. R = Hin-R re). Alle M abk.
Den Latz so an den Rumpf nähen, dass die Unterkante des Latzes auf den Hosenbund trifft (siehe Foto).

Eine Blüte im Margeritenstich mit weißem Garn auf den Latz sticken und die Blütenmitte mit einigen Spann- oder Knötchenstichen in Leuchtendgelb ausfüllen.
Träger (2x arbeiten): Eine 12,5 cm lange Luftmaschenkette in Grün häkeln. Das eine Ende an eine Ecke des Latzes nähen, den Träger über die Schulter zur gegenüberliegenden Körperseite führen und das zweite Ende am Hosenbund annähen. Den 2. Träger gegengleich anbringen.

Mund

In Dunkelbraun aufsticken, wie auf Seite 13 beschrieben.

Haare

Die Frisur in Hellgelb arbeiten, wie auf Seite 13 beschrieben. Zusätzlich 2 Zöpfe in derselben Farbe flechten und am Kopf annähen (obere Enden unter dem Haupthaar verstecken). Die Zöpfe mit Schleifen aus dunkelblauem Garn abbinden.

Mein Tipp

Wenn Ihre Bäuerin Hühner hüten soll, legen Sie ein Miniaturkörbchen mit einem Stoffrest aus. Formen Sie winzige Eier aus Modelliermasse. Die Eier können Sie sogar bemalen, damit die Bäuerin zum Frühstück die Wahl zwischen weißen und gesprenkelten Eiern hat.

HOCHLANDRIND

Größe: ca. 33 cm

Hochlandrinder sind mächtige Tiere von geradezu majestätischem Erscheinungsbild. Mit ihren großen, breiten Hörnern halten sie ihre Köpfe so stolz, dass ihnen Bewunderung und Respekt sicher sind. Nur im Regen sehen sie weniger prachtvoll aus, denn dann werden ihre Zottelfelle unansehnlich. Seien Sie also gewarnt: Wenn Sie Ihr Hochlandrind waschen wollen, sollten Sie eine kräftige Bürste bereithalten, mit der Sie dem Fell wieder seine flauschige Struktur verleihen können.

Schwierigkeitsgrad

Für Einsteiger. Das Rind setzt sich aus einfachen Formen mit wenigen Farbwechseln zusammen.
Wenn Sie ungern mit Mohairgarn arbeiten oder das Tier für ein Kleinkind stricken, ersetzen Sie das flauschige Garn durch Sportgarn.

Maschenprobe

18 M/28 R gl re mit Mohairgarn = 10 x 10 cm.

Anleitung

Die Grundtechniken, die Sie beherrschen müssen, um das Hochlandrind zu arbeiten, sind auf Seite 9 bis 11 ausführlich beschrieben.

60 g Mohairgarn in Rost
20 g Strickgarn (LL ca. 160 m/50 g) in Mittelbraun, Reste in Hellbraun und Schwarz
Stricknadeln Nr. 3 – 3,5
Sticknadel Nr. 18 ohne Spitze
2 Sicherheitsaugen, Ø 14 mm
Nähnadel
Nähgarn, schwarz
Kunstfaser-Bastelwatte (waschbar)

RUMPF

1x aus rostfarbenem Mohairgarn arbeiten.
30 M anschl. Weiter gl li str.
1. Reihe (= Rück-R): Re M str.
2. Reihe: Li M str.
3. Reihe: 2x (1 M re, 1 M zun), [11] M re, 4x (1 M zun, 1 M re), [11] M re, 2x (1 M zun, 1 M re).
4. Reihe: Li M str. 3. und 4. R 2x wdh, dabei die Zahl in eckigen Klammern jedes Mal um 4 erhöhen (= 54 M).
9. Reihe: 1 M re, 1 M zun, 25 M re, 2x (1 M re, 1 M zun), 25 M re, 1 M zun, 1 M re (= 58 M).
10. – 56. Reihe: Gl li str.
57. – 70. Reihe: Gl li str, dabei am Beginn und am Ende jeder R jeweils 2 M re bzw. li zusstr (= 30 M).
71. Reihe: *2 M re zusstr, 11 M re, 2 M re zusstr; ab * 1x wdh (= 26 M).
72. Reihe: Alle M li abk (= Hals).
Das Strickteil mit der links gestrickten Seite nach außen der Länge nach mittig zusammenlegen, die Nähte am Hals und an der Längsseite schließen, das Rumpfteil mit Bastelwatte ausstopfen und die letzte Öffnung schließen.

GESICHT

1x aus rostfarbenem Mohairgarn und mittelbraunem glattem Garn arbeiten.
36 M mit rostfarbenem Mohairgarn anschl und gl re str.
1. Reihe: Re M str.
2. Reihe: Li M str.
3. – 19. Reihe: Gl re str, dabei am Beginn und am Ende jeder 2. Hin-R jeweils 2 M re zusstr (= 26 M).
20. – 22. Reihe: Gl re str (20. R = Rück-R li).
23. – 28. Reihe: Mit mittelbraunem glattem Garn gl re str.
29. Reihe: 5 M re, 2x 2 M re zusstr, 8 M re, 2x 2 M re zusstr, 5 M re (= 22 M).
30. Reihe: Li M str.
31. Reihe: 4 M re, 2x 2 M re zusstr, 6 M re, 2x 2 M re zusstr, 4 M re (= 18 M).
32. Reihe: Alle M li abk (= Maul).
Das Strickteil mit der glatt rechts gestrickten Seite nach außen mittig zusammenlegen und die Nähte am Maul und an der Seite schließen. Die Augen einsetzen. Das Gesicht mit Bastelwatte ausstopfen und das offene Ende an das Halsende des Rumpfteils nähen (siehe Foto).

BEINE

4x aus rostfarbenem Mohairgarn und mittelbraunem glattem Garn arbeiten.
24 M mit rostfarbenem Mohairgarn anschl und 8 R gl re str (1. R = Hin-R re). Anschließend 6 R gl re in Mittelbraun str (= 14 R insgesamt).
15. – 22. Reihe: Gl re str, dabei am Beginn und am Ende jeder Hin-R 2 M re zusstr (= 16 M).
23. Reihe: Alle M abk.
Das Strickteil mit der glatt rechts gestrickten Seite nach außen mittig zusammenlegen und die Nähte an einer Schmalseite und an der Längsseite schließen. Das Bein ausstopfen und die letzte Naht schließen. Alle 4 Beine gleich arbeiten und mit Leiterstichen an den Rumpf nähen. Die Beine an der Farbwechsel-Linie mit einigen Stichen abnähen.

HÖRNER

2x in Hellbraun arbeiten.
12 M anschl und 12 R gl re str (1. R = Hin-R re).
13. Reihe: 2 M re zusstr, 3 M re, 2x (1 M re, 1 M zun), 3 M re, 2 M re zusstr (= 12 M).
14. Reihe: Li M str.
13. und 14. R 2x wdh (= 18 R insgesamt).

15. – 24. Reihe: Gl re str, dabei am Beginn und am Ende jeder Hin-R jeweils 2 M re zusstr (= 2 M). Den Faden abschneiden, das Ende durch die beiden verbleibenden M führen und fest anziehen.
Das Strickteil mit der glatt rechts gestrickten Seite nach außen mittig zusammenlegen und die Seitennaht schließen. Das Horn ausstopfen. Beide Hörner gleich arbeiten und mit dem offenen Ende an der Seite des Kopfes annähen (siehe Foto).

Ohren

2x aus rostfarbenem Mohairgarn arbeiten.
12 M anschl und 14 R gl re str (1. R = Hin-R re).
15. – 24. Reihe: Gl re str, dabei am Beginn und am Ende jeder Hin-R jeweils 2 M re zusstr (= 2 M). Den Faden abschneiden, das Ende durch die beiden verbleibenden M führen und fest anziehen.
Beide Ohren gleich arbeiten. Jedes Ohr zusammenlegen und knapp unterhalb eines Hornes an den Kopf nähen.

Stirnfransen

Aus rostfarbenem Mohairgarn eine etwa 5 cm lange Schlaufe auf die Naht zwischen Gesicht und Rumpf nähen und ins Gesicht des Rindes hängen lassen. Die Schlaufe mit einigen Stichen befestigen. Weitere Schlaufen entlang der Oberkante des Gesichts arbeiten. Die Enden der Schlaufen durchschneiden, sodass eine Ponyfrisur entsteht. Alle Fransen auf gleiche Länge schneiden.

Schwanz

6 Stücke rostfarbenes Mohairgarn à 25 cm Länge zuschneiden. Alle 6 Fäden zusammenlegen und in der Mitte mit einem weiteren Faden zusammenbinden (dieser Faden wird später zum Zusammennähen verwendet).
Das Fadenbündel in der Mitte zusammenlegen und in 3 Stränge à 4 Fäden aufteilen. Die 3 Stränge bis etwa 2,5 cm vor Fadenende verflechten (siehe Seite 11).
Das Ende des Zopfes verknoten und den Zopf als Schwanz ans Hinterteil des Rindes nähen.

Maul und Nüstern

Für die Nüstern mit schwarzem Garn zu beiden Seiten des Maules jeweils 2 bis 3 Spannstiche arbeiten. Das Maul mit langen Spannstichen sticken und das Garn mit kleinen, unsichtbaren Stichen fixieren (siehe Seite 11).

Schweine und Ferkel

Größe: ausgewachsene Schweine ca. 20 cm, Ferkel ca. 12,5 cm

Schweine sind für ihren gesunden Appetit bekannt, und die Bäuchlein unserer Schweine geben keinerlei Anlass, daran zu zweifeln. Schweine wühlen auch gern mit dem Rüssel im Schlamm, um mit ihren empfindlichen Nasen Wurzeln und Gemüse zu orten. Manchmal werden Schweine gerade aus diesem Grund zur Trüffelsuche eingesetzt. Diese Tradition besteht schon seit Jahrhunderten und auf diesem gestrickten Bauernhof leben die entfernten Verwandten jener historischen Trüffelschnüffler. Die vier unterschiedlichen Muster, die hier zur Wahl stehen, basieren alle auf Farben und Mustern traditioneller Rassen, etwa denen des Angler Sattelschweins mit seiner charakteristischen „Bauchbinde" und des Bunten Bentheimer Schweins mit den lustigen Flecken.

Schwierigkeitsgrad

Für Einsteiger. Die Schweine und Ferkel in Uni-Farben sind ganz einfach zu arbeiten. Das Sattelschwein ist wegen des Farbwechsels ein wenig komplizierter. Die gefleckten Schweine sind etwas anspruchsvoller in der Anfertigung, weil ihre Flecken nachträglich im Maschenstich aufgestickt werden.

Maschenprobe

26 M/34 R gl re = 10 x 10 cm.

Anleitung

Alle übrigen Grundtechniken, die Sie beherrschen müssen, um die Schweine und Ferkel zu arbeiten, sind auf Seite 9 bis 11 ausführlich beschrieben.

Strickgarn (LL ca. 160 m/50 g) in folgenden Mengen und Farben:
Hausschwein: 40 g in Hellbraun
Rotbraunes Schwein: 40 g in Rost
Sattelschwein: 40 g in Schwarz, 20 g in Rosa
Geflecktes Schwein: 40 g in Rosa, Reste in Braun
Hausschwein-Ferkel: 20 g in Hellbraun
Rotbraunes Ferkel: 20 g in Rost
Sattelschwein-Ferkel: 20 g in Schwarz, 10 g in Rosa
Geflecktes Ferkel: 20 g in Rosa, Reste in Braun
(Aus einem 50-g-Knäuel der jeweiligen Farbe können Sie ein großes Schwein und ein passendes Ferkel arbeiten.)
Stricknadeln Nr. 3 – 3,5
Häkelnadel Nr. 3
Sticknadel Nr. 18 ohne Spitze
Garnreste in Dunkelbraun
2 Sicherheitsaugen, Ø 10 mm, für jedes Tier
Kunstfaser-Bastelwatte (waschbar)

SCHWEIN

Die folgende Anleitung gilt für ein ausgewachsenes Hausschwein. Anleitungen für die anderen Rassen finden Sie im Kasten auf Seite 55.

RUMPF UND KOPF

1x in Hellbraun arbeiten.
24 M anschl und gl re str.
1. Reihe: Re M str.
2. Reihe und alle folgenden Rückreihen bis zur 54. Reihe: Li M str.
3. Reihe: 2x (1 M re, 1 M zun), 8 M re, 4x (1 M re, 1 M zun), 8 M re, 2x (1 M re, 1 M zun) (= 32 M).
5. Reihe: 1 M re, 1 M zun, [14] M re, 2x (1 M re, 1 M zun), [14] M re, 1 M re, 1 M zun.
6. Reihe: Li M str. 5. und 6. R 2x wdh, dabei die Zahl in eckigen Klammern jedes Mal um 2 erhöhen (= 44 M).
11. – 48. Reihe: Gl re str (11. R = Hin-R re). *49. Reihe:* *2 M re zusstr, 18 M re, 2 M re zusstr; ab * 1x wdh (= 40 M). *51. Reihe:* *2 M re zusstr, 16 M re, 2 M re zusstr; ab * 1x wdh (= 36 M). *53. Reihe:* *2 M re zusstr, 14 M re, 2 M re zusstr; ab * 1x wdh (= 32 M). *55. Reihe:* *2x 2 M re zusstr, 1 M re, 2 M re zusstr, 2 M re, 2 M re zusstr, 1 M re, 2x 2 M re zusstr; ab * 1x wdh (= 20 M). *56. Reihe:* *2 M li zusstr, 6 M li, 2 M li zusstr; ab * 1x wdh (= 16 M). *57. – 63. Reihe:* Gl re str (57. R = Hin-R re).
64. Reihe: Alle M li abk (= Schnauze).
Das Strickteil mit der glatt rechts gestrickten Seite nach außen der Länge nach zusammenlegen und die Längsnaht schließen. Augen einsetzen. Rumpf und Kopf mit Bastelwatte ausstopfen und die Naht am Hinterteil schließen; Schnauze offen lassen.

SCHNAUZE

1x in Hellbraun arbeiten.
8 M anschl und 1 R li M str.
2. Reihe: 1 M re, 1 M zun, 6 M re, 1 M zun, 1 M re (= 10 M). *3. – 5. Reihe:* Gl re str (3. R = Rück-R li). *6. Reihe:* 2 M re zusstr, 6 M re, 2 M re zusstr (= 8 M). *7. Reihe:* Alle M li abk.
Dieses Teil in die Öffnung an der Schweineschnauze nähen.

Vorderbeine

2x in Hellbraun arbeiten.
12 M anschl und 8 R gl re arbeiten (1. R = Hin-R re; Rückreihen li str).
9. Reihe: 1 M re, 1 M zun, 4 M re, 2x (1 M re, 1 M zun), 4 M re, 1 M zun, 1 M re (= 16 M).
10. – 12. Reihe: Gl re str (10. R = Rück-R li).
13. Reihe: 1 M re, 1 M zun, 6 M re, 2x (1 M re, 1 M zun), 6 M re, 1 M zun, 1 M re (= 20 M).
14. – 18. Reihe: Gl re str (14. R = Rück-R li).
19. Reihe: *2 M re zusstr, 6 M re, 2 M re zusstr; ab * 1x wdh (= 16 M).
21. Reihe: *2 M re zusstr, 4 M re, 2 M re zusstr; ab * 1x wdh (= 12 M).
22. Reihe: Alle M li abk.
Das Strickteil mit der glatt rechts gestrickten Seite nach außen mittig zusammenlegen, die Nähte an einer Schmalseite und an der langen Kante schließen, das Bein ausstopfen und die letzte Naht schließen. Eine etwa 2,5 cm lange Linie von der Fußspitze in der Mitte des Beins nach oben sticken, um die Hufe anzudeuten. Beide Vorderbeine gleich arbeiten und mit Leiterstichen an den Rumpf nähen.

Hinterbeine

2x in Hellbraun arbeiten.
Hinterbeine bis einschließlich 13. R wie die Vorderbeine arbeiten.
14. – 20. Reihe: Gl re str (14. R = Rück-R li).
Weiterstr wie bei den Vorderbeinen von der 19. bis zur 22. R.
Beide Hinterbeine fertig stellen wie die Vorderbeine und mit Leiterstichen am Rumpf befestigen.

Ohren

2x in Hellbraun arbeiten.
8 M anschl und 10 R gl re arbeiten (1. R = Hin-R re).
11. – 16. Reihe: Gl re str, dabei am Beginn und am Ende jeder Hin-R 2 M re zusstr (= 2 M).
17. Reihe: 2 M re zusstr.
Den Faden abschneiden, das Ende durch die letzte Masche führen, fest anziehen und auf der Rückseite vernähen.
Beide Ohren gleich arbeiten und mit der geraden Kante an den Kopf nähen (siehe Foto, Seite 55).

Ferkel

Die folgende Anleitung gilt für das Ferkel des Hausschweins. Anleitungen für die anderen Rassen finden Sie im Kasten auf Seite 55.

Rumpf und Kopf

1x in Hellbraun arbeiten.
16 M anschl und gl re str.
1. Reihe: Re M str.
2. Reihe und alle folgenden Rückreihen: Li M str.
3. Reihe: 2x (1 M re, 1 M zun), 4 M re, 4x (1 M re, 1 M zun), 4 M re, 2x (1 M zun, 1 M re) (= 24 M).
5. Reihe: 1 M re, 1 M zun, 10 M re, 2x (1 M re, 1 M zun), 10 M re, 1 M zun, 1 M re (= 28 M).
6. – 30. Reihe: Gl re str (6. R = Rück-R li).
31. Reihe: *2 M re zusstr, 10 M re, 2 M re zusstr; ab * 1x wdh (= 24 M).
33. Reihe: *2 M re zusstr, 3 M re, 2 M re zusstr, 3 M re, 2 M re zusstr; ab * 1x wdh (= 18 M).
35. Reihe: *2 M li zusstr, 5 M li, 2 M li zusstr; ab * 1x wdh (= 14 M).
36. – 39. Reihe: Gl re str (36. R = Rück-R li).
40. Reihe: Alle M li abk (= Schnauze).
Das Strickteil fertig stellen, wie beim ausgewachsenen Schwein beschrieben.

Schnauze

1x in Hellbraun arbeiten.
5 M anschl.
1. Reihe (= Rück-R): Li M str.
2. Reihe: 1 M re, 1 M zun, 3 M re, 1 M zun, 1 M re (= 7 M).
3. – 5. Reihe: Gl re str (3. R = Rück-R li).
6. Reihe: 2 M re zusstr, 3 M re, 2 M re zusstr (= 5 M).
7. Reihe: Alle M li abk.
Schnauze einsetzen wie beim Schwein.

Vorderbeine

2x in Hellbraun arbeiten.
8 M anschl und 6 R gl re str (1. R = Hin-R re).
7. Reihe: 1 M re, 1 M zun, 2 M re, 2x (1 M re, 1 M zun), 2 M re, 1 M zun, 1 M re (= 12 M). *8. – 12. Reihe:* Gl re str (8. R = Rück-R li). *13. Reihe:* *2 M re zusstr, 2 M re, 2 M re zusstr; ab * 1x wdh (= 8 M). *14. Reihe:* Alle M li abk.
Die Vorderbeine fertig stellen und annähen, wie beim ausgewachsenen Schwein beschrieben.

Hinterbeine

2x in Hellbraun arbeiten.
Bis einschließlich 7. Reihe arbeiten wie die Vorderbeine.
8. – 10. Reihe: Gl re str (8. R = Rück-R li). *11. Reihe:* 1 M re, 1 M zun, 4 M re, 2x (1 M re, 1 M zun), 4 M re, 1 M zun, 1 M re (= 16 M).
12. – 16. Reihe: Gl re str (12. R = Rück-R li).
17. Reihe: *2 M re zusstr, 4 M re, 2 M re zusstr; ab * 1x wdh (= 12 M).
18. Reihe: *2 M li zusstr, 2 M li, 2 M li zusstr; ab * 1x wdh (= 8 M).
19. Reihe: Alle M re abk.
Die Hinterbeine fertig stellen und annähen, wie beim ausgewachsenen Schwein beschrieben.

Ohren

2x in Hellbraun arbeiten.
6 M anschl und 6 R gl re str (1. R = Hin-R re). *7. Reihe:* 2 M re zusstr, 2 M re, 2 M re zusstr (= 4 M). *8. Reihe:* Li M str. *9. Reihe:* 2x 2 M re zusstr (= 2 M). *10. Reihe:* 2 M li zusstr.
Den Faden abschneiden, das Ende durch die verbleibende M führen, fest anziehen und auf der Rückseite vernähen. Beide Ohren gleich arbeiten und mit der geraden Seite an den Kopf nähen.

Fertigstellung

Schwanz

Für das ausgewachsene Schwein eine 7,5 cm lange Luftmaschenkette in Hellbraun häkeln. Für das Ferkel, eine 5 cm lange Luftmaschenkette häkeln. Den Faden an einem Ende in den Luftmaschen vernähen und dabei den Schwanz mit einem Stich in der typischen Ringelform fixieren. Das andere Ende der Luftmaschenkette am Hinterteil des Schweins oder Ferkels annähen.

Nasenlöcher und Maul

Auf dem runden Schnauzenteil rechts und links mit 2 bis 3 Spannstichen die Nasenlöcher andeuten. Das Maul aus langen Spannstichen aufsticken (siehe Grundtechniken, Seite 11, und Foto, Seite 55).

FARBVARIANTEN

Sattelschwein: *Schwein und Ferkel nach der Anleitung für das Hausschwein arbeiten, jedoch die Vorderbeine in Rosa, die Hinterbeine, die Schnauze, die Ohren und den Schwanz in Schwarz stricken. Den Rumpf und Kopf wie folgt arbeiten: 1. – 28. R in Schwarz, 29. – 38. R in Rosa, alle übrigen R schwarz. Rumpf und Kopf für das Ferkel wie folgt arbeiten: 1. – 18. R in Schwarz, 19. – 25. R in Rosa, alle übrigen R schwarz.*

Geflecktes Schwein: *Schwein und Ferkel nach der Anleitung für das Hausschwein arbeiten, dabei alle Teile in Rosa arbeiten. Mit dunkelbraunem Garn die Pünktchen auf dem Rücken mit Maschenstichen aufsticken (siehe Grundtechniken, Seite 11, Foto unten und Zählmuster rechts).*

Rotbraunes Schwein: *Schwein und Ferkel nach der Anleitung für das Hausschwein arbeiten, jedoch alle Teil in Rost stricken.*

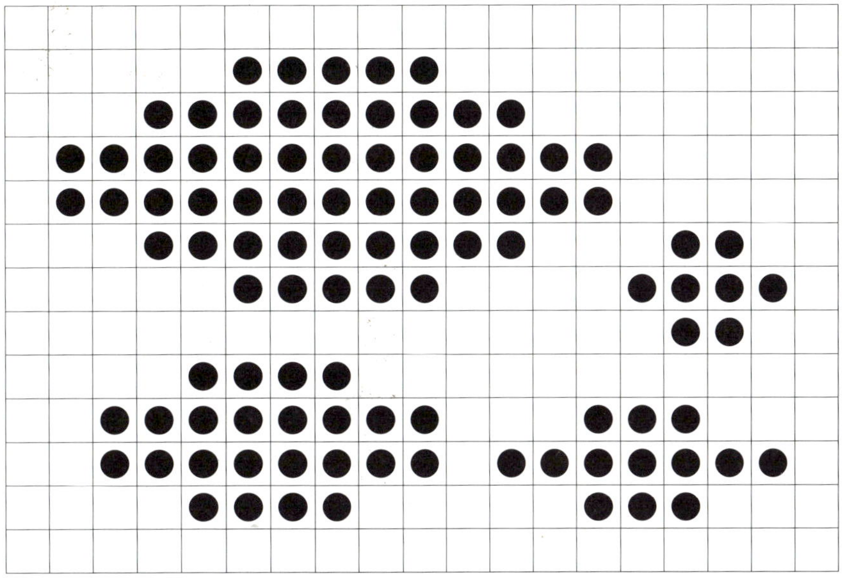

Zählmuster für das ausgewachsene gefleckte Schwein

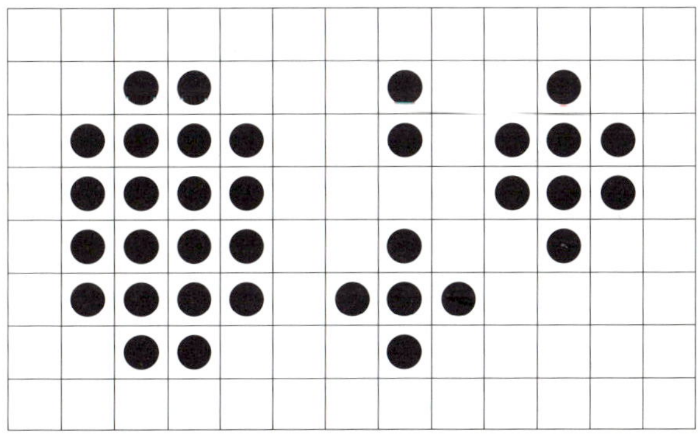

Zählmuster für das gefleckte Ferkel

KATZE

Größe: ca. 13 cm

Kaum ein anderes Tier wirkt so niedlich und lieb wie eine Katze, die der Bäuerin im Haus um die Beine streicht und um Sahne bettelt. Aber wehe, die Katze kommt nach draußen: Dort zeigt sie ihr anderes Gesicht und hält Ratten und Mäuse in Schach. Diese Mischung aus Schmusekatze und Raubtier, aus unabhängigem Hausgenossen und wildem Streuner fasziniert den Menschen seit Urzeiten.

Auch unsere Kätzchen sehen einfach niedlich aus, doch auch in ihnen steckt das Raubtier. Sie bleiben stets wachsam und fahren die Krallen aus, sobald eine Maus sich nähert.

Schwierigkeitsgrad

Für Könner. Die Teile sind einfach geformt, doch kann es für den Anfänger verwirrend sein, Streifen zu stricken. Außerdem sind Körper und Einsatz nicht ganz einfach zu verbinden. Wenn Sie sich nicht ganz sicher sind, dann arbeiten Sie die gestreiften Teile der Katze in einer einzigen Farbe. Und wenn Sie ungern mit Mohairgarn arbeiten oder das Tier für ein Kleinkind stricken, ersetzen Sie das flauschige Garn durch ein strapazierfähiges Sportgarn.

Garn für die braune Katze:
Mohairgarn-Reste in Rost (Fb A), Orange (Fb B), Gelb (Fb C) und Weiß; Reste von glattem Strickgarn in Schwarz
Garn für die graue Katze:
Mohairgarn-Reste in Dunkelgrau (Fb A), Mittelgrau (Fb B) und Weiß (Fb C); Reste von glattem Strickgarn in Schwarz
Stricknadeln Nr. 3 – 3,5
Sticknadel Nr. 18 ohne Spitze
grüner Filz (Rest)
Nähnadel
Nähgarn, schwarz
Kunstfaser-Bastelwatte (waschbar)

Maschenprobe

18 M/28 R gl re mit Mohairgarn = 10 x 10 cm.

Anleitung

Alle Grundtechniken, die Sie beherrschen müssen, um die Katzen zu arbeiten, sind auf Seite 9 bis 11 ausführlich beschrieben. Die Anleitung gilt für die braune Katze. Für die grau gestreifte Katze tauschen Sie einfach die Farben aus.

RUMPF UND KOPF

1x aus Mohairgarn in Braun (A), Orange (B) und Gelb (C) arbeiten.
Farbfolge: Jeweils 2 R je Farbe A, B und C arbeiten (siehe Grundtechniken, Seite 10); die Farbfolge stets wdh.
20 M in Fb A anschl und 16 R in der Farbfolge gl re str (1. R = Hin-R re). Weiter in der Farbfolge stricken wie folgt:
17. Reihe: 1 M re, 1 M zun, 7 M re, 2x 2 M re zusstr, 7 M re, 1 M zun, 1 M re (= 20 M).
18. Reihe und alle folgenden Rückreihen: Li M str.
17. und 18. R 2x wdh (= 22 R insgesamt). Anfang und Ende der letzten R mit einem kontrastfarbigen Faden markieren.
23. Reihe: 2x (1 M re, 1 M zun), 6 M re, 4x (1 M re, 1 M zun), 6 M re, 2x (1 M zun, 1 M re) (= 28 M).
25. Reihe: 2x (1 M re, 1 M zun), 10 M re, 4x (1 M re, 1 M zun), 10 M re, 2x (1 M zun, 1 M re) (= 36 M).
26. – 30. Reihe: Gl re str (26. R = Rück-R li).
31. Reihe: *2x 2 M re zusstr, 10 M re, 2x 2 M re zusstr; ab * 1x wdh (= 28 M).
33. Reihe: *2x 2 M re zusstr, 6 M re, 2x 2 M re zusstr; ab * 1x wdh (= 20 M).
34. Reihe: Alle M li abk.
Das Strickteil mit der glatt rechts gestrickten Seite nach außen mittig so zusammenlegen, dass die farbigen Markierungen aufeinander treffen. Die Naht zwischen Scheitel und Markierungsfäden mit Garn in Fb B schließen.

BAUCH

1x aus weißem Mohairgarn arbeiten.
3 M anschl und gl re str.
1. Reihe (= Hin-R): Re M str.
2. Reihe und alle folgenden Rückreihen: Li M str.
3. – 9. Reihe: Gl re str, dabei am Beginn und am Ende jeder Hin-R jeweils 1 M zun (= 11 M).
10. – 22. Reihe: Gl re str.
23. – 29. Reihe: Gl re str, dabei am Beginn und am Ende jeder Hin-R jeweils 2 M re zusstr.
30. – 32. Reihe: Gl re str (30. R = Rück-R li).
33. Reihe: 3 M re zusstr.
Den Faden abschneiden, das Ende durch die letzte M führen und fest anziehen (= Hals).
Das Strickstück mit der glatt rechts gestrickten Seite nach außen mit der Spitze an die farbige Markierung des Rumpfteils ansetzen. Mit weißem Garn den Bauch-Einsatz entlang einer Seitenkante und der Unterkante an das Rumpfteil annähen. Den Rumpf ausstopfen, dann die letzte Naht zwischen Einsatz und Rumpfteil schließen. Markierungsfäden entfernen.

Vorderbeine

2x aus Mohairgarn in Weiß, Braun (A), Orange (B) und Gelb (C) arbeiten.
4 M in Weiß anschl und gl re str.
1. Reihe (= Rück-R): Li M str.
2. Reihe: *1 M re, 1 M zun; ab * 3x wdh (= 8 M).
3. – 5. Reihe: Gl re in Weiß str (3. R = Rück-R li).
6. – 21. Reihe: Gl re in der Farbfolge (siehe Rumpf) str.
22. Reihe: Alle M li abk.
Das Strickteil mit der glatt rechts gestrickten Seite nach außen der Länge nach mittig zusammenlegen. Die seitliche Naht mit Garn in Fb B (Pfote in Weiß) schließen. Das Bein mit Bastelwatte ausstopfen. Beide Beine gleich arbeiten und mit Leiterstichen an den Oberkörper der Katze nähen.
Die weiße Pfote im rechten Winkel zum Vorderbein abknicken und mit Leiterstichen fixieren (siehe Abb. auf Seite 11).

Hinterbeine

2x aus Mohairgarn in Weiß, Braun (A), Orange (B) und Gelb (C) arbeiten.
Bis einschließlich 5. R arbeiten, wie bei den Vorderbeinen beschrieben.
6. – 15. Reihe: Gl re in der Farbfolge (siehe Rumpf) str.
16. Reihe: Alle M li abk.
Beide Hinterbeine fertig stellen, wie bei den Vorderbeinen beschrieben, allerdings die Pfote nicht abknicken. Hinterbeine mit Leiterstichen an den Rumpf nähen (siehe Foto).

Schwanz

1x aus Mohairgarn in Braun (A), Orange (B) und Gelb (C) arbeiten.
8 M anschl und 26 R gl re in der Streifenfolge (siehe Rumpf) str (1. R = Hin-R re). In Fb A weiterstr.
27. Reihe: 4x 2 M re zusstr.
Den Faden abschneiden, das Ende durch die verbleibenden M führen und fest anziehen.
Das Strickteil mit der glatt rechts gestrickten Seite nach außen zusammenlegen und die lange Seitennaht schließen. Den Schwanz mit Leiterstichen an das Hinterteil der Katze nähen.

OHR

2x aus Mohairgarn in Braun (A), Orange (B) und Gelb (C) und 2x aus weißem Mohairgarn arbeiten.

Für das gestreifte äußere Ohr 6 M in Fb C anschl und gl re str.

1. Reihe: Re M str.
2. Reihe: Li M str.
3. Reihe: In Fb B re M str.
4. Reihe: In Fb B li M str.
5. Reihe: In Fb A 2 M re zusstr, 2 M re, 2 M re zusstr (= 4 M).
6. Reihe: Li M str.
7. Reihe: 2x 2 M re zusstr (= 2 M).
8. Reihe: Li M str.
9. Reihe: 2 M re zusstr. Den Faden abschneiden, das Ende durch die letzte M führen und fest anziehen.

Das innere Ohr wie das äußere Ohr arbeiten, jedoch nur in Weiß.
Je 1 gestreiftes und 1 weißes Teil mit den glatt rechts gestrickten Seiten nach außen zusammenlegen und mit weißem Garn zusammennähen. Beide Ohren mit Leiterstichen so an den Kopf nähen, dass die weiße Seite vorne liegt.

GESICHT

Die Vorlage für das Katzenauge auf Papier übertragen und ausschneiden. Das Teil 2x aus grünem Filz ausschneiden und mit Nähseide auf das Gesicht nähen. Mit schwarzem Nähfaden Pupillen über die Mitte des Auges sticken (siehe Foto Seite 57).

2x in Grün zuschneiden

Vorlage für das Katzenauge

NASE UND MAUL

Für die Nase einige Stiche mit schwarzem Garn in der Mitte des Gesichts arbeiten. Für das Maul einen umgedrehten Buchstaben T arbeiten. Die Rundung des Mauls mit kleinen Stichen aus schwarzem Nähgarn fixieren (siehe Grundtechniken Seite 11, und Foto auf Seite 57).

STOCKENTE

Größe: ca. 15 cm

Wenn Entenküken aus dem Ei schlüpfen, schließen sie sich von Natur aus demjenigen, den sie als Erstes sehen, und ahmen ihn nach. Normalerweise ist dies die Entenmutter, manchmal aber auch ein anderes Lebewesen – und dann wird das Küken der treue Freund des Hofhundes, der Katze oder auch der Bäuerin. In diesem Fall muss die Bäuerin dann dem Küken richtiges Entenverhalten beibringen, indem sie ihm den Weg zum Teich zeigt und manchmal sogar selbst mit ins Wasser geht, um das Küken zum Schwimmen zu bewegen.

Das Muster unserer Ente entspricht dem farbenfrohen Federkleid des Stockenten-Erpels. Wenn sich zu dieser männlichen Ente eine weibliche gesellen soll, stricken Sie diese einfarbig braun.

Schwierigkeitsgrad

Für Fortgeschrittene. Kopf, Körper und Schwanz werden in einem Stück gearbeitet. Allerdings müssen die Farben mehrmals gewechselt werden, und weil die Ente relativ klein ist, verlangt die Fertigstellung ein wenig Fingerspitzengefühl. Wenn Sie die Ente für ein Kleinkind stricken, sticken Sie die Augen mit schwarzem Garn auf und lassen die Füße weg, sodass es aussieht als schwimme die Ente.

Maschenprobe

26 M/34 R gl re = 10 x 10 cm.

Anleitung

Alle Grundtechniken, die Sie beherrschen müssen, um die Ente zu arbeiten, sind auf Seite 9 bis 11 ausführlich beschrieben.

KOPF UND RUMPF

1x in Dunkelgrün, Weiß, Kastanienbraun, Hellbraun und Schwarz arbeiten.

Bei jedem Farbwechsel lassen Sie die langen Fäden hängen, da diese später zum Zusammennähen der Ente eingesetzt werden können (siehe Grundtechniken, Seite 10).
6 M in Dunkelgrün anschl und gl re str.

Garnreste (LL ca. 160 m/50 g) in Dunkelgrün, Kastanienbraun, Hellbraun, Schwarz, Weiß und Gelb
Stricknadeln Nr. 3 – 3,5
Sticknadel Nr. 18 ohne Spitze
Nähnadel
Nähgarn, schwarz
2 kleine schwarze Perlen
2 gelbe Pfeifenreiniger, ca. 17,5 cm lang (nach Belieben)
Kunstfaser-Bastelwatte (waschbar)

1. Reihe und alle folgenden Rückreihen: Li M str.
2. Reihe: 1 M re, 1 M zun, 1 M re, 2x (1 M re, 1 M zun), 1 M re, 1 M zun,

1 M re (= 10 M).
4. Reihe: 1 M re, 1 M zun, 3 M re, 2x (1 M re, 1 M zun), 3 M re, 1 M zun, 1 M re (= 14 M).
5. – 7. Reihe: Gl re str (5. R = Rück-R li).
8. Reihe: 2 M re zusstr, 10 M re, 2 M re zusstr.
10. Reihe: 2 M re zusstr, 8 M re, 2 M re zusstr (= 10 M).
11. – 15. Reihe: Gl re str (11. R = Rück-R li).
16. und 17. Reihe: In Weiß gl re str.
18. und 19. Reihe: In Kastanienbraun gl re str.
20. Reihe: In Kastanienbraun 3 M re, 1 M zun, [4] M re, 1 M zun, 3 M re.
21. Reihe: Li M str.
20. und 21. R 4x wdh, dabei die Zahl in eckigen Klammern jedes Mal um 2 erhöhen (= 20 M).
30. Reihe: In Hellbraun 3 M re, 1 M zun, [14] M re, 1 M zun, 3 M re.
31. Reihe: Li M str.
30. und 31. R 2x wdh, dabei die Zahl in eckigen Klammern jedes Mal um 2 erhöhen (= 26 M).
36. – 47. Reihe: Gl re str (36. R = Rück-R li).
48. Reihe: 2x 2 M re zusstr, 18 M re, 2x 2 M re zusstr.
50. Reihe: 2x 2 M re zusstr, 14 M re, 2x 2 M re zusstr.
52. – 60. Reihe: Gl re str (52. R = Hin-R re), dabei am Beginn und am Ende jeder Hin-R jeweils 2 M re zusstr (= 8 M).
61. Reihe: Alle M li abk.
Das Strickteil mit der glatt rechts gestrickten Seite nach außen der Länge nach mittig zusammenlegen und die Längsnaht bis auf eine kleine Öffnung schließen, dabei zum Zusammennähen die Garnenden verwenden. Kopf und Körper der Ente mit Bastelwatte ausstopfen und die letzte Öffnung schließen.
Den grünen Kopf im rechten Winkel zum Hals abknicken und mit Leiterstichen oberhalb des weißen Ringes fixieren (siehe Grundtechniken, Seite 11). Den kastanienbraunen Hals im rechten Winkel zum hellbraunen Körper abknicken und ebenfalls mit Leiterstichen fixieren. Den schwarzen Schwanz nach oben biegen und auf dieselbe Weise befestigen.

Flügel

2x in Hellbraun arbeiten.
Linker Flügel:
12 M anschl und gl re str.
1. Reihe (= Hin-R): Re M str.
2. Reihe: Li M str.
3. Reihe: 2 M re zusstr, 9 M re, 1 M zun, 1 M re (= 12 M).
4. Reihe: Li M str. 3. und 4. R 4x wdh (= 12 R insgesamt) und in der 12. R alle M li abk.
Die gerade Kante des Flügels mit der glatt rechts gestrickten Seite nach oben an den Entenkörper nähen.
Den **rechten Flügel** gegengleich arbeiten, also in der 3. R und allen folgenden Hin-R am R-Anfang 1 M zun und am R-Ende 2 M re zusstr.

Schnabel

1x in Gelb arbeiten.
7 M anschl und 6 R gl re str (1. R = Hin-R re).
7. Reihe: 2 M re zusstr, 1 M re, 2x 2 M re zusstr (= 4 M).
8. Reihe: Alle M li abk.
Das Strickteil mit der glatt rechts gestrickten Seite nach außen zusammenlegen und die Seitennaht schließen. Das offene Ende an das vordere Kopfteil nähen.

Augen

Zwei schwarze Perlen links und rechts auf das Gesicht der Ente nähen. Dabei den Faden einige Male durch den Kopf der Ente führen und fest anziehen, um den Kopf schmaler zu formen. Dann den Faden fest vernähen.

Füsse

Zwei gelbe Pfeifenreiniger zusammendrehen, um sie fester zu machen. Beide Pfeifenreiniger zusammen von einer Seite zur anderen durch den Bauch der Ente schieben. Jedes der beiden Enden abknicken, sodass zwei Beine entstehen. Aus den Enden dreieckige Füße formen.

Hühner

(Abb. siehe Seite 46/47 und 48/49)
Größe: Hahn ca. 9 cm, Huhn ca. 7,5 cm, Küken ca. 6 cm

Überall auf der Welt werden Hühner als Haustiere gehalten, denn sie liefern fast täglich nahrhafte Eier und stellen keine besonderen Ansprüche. Schon unter bescheidensten Bedingungen scharren sie zufrieden und finden überall Körner und Essensreste als Nahrung. Wer jedoch eine Hühnerschar beobachtet, stellt rasch fest, dass unter den Tieren eine komplizierte Rangordnung gilt. Jedes Huhn hat einen bestimmten Status. Ranghöhere Hühner dürfen früher an den Futternapf als rangniedrigere und lassen die anderen die eigene Vorrangstellung durchaus spüren.

Unser gestrickter Hahn führt die Rangordnung in seiner fröhlichen Hühnerfamilie sicher an und präsentiert seine prächtigen grünen und roten Schwanzfedern voller Stolz.

Schwierigkeitsgrad

Für Fortgeschrittene. Ihre Struktur bekommen die Hühner durch das Perlmuster (siehe Grundtechniken, Seite 10). Im Grunde sind die Hühner aber so schnell fertig, dass Sie bald eine ganze Schar beisammen haben werden. Wenn Sie ein Huhn für ein kleines Kind stricken, sticken Sie die Augen auf und lassen die Pfeifenreiniger-Füße weg: Dann sieht es aus, als säße das Huhn auf dem Nest.

Maschenprobe

26 M/34 R im Perlmuster (siehe Seite 10) = 10 x 10 cm.

Anleitung

Alle übrigen Grundtechniken, die Sie beherrschen müssen, um Hühner und Küken zu arbeiten, sind auf Seite 9 bis 11 ausführlich beschrieben.

Für alle Hühner:
Stricknadeln Nr. 3 – 3,5 mm
Häkelnadel Nr. 3
Sticknadel Nr. 18 ohne Spitze
Kunstfaser-Bastelwatte (waschbar)
Für ein Huhn:
Garnreste (LL ca. 160 m/50 g) in Kastanienbraun, Mittelbraun und Rot
2 kleine schwarze Perlen
1 gelber Pfeifenreiniger, ca. 17,5 cm lang (nach Belieben)
Nähnadel
Nähgarn, schwarz
Für den Hahn:
Material wie für ein Huhn, zusätzlich Garnreste in Grün
Für ein Küken:
Garnreste (LL ca. 160 m/50 g) in Gelb, Mittelbraun und Schwarz
1 gelber Pfeifenreiniger, ca. 10 cm lang (nach Belieben)

Huhn

Kopf und Körper

1x in Kastanienbraun arbeiten.
8 M anschl und im Perlmuster str (siehe Grundtechniken, Seite 10).
1. Reihe: *1 M re, 1 M li, ab * 3x wdh.
2. Reihe: 1 M re, 1 M zun, 3x (1 M re, 1 M li), 1 M zun, 1 M re.
3. Reihe: 1 M re, 1 M zun, 4x (1 M re, 1 M li), 1 M zun, 1 M re.
4. Reihe: 1 M re, 1 M zun, 5x (1 M re, 1 M li), 1 M zun, 1 M re.
5. Reihe: 1 M re, 1 M zun, 6x (1 M re, 1 M li), 1 M zun, 1 M re (= 16 M).
6. Reihe: *1 M li, 1 M re; ab * bis zum R-Ende wdh.
7. Reihe: *1 M re, 1 M li; ab * bis zum R-Ende wdh. 6. und 7. R 4x wdh (= 15 R insgesamt).
16. Reihe: 2 M re zusstr, 6x (1 M li, 1 M re), 2 M re zusstr.
17. Reihe: 2 M re zusstr, 5x (1 M li, 1 M re), 2 M li zusstr.
18. Reihe: 2 M re zusstr, 4x (1 M li, 1 M re), 2 M re zusstr.
19. Reihe: 2 M re zusstr, 3x (1 M li, 1 M re), 2 M li zusstr (= 8 M).
20. Reihe: Wie 6. R str.
21. Reihe: Wie 7. R str.
22. Reihe: Wie 6. R str.
23. Reihe: Wie 7. R str.

24. Reihe: Wie 6. R str.
25. Reihe: *2 M re zusstr, 2 M li zusstr; ab * 1x wdh.
26. Reihe: *1 M li, 1 M re; ab * 1x wdh.
27. Reihe: Alle M abk (= Kopf).
Das Strickteil mittig zusammenlegen und die Naht bis auf eine kleine Öffnung schließen. Das Huhn mit Bastelwatte ausstopfen und die letzte Öffnung schließen.

SCHNABEL
Eine etwa 2,5 cm lange Luftmaschenkette in Mittelbraun häkeln und die Garnenden vernähen. Die Luftmaschenkette zur Hälfte zusammenlegen und mit der Knickstelle an das Gesicht des Huhnes nähen. Schnabel ausformen und mit einigen Stichen in der richtigen Position fixieren.

KAMM UND KEHLLAPPEN
Zwei Luftmaschenketten von 5 und 2,5 cm Länge häkeln. Die längere Kette in 3 Schlaufen auf den Kopf des Huhnes nähen, die kürzere Kette in 2 Schlaufen unterhalb des Schnabels annähen. Die Schlaufen mit einigen zusätzlichen Stichen fixieren.

FLÜGEL
2x in Kastanienbraun arbeiten.
5 M anschl und im Perlmuster str.
1. Reihe: 2x (1 M re, 1 M li), 1 M re.
2. Reihe: 2 M li zusstr, 1 M re, 1 M li, 1 M zun, 1 M re.
3. Reihe: 2x (1 M re, 1 M zun), 1 M li, 2 M re zusstr.
4. Reihe: 1 M re, 1 M li; ab * 2x wdh.
5. Reihe: *1 M li, 1 M re; ab * 2x wdh. 4. und 5. R 1x wdh, dann alle M abk und die Fadenenden vernähen. Den Flügel mit dem Abkettrand an den Körper nähen (siehe Abb., Seite 48). Beide Flügel gleich arbeiten.

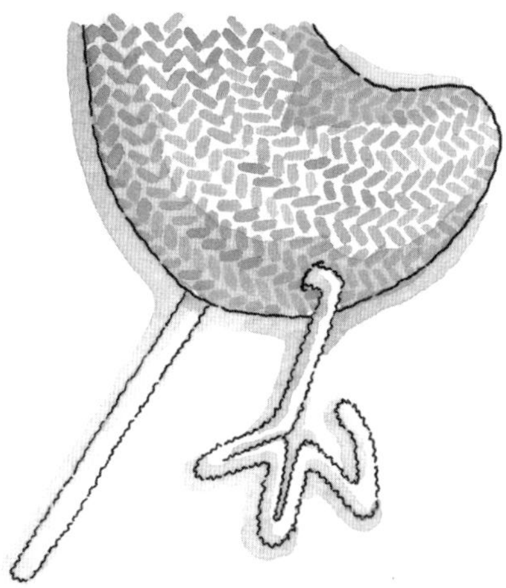

FÜSSE
Einen Pfeifenreiniger von einer Seite zur anderen durch den Bauch des Huhnes schieben und abknicken, sodass zwei lange Beine entstehen. Die Enden des Pfeifenreinigers zu Füßen formen (siehe Abb. oben).

AUGEN
Je 1 schwarze Perle rechts und links am Kopf annähen.

HAHN

Den Hahn arbeiten Sie wie das Huhn, fügen aber am Schluss die Schwanzfedern hinzu: Je 4 Luftmaschenketten à 7,5 cm Länge in Rot und Grün häkeln. Die Garnenden unsichtbar vernähen. Jeweils ein Ende jeder Kette am Hinterteil des Hahnes annähen (siehe Foto, Seite 48).

KÜKEN

RUMPF UND KOPF
1x in Gelb arbeiten.
6 M anschl und gl re str.
1. Reihe und alle folgenden Rückreihen: Li M str.
2. – 6. Reihe: Gl re str, dabei am Beginn und am Ende jeder Hin-R jeweils 1 M zun (= 12 M).
7. – 9. Reihe: Gl re str (7. R = Rück-R li).
10. – 14. Reihe: Gl re str, dabei am Beginn und am Ende jeder Hin-R jeweils 2 M re zusstr (= 6 M).
15. – 17. Reihe: Gl re str (15. R = Rück-R li) und in der 17. R alle M li abk (= Kopfende).
Das Strickteil mit der glatt rechts gestrickten Seite nach außen mittig zusammenlegen und die Naht bis auf eine kleine Öffnung schließen. Das Küken mit Bastelwatte ausstopfen und die Öffnung zunähen.

FLÜGEL
2x in Gelb arbeiten.
4 M anschl und 4 R gl re str (1. R = Hin-R re).
5. Reihe: 2x 2 M re zusstr.
6. Reihe: Li M str.
7. Reihe: 2 M re zusstr. Den Faden abschneiden, das Ende durch die letzte M führen und fest anziehen. Das Garn unsichtbar vernähen. Beide Flügel gleich arbeiten und mit dem Anschlagrand jeweils an eine Seite des Kükens nähen.

SCHNABEL
Wie beim Huhn arbeiten.

FÜSSE
Wie beim Huhn arbeiten, jedoch den Pfeifenreiniger kürzen. Arbeiten Sie dreieckige Füße statt einzelner Zehen.

AUGEN
Mit schwarzem Garn je 1 Knötchenstich auf jeder Seite des Kopfes arbeiten.

Im blauen Ozean

Perlentaucher

Größe: ca. 29 cm

Wenn ein kleines Körnchen Sand oder ein anderer Fremdkörper in eine Perlmuschel gelangt, sondert diese eine Substanz (Kalziumkarbonat) ab, die den Eindringling in konzentrischen Schichten vollkommen umschließt, mit der Zeit verhärtet und zur glänzenden Perle wird. Dies ist der Schatz, den Perlenfischer beim Tauchen in tropischen Gewässern ohne Hilfe von Pressluftflaschen oder moderner Tauchausrüstung suchen. Sie nehmen nur ein Messer mit in die Tiefe, um die Muscheln an Ort und Stelle zu öffnen – in der Hoffnung, eine wunderschöne Perle zu finden, die sie den Juwelieren in den Industrieländern verkaufen können. Noch besser ist es, wenn sie mehrere Perlen gleicher Größe und Farbe finden, die man beispielsweise zu einer Kette verarbeiten kann; dann erhalten sie noch mehr Geld für ihre kostbare Beute.

Schwierigkeitsgrad

Für Fortgeschrittene. Die Teile sind nicht kompliziert zu stricken. Wenn Sie den Sarong nicht besticken wollen, können Sie meliertes Garn benutzen, bei dem ganz von selbst ein Muster entsteht. Wenn die Puppe für ein kleines Kind gedacht ist, nähen Sie den Sarong am besten am Körper des Perlentauchers fest, damit er nicht verloren geht.

Strickgarn (LL ca. 160 g/50 m) in folgenden Mengen und Farben: 50 g in Hautfarbe, 20 g in Schwarz, 20 g in Gelb; Reste in Dunkelbraun, Dunkellila, Rot und Rosa
Stricknadeln Nr. 3 – 3,5
Sticknadel Nr. 18 ohne Spitze
2 Sicherheitsaugen, Ø 10 mm
Nähnadel
Nähgarn, dunkelbraun
2 Perlen oder Knöpfe in Muschelform
Kunstfaser-Bastelwatte (waschbar)
Außerdem: dicker Karton, Klebstoff, braune und silberne Farbe für das Messer, Stoffrest für den Muschelbeutel, zusätzliche Muschel-Perlen für den Beutel

Maschenprobe

26 M/34 R gl re = 10 x 10 cm.

Anleitung

Die Grundanleitung für die Puppen finden Sie auf Seite 12/13.

Alle übrigen Grundtechniken, die Sie beherrschen müssen, um die Puppe zu arbeiten, sind auf Seite 9 bis 11 ausführlich beschrieben.

Rumpf und Kopf, Arme, Beine und Ohren

In Hautfarbe stricken und fertigstellen, wie auf Seite 12/13 beschrieben.

HAARE
In Schwarz arbeiten, wie auf Seite 13 beschrieben.

MUND
In Dunkelbraun arbeiten, wie auf Seite 13 beschrieben.

SARONG
1x in Gelb arbeiten.
70 M anschl und 6 R gl re str (1. R = Hin-R re).
7. – 22. Reihe: Gl re str, dabei am Beginn und am Ende jeder Hin-R 2 M re zusstr (= 54 M).
23. – 30. Reihe: Gl re str, dabei am Beginn und am Ende jeder R 2 M re bzw. li zusstr (= 40 M).
31. Reihe: Alle M abk.

Das Strickteil dämpfen. Eine Reihe Vorstiche (siehe Grundtechniken, Seite 11) in Gelb entlang der Oberkante des Sarongs arbeiten. Den Faden leicht anziehen, um die Kante zu begradigen und verstärken, dann das Garn mit einigen Stichen sichern.
Mit bunten Garnresten im Margeritenstich (siehe Grundtechniken, Seite 11) große Blüten auf den Sarong sticken.
Eine 40 cm lange Luftmaschenkette in Dunkelbraun häkeln und an jedes Ende eine Perle oder einen Knopf in Muschelform nähen. Mit diesem Gürtel den Sarong um die Taille des Tauchers binden.

ACCESSOIRES
Messer: Die Vorlage auf Transparentpapier durchpausen, ausschneiden und auf festen Karton übertragen. Das Messer ausschneiden und die Klinge silbern, den Griff braun anmalen.
Muschelbeutel: Einen Kreis (Ø ca. 15 cm) aus Stoff ausschneiden. Eine Reihe Vorstiche um die Kante nähen und die Fadenenden lang hängen lassen. Den Beutel mit muschelförmigen Perlen oder Knöpfen füllen.

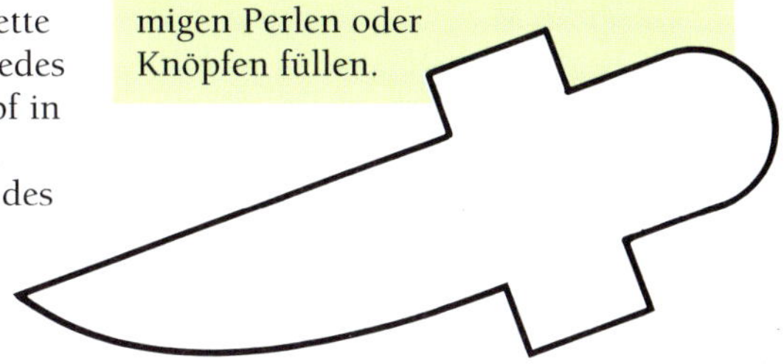

Vorlage für das Messer

DELFIN

Größe ca. 14 cm

Delfine sprühen vor Lebenslust und scheinen sogar Sinn für Spaß zu haben: Sie schwimmen blitzschnell durch die Wellen, wagen immer wieder hohe Sprünge und zeigen gern allerlei Kunststücke – vor allem, wenn ein Fisch als Belohnung winkt. Schon allein wegen dieses spielerischen Verhaltens hat der Delfin viele Freunde, doch besteht durchaus auch eine tiefere Beziehung zwischen Delfinen und Menschen.
Mancher Delfin kommt immer wieder an einen bestimmten Strandabschnitt oder zu einem Fischerboot, weil er sich von den Menschen angezogen fühlt. Und es gibt eine ganze Reihe von Berichten über Delfine, die Schiffbrüchige gerettet oder erschöpfte Schwimmer auf ihrem Rücken an den Strand getragen haben sollen. Da sie intelligent, hilfsbereit und nicht aggressiv sind, zählen die Delfine zu den beliebtesten Tierarten.

Schwierigkeitsgrad

Für Einsteiger. Der Delfin besteht aus vier einfachen Teilen in einer einzigen Farbe und bietet sich deshalb besonders als Projekt für Einsteiger an. Wer schnell strickt und schon etwas Übung hat, strickt an einem Abend eine ganze Delfin-Familie.

Strickgarn (LL ca. 160 m/50 g) in Grau sowie Reste in Dunkelgrau
Stricknadeln Nr. 3
Sticknadel Nr. 18 ohne Spitze
2 schwarze Perlen
Nähnadel
Nähgarn, schwarz
Kunstfaser-Bastelwatte (waschbar)

Maschenprobe

28 M/36 R gl re = 10 x 10 cm.

Anleitung

Die Grundtechniken, die Sie beherrschen müssen, um die Delfine zu arbeiten, sind auf Seite 9 bis 11 ausführlich beschrieben.

KÖRPER UND KOPF
1x in Grau arbeiten.
9 M anschl und gl re arbeiten.
1. Reihe (= Hin-R): Re M str.
2. Reihe: Li M str.
3. Reihe: 1 M re, 1 M zun, [2] M re, 1 M re, 1 M zun, 2 M re, 1 M zun, [2] M re, 1 M zun, 1 M re (= 13 M).
4. Reihe und alle folgenden Rückreihen: Li M str. 3. und 4. R 4x wdh, dabei die Zahl in eckigen Klammern

jedes Mal um 2 erhöhen (= 29 M).
12. – 16. Reihe: Gl re str (12. R = Rück-R li).
17. Reihe: 7 M re, wenden und 9 M neu anschl (für die obere Flosse), wenden und weiter re str (= 38 M).
19. Reihe: 9 M re, 2 M re zusstr, 1 M re, 2 M re zusstr, 24 M re (= 36 M).
21. Reihe: 8 M re, 2 M re zusstr, 1 M re, 2 M re zusstr, 23 M re (= 34 M).
23. Reihe: 7 M re, 2 M re zusstr, 1 M re, 2 M re zusstr, 22 M re (= 32 M).
25. Reihe: 6 M re, 2 M re zusstr, 1 M re, 2 M re zusstr, 21 M re (= 30 M).
26. – 36. Reihe: Gl re str (26. R = Rück-R li).
37. Reihe: 2 M re zusstr, [11] M re, 2x 2 M re zusstr, [11] M re, 2 M re zusstr.
38. Reihe: Li M str.
37. und 38. R 3x wdh, dann die 37. R noch 1x wdh, dabei die Zahl in eckigen Klammern jeweils um 2 reduzieren (= 10 M).
46. Reihe: Alle M li abk (= Schnauze).
Das Strickteil mit der glatt rechts gestrickten Seite nach innen zusammenlegen und die offene Seite der Flosse zunähen. Das Teil wenden, sodass die glatt rechts gestrickte Seite nun außen liegt, und mittig zusammenlegen. Die lange Seitennaht von der Schnauze nach hinten bis auf eine kleine Öffnung schließen. Den Delfin-Körper mit Bastelwatte ausstopfen und die Öffnung zunähen.
Für die Schnauze etwa 2,5 cm vom Vorderteil des Delfins eine Runde Vorstiche arbeiten, um die Schnauze auszuformen (siehe Foto unten).

Flossen

2x in Grau arbeiten.
6 M anschl und gl re str.
1. Reihe: Re M str.
2. Reihe und alle folgenden Rückreihen: Li M str.
3. Reihe: 1 M re, 1 M zun, 1 M re, 2x (1 M re, 1 M zun), 1 M re, 1 M zun, 1 M re (= 10 M).
4. – 8. Reihe: Gl re str (4. R = Rück-R li).
9. Reihe: *2 M re zusstr, 1 M re, 2 M re zusstr; ab * 1x wdh.
11. Reihe: 3x 2 M re zusstr (= 3 M).
13. Reihe: 3 M re zusstr.
Den Faden abschneiden, durch die letzte M führen und fest anziehen. Das Strickteil mit der glatt rechts gestrickten Seite nach außen zusammenlegen und die äußeren Kanten zusammennähen. Beide Flossen gleich arbeiten und mit Leiterstichen an den Körper nähen. Die Seite der Flosse mit einigen Stichen flach an den Korper anlegen.

Schwanzflosse

1x in Grau arbeiten.
8 M anschl und gl re str.
1. Reihe: Re M str.
2. Reihe und alle folgenden Rückreihen: Li M str.
3. Reihe: 1 M re, 1 M zun, 2 M re, 2x (1 M re, 1 M zun), 2 M re, 1 M zun, 1 M re (= 12 M).
5. Reihe: 1 M re, 1 M zun, 4 M re, 2x (1 M re, 1 M zun), 4 M re, 1 M zun, 1 M re (= 16 M).
7. Reihe: 1 M re, 1 M zun, 6 M re, 2x (1 M re, 1 M zun), 6 M re, 1 M zun, 1 M re (= 20 M).
8. – 10. Reihe: Gl re str und in der 10. R alle M li abk.
Das trapezförmige Strickteil mit der glatt rechts gestrickten Seite nach außen so zusammenlegen, dass die beiden schmaleren Spitzen zusammentreffen. Die Nähte an zwei Kanten schließen, die Schwanzflosse mit Bastelwatte ausstopfen, die letzte Naht schließen und die Schwanzflosse mit Leiterstichen an das Ende des Körpers nähen.

Fertigstellung

Augen

Für die Augenflecken mit Dunkelgrau an beiden Seiten des Kopfes jeweils 2 Maschenstiche aufsticken (siehe Grundtechniken, Seite 11). Mit schwarzem Nähgarn auf jeden Augenfleck eine Perle nähen.

Maul

Mit schwarzem Garn zwei lange Spannstiche von der Mitte der Schnauze nach hinten sticken und mit kleinen unsichtbaren Stichen fixieren.

HAI

Größe: ca. 28 cm

Haie haben einen sehr schlechten Ruf – es heißt, sie griffen wahllos Menschen an und versteckten sich in der Nähe tropischer Strände, um unvorsichtigen Schwimmern aufzulauern. In Wahrheit sind jedoch nur ganz wenige Haiarten groß genug, um überhaupt an Mahlzeiten von der Größe eines Menschen zu denken. Trotzdem gilt der Hai als grausamer Mörder, der sich wahllos auf seine Beute stürzt. Wenn seine charakteristische dreieckige Rückenflosse an der Wasseroberfläche auftaucht, bekommt es jeder Fischer und Schwimmer mit der Angst zu tun. Was aber aussieht wie rastlose Energie – das Tier schwimmt ohne Unterlass vor der Küste hin und her oder um ein Boot herum – und manchen von der Boshaftigkeit des Tieres überzeugt, ist für die Haie einfach eine Frage des Überlebens: Sie müssen ständig in Bewegung bleiben, damit Wasser ihre Kiemen durchströmt und sie mit dem lebensnotwendigen Sauerstoff versorgt.

Schwierigkeitsgrad

Für Einsteiger. Alle Teile sind einfach zu stricken und werden in einer einzigen Farbe gearbeitet.

20 g Strickgarn (LL ca. 160 m/50 g) in Grau; Reste in Schwarz
Stricknadeln Nr. 3 – 3,5
Sticknadel Nr. 18 ohne Spitze
2 schwarze Perlen
Nähnadel
Nähgarn, schwarz
Kunstfaser-Bastelwatte (waschbar)

Maschenprobe

26 M/34 R gl re = 10 x 10 cm.

Anleitung

Alle Grundtechniken, die Sie beherrschen müssen, um den Hai zu arbeiten, sind auf Seite 9 bis 11 ausführlich beschrieben.

Rumpf und Kopf

1x in Grau arbeiten
10 M anschl und gl re str.
1. Reihe: Re M str. *2. Reihe und alle folgenden Rückreihen:* Li M str.
3. Reihe: 1 M re, 1 M zun, [3] M re, 2x (1 M re, 1 M zun), [3] M re, 1 M zun, 1 M re (= 14 M). *4. – 6. Reihe:* Gl re str (4. R = Rück-R li).
3. – 6. R 4x wdh, dann die 3. R noch 1x wdh, dabei die Zahl in eckigen Klammern jedes Mal um 2 erhöhen (= 34 M) *24. – 34. Reihe:* Gl re str (24. R = Rück-R li). *35. Reihe:* 17 M re, wenden und 12 M neu anschl (Rückenflosse), wenden und weiter re M str (= 46 M). *36. – 38. Reihe:* Gl re str (36. R = Rück-R li). *39. Reihe:* [21] M re, 2x 2 M re zusstr, [21] M re. *40. Reihe:* Li M str. 39. und 40. R 6x wdh, dabei die Zahl in eckigen Klammern jedes Mal um 1 reduzieren (= 32 M). *53. Reihe:* *2 M re zusstr, 12 M re, 2 M re zusstr; ab * 1x wdh (= 28 M). *54. – 58. Reihe:* Gl re str (54. R = Rück-R li). *59. Reihe:* * 2 M re zusstr, 10 M re, 2 M re zusstr; ab * 1x wdh (= 24 M). *60. – 64. Reihe:* Gl re str (60. R = Rück-R li). *65. Reihe:* *2 M re zusstr, 8 M re, 2 M re zusstr; ab * 1x wdh (= 20 M).
66. – 70. Reihe: Gl re str (66. R = Rück-R li). *71. Reihe:* 2x 2 M re zusstr, 4 M re; ab * 1x wdh; 2x 2 M re zusstr (= 14 M). *73. Reihe:* 2x 2 M re zusstr, 6 M re, 2x 2 M re zusstr (= 10 M). *74. – 78. Reihe:* Gl re str. (74. R = Rück-R li).
79. Reihe: *2 M re zusstr, 1 M re, 2 M re zusstr; ab * 1x wdh (= 6 M).
80. Reihe: Alle M li abk (= Schnauze).
Das Strickteil mit der glatt rechts gestrickten Seite nach innen zusammenlegen und die offene Kante der Rückenflosse zusammennähen. Das Teil wenden, sodass die glatt rechts gestrickte Seite außen liegt, und die lange Naht von der Schnauze nach hinten bis auf eine kleine Öffnung schließen. Den Hai mit Bastelwatte ausstopfen und die letzte Naht schließen.

Schwanzflosse

1x in Grau arbeiten.
2 M anschl und gl re str.
1. Reihe: Re M str.
2. Reihe und alle folgenden Rückreihen: Li M str.
3. Reihe: 2x (1 M re, 1 M zun) (= 4 M).
5. Reihe: *1 M re, 1 M zun; ab * 3x wdh (= 8 M).
7. Reihe: 1 M re, 1 M zun, 2 M re, 2x (1 M re, 1 M zun), 2 M re, 1 M zun, 1 M re (= 12 M).
8. – 36. Reihe: Gl re str (8. R = Rück-R li).
37. Reihe: *2 M re zusstr, 2 M re, 2 M re zusstr; ab * 1x wdh (= 8 M).
39. Reihe: 4x 2 M re zusstr (= 4 M).
41. Reihe: 2x 2 M re zusstr (= 2 M).
42. Reihe: Alle M li abk.
Das Strickteil mit der glatt rechts gestrickten Seite nach außen zusammenlegen und die Seitennaht schließen; dabei das Teil ausstopfen. Die Naht ganz schließen.
Etwa 7,5 cm von einem Ende etwas Garn mit einigen Stichen am Schwanz befestigen, einige Male um die Schwanzflosse wickeln und fest anziehen. Das Garn wieder mit einigen Stichen befestigen, dann damit den Schwanz an das Ende des Körpers nähen. Den Schwanz in V-Form drücken (siehe Abb auf Seite 67) und mit einigen Stichen in dieser Form fixieren.

Brustflossen

2x in Grau arbeiten.
6 M anschl und gl re str.
1. Reihe: Re M str.
2. Reihe und alle folgenden Rückreihen: Li M str.
3. Reihe: 1 M re, 1 M zun, 1 M re, 2x (1 M re, 1 M zun), 1 M re, 1 M zun, 1 M re (= 10 M).
4. – 8. Reihe: Gl re str (4. R = Rück-R li).
9. Reihe: *2 M re zusstr, 1 M re, 2 M re zusstr; ab * 1x wdh (= 6 M).
11. Reihe: 3x 2 M re zusstr (= 3 M).
13. Reihe: 3 M re zusstr. Den Faden abschneiden, das Ende durch die letzte M führen und fest anziehen.
Das Strickteil mit der glatt rechts gestrickten Seite nach außen mittig zusammenlegen und entlang der äußeren Kante zusammennähen.
Beide Flossen gleich arbeiten und mit Leiterstichen am Körper befestigen; dabei die Seite der Flosse mit einigen Stichen flach an die Seite des Körpers anlegen.

Kleine Hinterflossen

2x in Grau arbeiten.
8 M anschl und gl re str.
1. Reihe: Re M str.
2. Reihe und alle folgenden Rückreihen: Li M str.
3. – 8. Reihe: Gl re str, dabei am Beginn und am Ende jeder Hin-R jeweils 2 M re zusstr (= 2 M).
9. Reihe: 2 M re zusstr.
Den Faden abschneiden, das Ende durch die letzte M führen und fest anziehen.
Das Strickteil mit der glatt rechts gestrickten Seite nach außen zusammenlegen und die äußeren Kanten zusammennähen. Beide Flossen gleich arbeiten und mit Leiterstichen eine Flosse oberhalb des Schwanzes zwischen Rücken- und Schwanzflosse und eine auf der Unterseite des Hais in die Nähe der Schwanzflosse an den Körper nähen.

Augen

Mit schwarzem Nähgarn auf beiden Seiten des Kopfes je eine schwarze Perle anbringen.

Mund

Mi schwarzem Garn zwei lange Spannstiche von der spitzen Schnauze nach hinten arbeiten (siehe Foto, Seite 67).

MÖRDERWAL

(Abb. siehe Seite 63)
Größe: ca. 14,5 cm

Trotz ihres furchterregenden Namens und ihrer beeindruckenden Zähne stellen diese Wale keine Gefahr für den Menschen dar. Allerdings sind sie sehr gute Jäger. Wie Wölfe des Meeres jagen sie im Rudel, sodass Beutetiere kaum entwischen können. Mörderwale kommunizieren durch verschiedene Quietsch- und Klick-Geräusche, die sich wie Wellen im Wasser ausbreiten. Dadurch wissen Artgenossen ganz genau, wohin sie schwimmen müssen, um einem Lachsschwarm den Fluchtweg abzuschneiden oder einen einzelnen Seelöwen zu orten, der sich von seiner Gruppe entfernt hat.

Schwierigkeitsgrad

Für Könner. Die Teile sind schnell und einfach herzustellen, doch es erfordert ein wenig Zeit, die charakteristische Zeichnung aufzusticken. Wenn Sie den Wal für ein Kleinkind anfertigen, ersetzen Sie die Perlenaugen durch aufgestickte Augen in Blau oder Grün.

25 g Strickgarn (LL ca. 160 m/50 g) in Schwarz; Reste in Weiß und Grau
Stricknadeln Nr. 3
Sticknadel Nr. 18 ohne Spitze
2 schwarze Perlen
Nähnadel
Nähgarn, schwarz
Kunstfaser-Bastelwatte (waschbar)

Maschenprobe

28 M/36 R gl re = 10 x 10 cm.

Anleitung

Alle Grundtechniken, die Sie beherrschen müssen, um den Mörderwal zu arbeiten, sind auf Seite 9 bis 11 ausführlich beschrieben.

RUMPF UND KOPF

1x in Schwarz arbeiten.
Stricken und fertig stellen wie Rumpf und Kopf des Delfins (Seite 66).

FLOSSEN

2x in Schwarz arbeiten.
Stricken, fertig stellen und an den Körper nähen, wie beim Delfin beschrieben (Seite 66).

SCHWANZFLOSSE

1x arbeiten, mit Schwarz
Stricken, fertig stellen und an den Körper nähen, wie beim Delfin beschrieben (Seite 66).

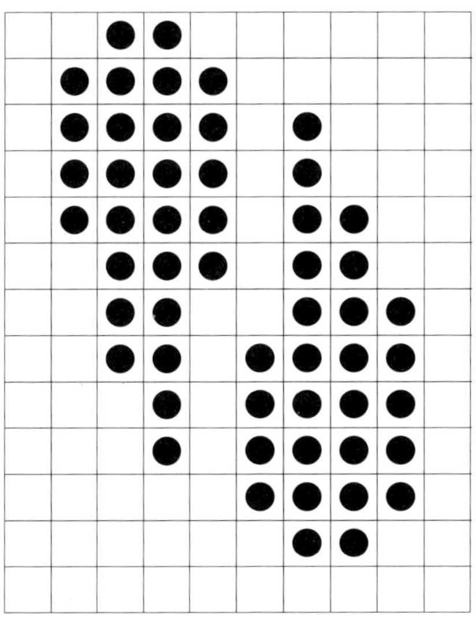

Fertigstellung

ZEICHNUNG

Die charakteristische Zeichnung im Maschenstich auf den Mörderwal aufsticken (siehe Grundtechniken, Seite 11, Abb. auf Seite 63 und Zählmuster). Den Bauch des Wales ganz in Weiß besticken und die Farbe zum Schwanz hin auslaufen lassen.
Augenflecken: An beiden Seiten des Kopfes je einen weißen Fleck im Maschenstich aufsticken, dabei nach dem Zählmuster arbeiten. Mit schwarzem Nähgarn eine schwarze Perle auf die vordere Spitze jedes Flecks nähen.

MAUL

Von der Schnauzenspitze aus nach hinten zwei lange Spannstiche arbeiten.

Zählmuster für die Augenflecken des Mörderwales

WASSERSCHILDKRÖTE

Größe: ca. 25 cm

Genau wie man das Alter eines Baumes anhand der Jahresringe feststellen kann, so lässt sich das Alter einer Wasserschildkröte bestimmen, indem man die Ringe auf ihrem Panzer zählt. Bei dieser Spielzeug-Schildkröte werden die Ringe durch Muster aus rechten und linken Maschen dargestellt. Je älter eine Schildkröte wird, desto mehr Ringe bilden sich; daher weiß man, dass diese Tiere sehr alt werden können. Doch ihr Leben ist sehr hart, was sich ebenfalls am Panzer ablesen lässt: So können sich kleine Seepocken (Rankenfußkrebse) oder Meeresalgen auf dem Gehäuse angesiedelt haben. Größere Narben und Löcher im Panzer weisen auf Begegnungen mit Haien oder anderen Raubfischen hin. In vielen Ländern dieser Welt gelten Wasserschildkröten als Delikatesse. Sie wurden so intensiv bejagt, dass sie vom Aussterben bedroht sind.

Inzwischen stehen die Wasserschildkröten jedoch unter Naturschutz. Es gibt Strände, an denen sich die Muttertiere in Ruhe aus dem Wasser schleppen können, um ein Loch im Sand zu graben und dort ihre Eier abzulegen. Wenn die Jungtiere aus den Eiern schlüpfen, müssen sie zuallererst das Wasser erreichen, das künftig ihren Lebensraum darstellen soll – für eine kleine Schildkröte ein weiter und gefährlicher Weg. Wer jedoch das Wasser erreicht, hat gute Chancen, zu einer prächtigen Wasserschildkröte heranzuwachsen.

Schwierigkeitsgrad

Für Fortgeschrittene. Die Schildkröte besteht aus vielen verschiedenen Teilen. Doch wenn Sie Schritt für Schritt vorgehen, ist sie recht einfach herzustellen. Wenn Sie sich das Reliefmuster auf dem Gehäuse nicht zutrauen, dann folgen Sie den vereinfachten Anleitungen am Ende jedes Abschnitts.

Strickgarn (LL ca. 160 m/50 g) in folgenden Mengen und Farben: 50 g in Rauchgrün, je 20 g in Dunkelgrün und Mittelgrün; Rest in Schwarz
Stricknadeln Nr. 3
Sticknadel Nr. 18 ohne Spitze
2 schwarze Perlen
Nähnadel
Nähgarn, schwarz
Kunstfaser-Bastelwatte (waschbar)

Maschenprobe

28 M/36 R gl re = 10 x 10 cm.

Anleitung

Alle Grundtechniken, die Sie beherrschen müssen, um die Schildkröte zu arbeiten, sind auf Seite 9 bis 11 ausführlich beschrieben.

Panzer-Quadrate

4x in Dunkelgrün und 1x in Mittelgrün arbeiten.
16 M anschl.
1. Reihe: Re M str. *2. Reihe:* 7 M li, 2 M re, 7 M li. *3. Reihe:* 6 M re, 4 M li, 6 M re. *4. Reihe:* 6 M li, 4 M re, 6 M li. *5. Reihe:* 5 M re, 6 M li, 5 M re. *6. Reihe:* 5 M li, 2 M re, 2 M li, 2 M re, 5 M li. *7. Reihe:* 4 M re, 3 M li, 2 M re, 3 M li, 4 M re. *8. Reihe:* 4 M li, 3 M re, 2 M li, 3 M re, 4 M li. *9. Reihe:* 3 M re, 3 M li, 4 M re, 3 M li, 3 M re. *10. Reihe:* 3 M li, 3 M re, 4 M li, 3 M re, 3 M li. *11. Reihe:* 2 M re, 3 M li, 6 M re, 3 M li, 2 M re. *12. Reihe:* 2 M li, 3 M re, 6 M li, 3 M re, 2 M li. *13. Reihe:* Wie 9. R str. *14. Reihe:* Wie 10. R str. *15. Reihe:* Wie 7. R str. *16. Reihe:* Wie 8. R str. *17. Reihe:* Wie 5. R str. *18. Reihe:* Wie 6. R str. *19. Reihe:* Wie 3. R str. *20. Reihe:* Wie 4. R str. *21. Reihe:* 7 M re, 2 M li, 7 M re. *22. Reihe:* Alle M li abk.
Vereinfachte Variante: 16 M anschl und 22 R gl re str (1. R = Hin-R re). Alle M abk.

Panzer-Dreiecke

4x arbeiten, mit Mittelgrün
20 M anschl.
1. Reihe: Re M str.
2. Reihe: Li M str.
3. Reihe: 2 M re zusstr, 2 M re, 12 M li, 2 M re, 2 M re zusstr (= 18 M).
4. Reihe: 3 M li, 12 M re, 3 M li.
5. Reihe: 2 M re zusstr, 2 M re, 3 M li, 4 M re, 3 M li, 2 M re, 2 M li zusstr (= 16 M).
6. Reihe: 3 M li, 3 M re, 4 M li, 3 M re, 3 M li.
7. Reihe: 2 M re zusstr, 2 M re, 3 M li, 2 M re, 3 M li, 2 M re, 2 M li zusstr (= 14 M).
8. Reihe: 3 M li, 3 M re, 2 M li, 3 M re, 3 M li.
9. Reihe: 2 M re zusstr, 2 M re, 6 M li, 2 M re, 2 M re zusstr (= 12 M).
10. Reihe: 3 M li, 6 M re, 3 M li.
11. Reihe: 2 M re zusstr, 2 M re, 4 M li, 2 M re, 2 M re zusstr (= 10 M).
12. Reihe: 3 M li, 4 M re, 3 M li.
13. Reihe: 2 M re zusstr, 2 M re, 2 M li, 2 M re, 2 M re zusstr (= 8 M).
14. Reihe: 3 M li, 2 M re, 3 M li.
15. Reihe: 2 M re zusstr, 4 M re, 2 M re zusstr (= 6 M).
16. Reihe: Li M str.
17. Reihe: 2 M re zusstr, 2 M re, 2 M re zusstr (= 4 M).
18. Reihe: Li M str.
19. Reihe: 2x 2 M re zusstr (= 2 M).
20. Reihe: 2 M li zusstr.
Den Faden abschneiden, das Ende durch die letzte M führen und fest anziehen.
Vereinfachte Variante: 20 M anschl und 2 R gl re str (1. R = Hin-R re).
3. – 18. Reihe: Gl re str, dabei am Beginn und am Ende jeder Hin-R jeweils 2 M re zusstr.
19. Reihe: 2x 2 M re zusstr (= 2 M).
20. Reihe: 2 M li zusstr.
Faden abschneiden, das Ende durch die letzte M führen und festziehen.

Hinterbeine

2x in Rauchgrün arbeiten.
20 M anschl und 10 R gl re str (1. R = Hin-R re; Rück-R stets li str).
11. Reihe: *2 M re zusstr, 6 M re, 2 M re zusstr; ab * 1x wdh (= 16 M).
13. Reihe: *2 M re zusstr, 4 M re, 2 M re zusstr; ab * 1x wdh (= 12 M).
15. Reihe: *2 M re zusstr, 2 M re, 2 M re zusstr; ab * 1x wdh (= 8 M).
17. Reihe: 4x 2 M re zusstr (= 4 M).
19. Reihe: 2x 2 M re zusstr (= 2 M).
21. Reihe: 2 M re zusstr.
Faden abschneiden, das Ende durch die letzte M führen und festziehen. Das Strickteil mit der glatt rechts gestrickten Seite nach außen mittig zusammenlegen, die Seitennaht schließen und das Bein mit Bastelwatte ausstopfen. Die letzte Öffnung schließen. Beide Hinterbeine gleich arbeiten.

Vorderflossen

2x in Rauchgrün arbeiten.
20 M anschl und 22 R gl re str (1. R = Hin-R re). Weiter nach der Anleitung für die Hinterbeine von der 11. bis zur 21. Reihe str.
Das Strickteil mit der glatt rechts gestrickten Seite nach außen mittig zusammenlegen, die Seitennaht schließen und die Flosse mit Bastelwatte ausstopfen. Die letzte Öffnung schließen.
Die Flosse etwa 5 cm von der Spitze entfernt leicht abknicken und mit Leiterstichen fixieren (siehe Abbildung links).

Schwanz

2x in Rauchgrün arbeiten.
8 M anschl und 6 R gl re str (1. R = Hin-R re).
7. – 11. Reihe: Gl re str, dabei am Beginn und am Ende jeder Hin-R jeweils 2 M re zusstr (= 2 M).
12. Reihe: Li M str.
13. Reihe: 2 M re zusstr.
Den Faden abschneiden, das Ende durch die letzte M führen und fest anziehen. Beide Teile für den Schwanz gleich arbeiten, mit der glatt rechts gestrickten Seite nach außen zusammenlegen und die Kanten zusammennähen.

Bauchteil

1x in Rauchgrün arbeiten.
14 M anschl und gl re str.
1. Reihe: Re M str.
2. Reihe: Li M str.
3. – 22. Reihe: Gl re str, dabei am Beginn und am Ende jeder Hin-R jeweils 1 M zun (= 34 M).
23. – 44. Reihe: Gl re str (23. R = Hin-R re).
45. – 63. Reihe: Gl re str, dabei am Beginn und am Ende jeder Hin-R jeweils 2 M re zusstr (= 14 M).
64. Reihe: Alle M li abk.

Kopf

1x in Rauchgrün arbeiten.
28 M anschl und 18 R gl re str (1. R = Hin-R re).
19. Reihe: *5 M re, 2x 2 M re zusstr, 5 M re; ab * 1x wdh (= 24 M).
20. Reihe: *4 M li, 2x 2 M li zusstr, 4 M li; ab * 1x wdh (= 20 M).
21. Reihe: *3 M re, 2x 2 M re zusstr, 3 M re; ab * 1x wdh (= 16 M).
22. Reihe: *2 M li, 2x 2 M li zusstr, 2 M li; ab * 1x wdh (= 12 M).
23. Reihe: *1 M re, 2x 2 M re zusstr, 1 M re; ab * 1x wdh (= 8 M).
24. Reihe: 4x 2 M li zusstr (= 4 M).
25. Reihe: 2x 2 M re zusstr (= 2 M).
26. Reihe: 2 M li zusstr.
Den Faden abschneiden, das Ende durch die letzte M führen und fest anziehen.
Das Strickteil mit der glatt rechts gestrickten Seite nach außen zusammenlegen und die lange gerade Naht in der Mitte des unteren Kopfteils bis auf eine kleine Öffnung schließen. Den Kopf mit Bastelwatte ausstopfen und die letzte Öffnung zunähen. Etwa 5 cm vom spitzen Ende entfernt den Kopf leicht nach unten abknicken und mit Leiterstichen fixieren (siehe Foto auf Seite 63).

Oberseite des Panzers zusammensetzen

Das mittelgrüne Quadrat flach auslegen und die restlichen 4 Quadrate in Form eines Kreuzes um dieses Quadrat gruppieren. In jede Ecke ein Dreieck legen (siehe unten). Die Quadrate und Dreiecke nach und nach zusammennähen, dabei dem Panzer eine leicht gerundete Form geben (siehe Foto auf Seite 70). Eine Runde Vorstiche in farblich passendem Garn rund um die Kante des Panzer-Oberteils arbeiten und den Faden leicht anziehen, ohne dass sich die Kante kräuselt. Dadurch wird die Kante des Panzers fest und gleichmäßig.

Varianten

Nach derselben Anleitung können Sie auch eine Landschildkröte stricken. Verwenden Sie mittelbraunes Garn für 4 der Gehäusequadrate und dunkelbraunes Garn für die Dreiecke und das Mittelquadrat; Kopf, Füße und Bauchteil arbeiten Sie in Hellbraun. Statt der Vorderflossen stellen Sie 2 weitere Beine nach der Anleitung für die Hinterbeine her.
Die Schildkröte kann auch als Handpuppe gearbeitet werden. Hierzu wird ein zweites Bauchteil gearbeitet und wie folgt zusammengenäht: Das Oberteil des Panzers umdrehen, mit Bastelwatte füllen und mit dem ersten Bauchteil zusammennähen (siehe Anleitung für die Wasserschildkröte), dann den Schwanz anbringen. Flossen, Beine und Kopf nicht ausstopfen und an der Schmalseite, die an die Schildkröte angenäht wird, offen lassen. Die obere Kante von Kopf, Flossen und Beinen an das Bauchteil nähen. Die Schildkröte auf den Rücken legen, das zweite Bauchteil auf das erste legen und die Unterkanten der Gliedmaßen und des Kopfes an dieses Bauchteil nähen. Anschließend das zweite Bauchteil zwischen den Gliedmaßen bzw. dem Kopf mit dem ersten Bauchteil verbinden, allerdings am Hinterende der Schildkröte eine genügend große Öffnung für die Hand lassen. Wenn Sie möchten, können Sie den Kopf leicht ausstopfen, damit er etwas Form bekommt.

Bauchteil anbringen

Die Oberseite des Panzers umdrehen und mit Bastelwatte füllen. Das Bauchteil darüber legen und beide Teile etwa 1 cm von der Kante entfernt zusammennähen, sodass an der Außenkante eine „Lippe“ entsteht.

Kopf, Schwanz, Vorderflossen und Hinterbeine anbringen

Kopf, Schwanz, Vorderflossen und Hinterbeine mit Leiterstichen am Bauchteil dicht an der Kante des Panzers annähen.

Augen

Mit schwarzem Nähgarn zwei schwarze Perlen auf das Gesicht der Schildkröte nähen (siehe Foto auf Seite 70).

Maul

Mit schwarzem Garn zwei große Spannstiche arbeiten, die von der Spitze des Gesichts nach hinten weisen.

KRAKE

Größe: ca. 25 cm; Arme 46 cm

Ein Krake könnte an Land nicht überleben, denn dort wäre er schlapp und schwerfällig – unfähig, seine Arme überhaupt zu heben. Im Wasser jedoch ist er in seinem Element: Elegant wie ein graziler Tänzer bewegt er seine Arme, wenn er auf der Suche nach Nahrung über den Meeresboden streift. Diese Arme haben ihm seinen wissenschaftlichen Namen gegeben (Oktopus = „achtarmig“). Wenn der Krake eine Gefahr wittert und erschrickt, versteckt er sich blitzartig zwischen Steinen und stößt eine tintenähnliche Substanz aus, um seine Angreifer zu verwirren.

Schwierigkeitsgrad

Für Einsteiger. Es sind nur 3 verschiedene Teile zu stricken (der Arm allerdings 8x), und alle werden in derselben Farbe gearbeitet.

150 g Strickgarn (LL ca. 100 m/50 g) in Blau; Reste in Schwarz
Stricknadeln Nr. 4
Sticknadel Nr. 18 ohne Spitze
Filzreste in Schwarz, Blau und Weiß
Nähnadel
Nähgarn in Schwarz, Blau und Weiß
Kunstfaser-Bastelwatte (waschbar)

Maschenprobe

20 M/28 R gl re = 10 x 10 cm.

Anleitung

Alle Grundtechniken, die Sie beherrschen müssen, um den Kraken zu arbeiten, sind auf Seite 9 bis 11 ausführlich beschrieben.

KOPF

1x in Blau arbeiten.
90 M anschl und 6 R gl re (1. R = Hin-R re).
7. Reihe: 1 M re, 1 M zun, 42 M re, 2x 2 M re zusstr, 42 M re, 1 M zun, 1 M re (= 90 M).
8. Reihe und alle folgenden Rückreihen: Li M str.
7. und 8. R 2x wdh (= 12 R insgesamt).
13. – 44. Reihe: Gl re str (13. R = Hin-R re).
45. Reihe: [43] M re, 2x 2 M re zusstr, [43] M re.
46. Reihe: Li M str.
45. und 46. R 7x wdh, dabei die Zahl in eckigen Klammern jedes Mal um 1 reduzieren (= 74 M).
81. Reihe: *7x (2 M re zusstr, 3 M re), 2 M re zusstr, ab * wdh (= 58 M).
83. Reihe: 2 M re zusstr, 1 M re, 6x (2 M re zusstr, 2 M re), 2 M re zusstr, 2 M re zusstr, 6x (2 M re zusstr, 2 M re), 1 M re, 2 M re zusstr (= 42 M).
85. Reihe: 7x (1 M re, 2 M re zusstr), 7x (2 M re zusstr, 1 M re) (= 28 M).
86. Reihe: Alle M li abk (= oberes Ende des Kopfes).
Das Strickteil mit der glatt rechts gestrickten Seite nach außen zusammenlegen, die obere Naht und die Seitennaht schließen und den Kopf mit Bastelwatte ausstopfen.

UNTERSEITE

1x in Blau arbeiten.
14 M anschl und gl re str.
1. Reihe: Re M str.
2. Reihe: Li M str.
3. Reihe: 2x (1 M re, 1 M zun), [12] M re, 2x (1 M zun, 1 M re).
4. Reihe: Li M str.
3. und 4. R 6x wdh, dabei die Zahl in eckigen Klammern jedes Mal um 4 erhöhen (= 42 M).
17. – 52. Reihe: Gl re str (17. R = Hin-R re).
53. Reihe: 2x 2 M re zusstr, [34] M re, 2x 2 M re zusstr.
54. Reihe: Li M str. 53. und 54. R 5x wdh, dann die 53. R noch 1x wdh, dabei die Zahl in eckigen Klammern jedes Mal um 4 reduzieren (= 14 M).
66. Reihe: Alle M li abk.
Das ausgestopfte Kopfteil mit der Wölbung nach unten legen, das Unterteil mit der glatt rechts gestrickten Seite nach außen passgenau darauf platzieren und beide Teile zusammennähen.

ARME

8x in Blau arbeiten.
20 M anschl und 80 R gl re str (1. R = Hin-R re).
81. Reihe: *2 M re zusstr, 6 M re, 2 M re zusstr; ab * 1x wdh (= 16 M).
82. Reihe und alle folgenden Rückreihen: Li M str.
83. Reihe: *2 M re zusstr, 4 M re, 2 M re zusstr; ab * 1x wdh (= 12 M).
85. Reihe: *2 M re zusstr, 2 M re, 2 M re zusstr; ab * 1x wdh (= 8 M).
86. Reihe: Alle M li abk.
Das Strickteil mit der glatt rechts gestrickten Seite nach außen der Länge nach mittig zusammenlegen. Die Naht entlang der Längsseite und am rund geformten Ende schließen und den Arm mit Bastelwatte ausstopfen.
Alle 8 Arme gleich arbeiten und um das Kopfteil legen (siehe Grafik). Die offenen Ende der Arme an die untere Kante des Kopfteils nähen.

AUGEN

Die Vorlagen für die Augen auf Transparentpapier durchpausen und ausschneiden. Die Kreise auf Filz übertragen und ausschneiden: 2 Pupillen in Schwarz, 2 mittelgroße Kreise in Blau und 2 große Kreise in Weiß.
Mit jeweils farblich passendem Garn die schwarze Pupille auf den blauen Kreis und diesen wiederum auf den weißen Kreis nähen (siehe Foto auf Seite 73).
Beide Augen gleich arbeiten und an den Kopf des Kraken nähen.

MAUL

Mit schwarzem Garn ein kleines V-förmiges Maul aufsticken (siehe Foto auf Seite 73).

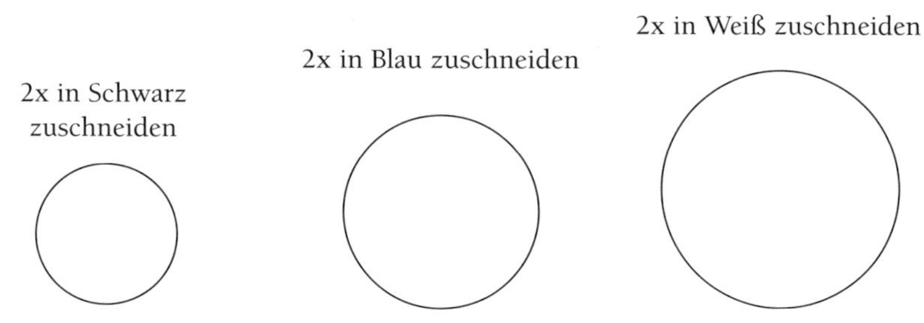

Vorlagen für die Filzaugen des Kraken

ANEMONENFISCH

(Abb. siehe Seite 73)
Größe: ca. 25 cm

Der Anemonenfisch hat breite weiße Streifen, die durch schwarze Ringe abgesetzt sind und an die Maske eines Zirkusclowns erinnern. Blitzschnell jagt er in den Riffen des Südpazifiks zwischen Stachelhäutern, Seeanemonen und Korallen. Er lebt in Symbiose mit einer Seeanemone – daher sein Name. Ihre giftigen Tentakel bieten dem Anemonenfisch ein sicheres Zuhause und halten Raubfische in Schach; dafür versorgt der Anemonenfisch seine „Wirtin“ mit Nahrung, wenn von seiner Beute kleine Teilchen für sie abfallen.

Schwierigkeitsgrad

Für Fortgeschrittene. Die Flossen werden im Rippenmuster gestrickt; außerdem sind mehrere Farbwechsel zu bewältigen. Dafür gibt es aber nur 3 verschiedene Musterteile, sodass der Fisch leicht gelingen dürfte.

Strickgarn (LL ca. 160 m/50 g) in folgenden Mengen und Farben: 20 g in Orange, 10 g in Weiß; Rest in Schwarz
Stricknadeln Nr. 3
Sticknadel Nr. 18 ohne Spitze
Kunstfaser-Bastelwatte (waschbar)

Maschenprobe

28 M/36 R gl re = 10 x 10 cm.

Anleitung

Alle Grundtechniken, die Sie für den Anemonenfisch brauchen, sind auf Seite 9 bis 11 ausführlich beschrieben.

KÖRPER UND KOPF

1x in Orange, Schwarz und Weiß arbeiten.
32 M in Orange anschl und 6 R gl re str (1. R = Hin-R re).
7. Reihe: In Schwarz re M str.
8. Reihe: In Schwarz li M str.
9. – 16. Reihe: In Weiß gl re str (9. R = Hin-R re).
17. Reihe: In Orange 1 M re, 1 M zun, [14] M re, 2x (1 M re, 1 M zun), [14] M re, 1 M zun, 1 M re.
18. Reihe: Li M str.
17. und 18. R 5x wdh, dabei die Zahl in eckigen Klammern jedes Mal um 2 erhöhen (= 56 M).
29. und 30. Reihe: Wie 7. und 8. R str.
31. – 38. Reihe: Wie 9. – 16. R str.
39. und 40. Reihe: Wie 7. und 8. R str.
41. – 52. Reihe: In Orange gl re str (41. R = Hin-R re).
29. – 40. R 1x wdh (= 64 R insgesamt).
In Orange weiterstr.
65. Reihe: Re M str.
66. Reihe: Li M str.
67. Reihe: 2x 2 M re zusstr, [20] M re, 4x 2 M re zusstr, [20] M re, 2x 2 M re zusstr.
68. Reihe und alle folgenden Rückreihen: Li M str.
67. und 68. R 4x wdh, dabei die Zahl in eckigen Klammern jedes Mal um 4 reduzieren (= 16 M).
77. Reihe: 8x 2 M re zusstr.
78. Reihe: Li M str.
Den Faden abschneiden, das Ende durch die letzten M führen und fest anziehen.
Das Strickteil mit der glatt rechts gestrickten Seite nach außen zusammenlegen und bis auf eine kleine Öffnung zusammennähen. Den Fisch mit Bastelwatte ausstopfen und die Öffnung zunähen.

SCHWANZFLOSSE UND BAUCHFLOSSEN

3x in Schwarz und Orange arbeiten.
37 M in Schwarz anschl.
1. Reihe: 5x (2 M li, 5 M re), 2 M li.
2. Reihe: 5x (2 M re, 5 M li), 2 M re.
In Orange weiterstr.
1. und 2. R 2x wdh.
7. Reihe: 5x (2 M li, 2 M re zusstr, 1 M re, 2 M re zusstr), 2 M li.
8. Reihe: 5x (2 M re, 3 M li), 2 M re.
9. Reihe: 5x (2 M li, 3 M re zusstr), 2 M li.
10. Reihe: 5x (2 M re, 1 M li), 2 M re.
11. Reihe: 5x (2 M li, 1 M re), 2 M li.
12. Reihe: Alle M mustergemäß abk.
Die Fadenenden vernähen. Eines der 3 Teile mit dem Abkettrand an das Hinterende des Fisches nähen, die beiden anderen Teile mit dem Abkettrand an die Seiten des Fisches nähen (siehe Foto auf Seite 73).

RÜCKENFLOSSEN UND AFTERFLOSSE

3x in Schwarz und Orange arbeiten.
23 M in Schwarz anschl.
1. Reihe: 3x (2 M li, 5 M re), 2 M li.
2. Reihe: 3x (2 M re, 5 M li), 2 M re.
In Orange weiterstr.
1. und 2. R 1x wdh.
5. Reihe: 3x (2 M li, 2 M re zusstr, 1 M re, 2 M re zusstr), 2 M li.
6. Reihe: 3x (2 M re, 3 M li), 2 M re.
7. Reihe: 3x (2 M li, 3 M re zusstr), 2 M li.
8. Reihe: 3x (2 M re, 1 M li), 2 M re.
9. Reihe: Alle M mustergemäß abk.
Die Fadenenden vernähen. Die Flossen zu Halbkreisen formen (schwarzer Rand außen) und mit der geraden Kante an den Fisch nähen: 1 Flosse an den hinteren unteren Teil, 2 Flossen auf den Rücken (siehe Foto auf Seite 73).

GESICHT

Mit schwarzem Garn eine Linie für den Mund und zwei große Flecken für die Augen aufnähen (siehe Foto auf Seite 73).

IM WALD

KANADISCHER MOUNTIE

Größe: ca. 29 cm

In ihrem feschen roten Uniformrock machen Mounties nach wie vor eine gute Figur, wenn sie in Kanada für Recht und Ordnung sorgen. Diese Uniform mit den braunen Reithosen ist ebenso Teil ihrer Geschichte wie ihr Name „mounted policemen", also „berittene Polizei". Heutzutage werden Pferde nur noch zu besonderen Anlässen eingesetzt. Die Mounties sieht man inzwischen eher mit dem Polizeiauto durch die malerische Landschaft Kanadas fahren – Polizisten auf Streife in einer der schönsten Gegenden dieser Welt.

Schwierigkeitsgrad

Für Fortgeschrittene. Die Teile selbst sind nicht kompliziert. Eventuell brauchen Sie für Hut und Jacke etwas mehr Zeit. Wenn Sie den Wildhüter für ein Kleinkind anfertigen, sollten Sie die Uniform fest annähen, da die Teile sonst verloren gehen könnten.

Strickgarn (LL ca. 160 m/50 g) in folgenden Mengen und Farben: 50 g in Hautfarbe, je 40 g in Rot, Mittelbraun und Dunkelbraun, 10 g in Schwarz
Stricknadeln Nr. 3 – 3,5
Häkelnadel Nr. 3
Sticknadel Nr. 18 ohne Spitze
2 Sicherheitsaugen, Ø 10 mm
Nähnadel
Nähgarn, dunkelbraun
Kunstfaser-Bastelwatte (waschbar)
Außerdem: 3 Holzperlen als Knöpfe

Maschenprobe

26 M/34 R gl re = 10 x 10 cm.

Anleitung

Die Grundanleitung für die Puppen finden Sie auf Seite 12/13.
Alle übrigen Grundtechniken, die Sie beherrschen müssen, um die Puppe zu arbeiten, sind auf Seite 9 bis 11 ausführlich beschrieben.

RUMPF UND KOPF

1x in Mittelbraun, Schwarz und Hautfarbe arbeiten.
In den folgenden Farben stricken und fertig stellen, wie auf Seite 12/13 beschrieben: 12 R in Mittelbraun, 3 R in Schwarz, alle übrigen R in Hautfarbe.

Beine
2x in Dunkelbraun und Mittelbraun arbeiten.
In den folgenden Farben stricken und fertig stellen, wie auf Seite 13 beschrieben: 22 R in Dunkelbraun, alle übrigen R in Mittelbraun.
Beide Beine gleich arbeiten und mit Leiterstichen an den Rumpf nähen.

Arme und Ohren
Je 2x in Hautfarbe arbeiten.
Arbeiten und fertig stellen, wie auf Seite 13 beschrieben, und die Teile mit Leiterstichen an den Rumpf nähen.

Mund
In Dunkelbraun aufsticken, wie auf Seite 13 beschrieben.

Haare
In Schwarz arbeiten, wie auf Seite 13 beschrieben.

Jacke

Ärmel
2x in Rot arbeiten.
26 M anschl und 26 R gl re str (1. R = Hin-R re).
27. – 35. Reihe: Gl re str, dabei am Beginn sowie in der Mitte und am Ende jeder Hin-R 2 M re zusstr (= 11 M).
36. und 37. Reihe: Re M str.
38. Reihe: Alle M re abk.
Das Strickteil mit der glatt rechts gestrickten Seite nach außen der Länge nach mittig zusammenlegen und die Seitennaht bis zum Beginn der Abnahmen schließen.
Das untere Ende des Ärmels nach außen umkrempeln.
Beide Ärmel gleich arbeiten.

Rechtes Vorderteil
1x in Rot arbeiten.
14 M anschl und 2 R re M str.
3. – 24. Reihe: Gl re str. (3. R = Hin-R re).

25. – 35. Reihe: Gl re str, dabei am Ende jeder Hin-R 2 M re zusstr (= 8 M).
36. und 37. Reihe: Re M str.
38. Reihe: Alle M re abk.

Linkes Vorderteil
1x in Rot arbeiten.
14 M anschl und 2 R re M str.
3. – 10. Reihe: Gl re str (3. R = Hin-R re).
Das erste Knopfloch wird über die nächsten 2 R nahe dem vorderen Rand gearbeitet.
11. Reihe = 1. Knopfloch-Reihe: *Bis zu den letzten 3 M re arb. Stellen Sie sich vor, die restlichen M seien von links nach rechts mit M1, M2 und M3 nummeriert: M3 und M2 re str, M3 über M2 ziehen (= 1 M abk), dann M 1 re str.
12. Reihe = 2. Knopfloch-Reihe: 2 M li, wenden und 1 M anschl, wenden und bis zum Ende der R li M str.
13. – 20. Reihe: Gl re str (13. R = Hin-R re).
21. und 22. Reihe (Knopfloch): Wie 11. und 12. Reihe str.
23. Reihe: Re M str.
24. Reihe: Li M str.
25. – 32. Reihe: Gl re str, dabei am Beginn jeder Hin-R 2 M re zusstr (= 10 M).
33. Reihe (Knopfloch): 2 M re zusstr, 5 M re, 2 M re, die 1. M über die 2. ziehen (siehe 1. Knopflochreihe), 1 M re.
34. Reihe: Wie 12. R str.
35. Reihe: 2 M re zusstr, 7 M re.
36. und 37. Reihe: Re M str.
38. Reihe: Alle M li abk.
Die Knopflöcher im Knopflochstich umranden (siehe Grundtechniken, Seite 10).

Rückenteil
1x in Rot arbeiten.
32 M anschl, 2 R re M str, dann 22 R gl re str (3. R = Hin-R re).
25. Reihe: 3 M abk (1 M bleibt auf der li Nd), 28 M re (= 29 M).
26. Reihe: 3 M abk (1 M bleibt auf der li Nd), 25 M li (= 26 M).
27. – 35. Reihe: Gl re str, dabei am Beginn und am Ende jeder Hin-R 2 M re zusstr (= 16 M).
36. und 37. Reihe: Re M str.
38. Reihe: Alle M li abk.

Fertigstellung

Das Rückenteil mit der glatt rechts gestrickten Seite nach unten auslegen. Das linke und das rechte Vorderteil jeweils mit der glatt rechts gestrickten Seite nach oben so darauf legen, dass Knopf- und Knopflochleiste einander überlappen. Seitliche Nähte bis zur Schrägung schließen. Ärmel einsetzen.

Riemen
1x in Dunkelbraun arbeiten.
Häkeln Sie eine 80 cm lange Luftmaschenkette in Dunkelbraun. Diese Kette legen Sie in der Mitte zusammen und nähen beide Hälften der Länge nach zu einem breiten Riemen zusammen. Legen Sie den Riemen diagonal über Schulter und Rücken und um die Taille der Puppe. Wo Schulterriemen und Gürtel an Rücken und Bauch aneinander stoßen, nähen Sie beide mit ein paar unsichtbaren Stichen zusammen.

Tasche
1x in Dunkelbraun arbeiten.
8 M anschl und 30 R gl re str (1. R = Hin-R re).
31. – 35. Reihe: Gl re str, dabei am Beginn und am Ende jeder Hin-R 2 M re zusstr (= 2 M). Den Faden abschneiden, das Ende durch die verbleibenden M führen und fest anziehen.
Das gerade Teil zur Hälfte nach oben klappen und die Seitennähte schließen. Die dreieckige Klappe nach unten schlagen und mit einigen Handstichen fixieren (siehe Foto auf Seite 78). Die Tasche an den Gürtel nähen.

Hut
Krempe
1x in Dunkelbraun arbeiten.
108 M anschl und 2 R re str. Gl re weiterarbeiten (alle Rückreihen li str).
3. Reihe: *2 M re zusstr, 14 M re, 2 M re zusstr; ab * 5x wdh. (= 96 M).
5. Reihe: *2 M re zusstr, 12 M re, 2 M re zusstr; ab * 5x wdh (= 84 M).
7. Reihe: *2 M re zusstr, 10 M re, 2 M re zusstr; ab * 5x wdh (= 72 M).
9. Reihe: *2 M re zusstr, 8 M re, 2 M re zusstr; ab * 5x wdh (= 60 M).
10. Reihe: Alle M li abk.
Die Schmalseiten so zusammennähen, dass ein Ring entsteht.
Hutkopf
1x in Dunkelbraun arbeiten.
60 M anschl und gl re str (Rückreihen li str).
1. – 4. Reihe: Gl re str (1. R = Hin-R re).
5. Reihe: *2 M re zusstr, 6 M re, 2 M re zusstr; ab * 5x wdh (= 48 M).
7. Reihe: *2 M re zusstr, 4 M re, 2 M re zusstr; ab * 5x wdh (= 36 M.
9. Reihe: *2 M re zusstr, 2 M re, 2 M re zusstr; ab * 5x wdh (= 24 M.
11. Reihe: 12x 2 M re zusstr (= 12 M).
13. Reihe: Li M str. Den Faden abschneiden, das Ende durch die verbleibenden M fädeln und fest anziehen.
Das Strickteil mit der glatt rechts gestrickten Seite nach außen in der Mitte zusammenlegen und die seitliche Naht schließen, sodass die Rundung entsteht. Die Unterkante an die innere Rundung der Krempe nähen.
Entlang der Außenkante der Hutkrempe eine Runde Vorstiche arbeiten (siehe Grundtechniken, Seite 11), den Faden leicht anziehen, damit die Krempe Form und Halt bekommt, und den Faden vernähen.

Pferd
Das Pferd für den Mountie arbeiten Sie nach der Anleitung für das Zebra auf Seite 96. Benutzen Sie hier Dunkelgrau für die Hufe (= beim Zebra der nicht gestreifte Teil des Beines) und Hellgrau für alle übrigen Teile. Für die Mähne nähen Sie Garnfäden unterschiedlicher Länge in Hellgrau, Dunkelgrau und Schwarz entlang des Halses fest (siehe Foto auf Seite 79).
Schneiden Sie aus einem Rest braunem Filz einen Sattel zu und fertigen Sie aus einer langen Luftmaschenkette das Halfter an.

Grizzlybär

(Abb. siehe Seite 83)
Größe: ausgewachsenes Tier 38 cm, Jungtier 25 cm

Grizzlybären jagen als Einzelgänger in den Wäldern von Nordamerika und Kanada. Oft streifen sie wochenlang umher, ohne einem anderen Bären zu begegnen. Nur in der Lachszeit zieht es sie alle an die Flüsse. Dann sieht man einige Dutzend Bären im eisigen Wasser stehen und die Gelegenheit zu einem Festmahl nutzen: Abertausende von Lachsen arbeiten sich stromaufwärts, um an ihre Laichplätze zu gelangen. Mit einer geschickten Bewegung ihrer Pfote lässt eine Mutterbärin einen glitzernden Lachs durch die Luft zu ihren Jungen fliegen, die ungeduldig am Ufer auf ihr Futter warten, aber noch zu jung und zu ängstlich sind, um sich am Fischfang zu beteiligen.

Schwierigkeitsgrad

Für Könner. Die Teile selbst sind nicht kompliziert, doch die Bärenmutter erfordert allein schon aufgrund ihrer Größe ein wenig Geduld! Wenn Sie nicht so viel Zeit haben, stricken Sie doch das Jungtier, das allen Strickerinnen mit ein wenig Erfahrung ohne weiteres gelingt.

Für beide Bären:
Stricknadeln Nr. 3 – 3,5
Sticknadel Nr. 18 ohne Spitze
Nähgarn, schwarz
Nähnadel
Kunstfaser-Bastelwatte (waschbar)
Für die Bärenmutter:
100 g Strickgarn (LL ca. 160 m/50 g) in Dunkelbraun; Reste in Schwarz
2 Sicherheitsaugen, Ø 14 mm
Für das Bärenkind:
60 g Strickgarn (LL ca. 160 m/50 g) in Dunkelbraun; Reste in Schwarz
2 Sicherheitsaugen, Ø 10 mm

Maschenprobe

26 M/34 R gl re = 10 x 10 cm.

Anleitung

Alle Grundtechniken, die Sie beherrschen müssen, um die Bären zu arbeiten, sind auf Seite 9 bis 11 ausführlich beschrieben.

Bärenmutter

Rumpf und Kopf

1x in Dunkelbraun arbeiten.
24 M anschl.

1. Reihe (= Rück-R) und alle folgenden Rückreihen: Li M str.
2. Reihe: 2x (1 M re, 1 M zun), [8] M re, 4x (1 M re, 1 M zun), [8] M re, 2x (1 M zun, 1 M re).
3. Reihe: Li M str. 2. und 3. R 5x wdh, dabei die Zahl in eckigen Klammern jedes Mal um 4 erhöhen (= 72 M).
14. Reihe: 1 M re, 1 M zun, 34 M re, 2x (1 M re, 1 M zun), 34 M re, 1 M zun, 1 M re (= 76 M).
15. – 37. Reihe: Gl re str (15. R = Rück-R li).
38. Reihe: 2 M re zusstr, [34] M re, 2x 2 M re zusstr, [34] M re, mit 2 M re zusstr enden.
39. Reihe: Li M str.
38. und 39. R 3x wdh, dabei die Zahl in eckigen Klammern jedes Mal um 2 reduzieren (= 60 M).
46. – 51. Reihe: Gl re str (46. R = Hin-R re).
52. Reihe: 29 M re, 2x (1 M re, 1 M zun), 29 M re.
54. Reihe: [29] M re, 4x (1 M re, 1 M zun), [29] M re.
55. Reihe: Li M str.
54. und 55. R 3x wdh, dabei die Zahl in eckigen Klammern jedes Mal um 2 erhöhen (= 78 M).
62. – 63. Reihe: Gl re str (62. R = Hin-R re).
64. – 69. Reihe: Gl re str, dabei am Beginn und am Ende jeder Hin-R jeweils 2 M re zusstr (= 72 M).
70. Reihe: 2 M re zusstr, [32] M re, 2x 2 M re zusstr, [32] M re, 2 M re zusstr.
71. Reihe: Li M str.
70. und 71. R 5x wdh, dabei die Zahl in eckigen Klammern jedes Mal um 2 reduzieren (= 48 M).
82. Reihe: [22] M re, 2x 2 M re zusstr, [22] M re.
83. Reihe: Li M str.
82. und 83. R 3x wdh, dabei die Zahl in eckigen Klammern jedes Mal um 1 reduzieren (= 40 M).
90. Reihe: *2x 2 M re zusstr, 12 M re, 2x 2 M re zusstr; ab * 1x wdh (= 32 M).
91. – 103. Reihe: Gl re str (91. R = Rück-R li).
104. Reihe: 2x 2 M re zusstr, [24] M re, 2x 2 M re zusstr.
105. Reihe: Li M str.
104. und 105. R 1x wdh, dann die 104. R noch einmal wdh, dabei die Zahl in eckigen Klammern jedes Mal um 4 reduzieren (= 20 M).
109. Reihe: Alle M li abk (= Schnauze).
Das Strickteil mit der glatt rechts gestrickten Seite nach außen der Länge nach mittig zusammenlegen und die lange Naht von der Schnauze entlang der Bärenunterseite schließen. Die Augen anbringen. Rumpf und Kopf mit Bastelwatte ausstopfen und die letzte Naht schließen.

Beine

4x in Dunkelbraun arbeiten
14 M anschl (= Pfote).
1. Reihe (= Hin-R): Re M str.
2. Reihe: Li M str.
3. Reihe: 1 M re, 1 M zun, [5] M re, 2x (1 M re, 1 M zun), [5] M re, 1 M zun, 1 M re.
4. Reihe: Li M str.
3. und 4. R 3x wdh, dabei die Zahl in eckigen Klammern jedes Mal um 2 erhöhen (= 30 M).
11. – 50. Reihe: Gl re str (11. R = Hin-R re).

51. Reihe: Alle M re abk.
Das Strickteil mit der glatt rechts gestrickten Seite nach außen der Länge nach mittig zusammenlegen, das Pfoten-Ende und die Seitennaht schließen. Das Bein mit Bastelwatte ausstopfen und die letzte Naht schließen. Alle 4 Beine gleich arbeiten und mit Leiterstichen an den Rumpf nähen.
Pfote: Etwa 7,5 cm vom Ende des Beines die Pfote im rechten Winkel zum Bein abknicken und mit Leiterstichen fixieren.

Ohren

2x in Dunkelbraun arbeiten.
28 M anschl und 10 R gl re str (1. R = Hin-R re).
11. Reihe: *2 M re zusstr, 10 M re, 2 M re zusstr; ab * 1x wdh (= 24 M).
12. Reihe und alle folgenden Rückreihen: Li M str.
13. Reihe: *2 M re zusstr, 8 M re, 2 M re zusstr; ab * 1x wdh (= 20 M).
15. Reihe: *2 M re zusstr, 6 M re, 2 M re zusstr; ab * 1x wdh (= 16 M).
16. Reihe: Alle M li abk.
Das Strickteil mit der glatt rechts gestrickten Seite nach außen zusammenlegen. Die äußere Kante zusammennähen und das Ohr mit Leiterstichen an den Kopf nähen.

Schwanz

1x in Dunkelbraun arbeiten.
10 M anschl und 6 R gl re str (1. R = Hin-R re).
7. Reihe: *2 M re zusstr, 1 M re, 2 M re zusstr; ab * wdh (= 6 M).
8. und 10. Reihe: Li M str.
9. Reihe: 3x 2 M re zusstr (= 3 M).
11. Reihe: 3 M re zusstr. Den Faden abschneiden, das Ende durch die letzte M führen und fest anziehen. Den Faden auf der Rückseite vernähen.
Den Schwanz mit der glatt rechts gestrickten Seite nach außen an das Hinterteil des Bären nähen.

Bärenkind

Rumpf und Kopf

1x in Dunkelbraun arbeiten
16 M anschl.
1. Reihe (= Rück-R) und alle folgenden Rückreihen: Li M str.
2. Reihe: 2x (1 M re, 1 M zun), [4] M re, 4x (1 M re, 1 M zun), [4] M re, 2x (1 M zun, 1 M re).
3. Reihe: Li M str. 2. und 3. R 3x wdh, dabei die Zahl in eckigen Klammern jedes Mal um 4 erhöhen (= 48 M).
10. Reihe: 1 M re, 1 M zun, 22 M re, 2x (1 M re, 1 M zun), 22 M re, 1 M zun, 1 M re (= 52 M).
11. – 25. Reihe: Gl re str.
26. Reihe: 2 M re zusstr, [22] M re, 2x 2 M re zusstr, [22] M re, 2 M re zusstr.
27. Reihe: Li M str. 26. und 27. R 2x wdh, dabei die Zahl in eckigen Klammern jedes Mal um 2 reduzieren (= 40 M).
32. – 35. Reihe: Gl re str (32. R = Hin-R re).
36. Reihe: 19 M re, 2x (1 M re, 1 M zun), 19 M re (= 42 M).
38. Reihe: [19] M re, 4x (1 M re, 1 M zun), [19] M re.
39. Reihe: Li M str. 38. und 39. R 2x wdh, dabei die Zahl in eckigen Klammern jedes Mal um 2 erhöhen (= 54 M).
44. Reihe: Re M str.
45. Reihe: Li M str.
46. – 51. Reihe: Gl re str, dabei am Beginn und am Ende jeder Hin-R jeweils 2 M re zusstr (= 48 M).
52. Reihe: 2 M re zusstr, [20] M re, 2x 2 M re zusstr, [20] M re, 2 M re zusstr.
53. Reihe: Li M str.
52. und 53. R 3x wdh, dabei die Zahl in eckigen Klammern jedes Mal um 2 reduzieren (= 32 M).
60. Reihe: [14] M re, 2x 2 M re zusstr, [14] M re.
61. Reihe: Li M str.
60. und 61. R 2x wdh, dabei die Zahl in eckigen Klammern jedes Mal um 1 reduzieren (= 26 M).
66. Reihe: *2x 2 M re zusstr, 5 M re, 2x 2 M re zusstr; ab * 1x wdh (= 18 M).
67. – 75. Reihe: Gl re str (67. R = Rück-R li).
76. Reihe: 2x 2 M re zusstr, 10 M re, mit 2x 2 M re zusstr enden (= 14 M).
67. Reihe: Alle M li abk (= Schnauze).
Rumpf und Kopf des Bärenkindes fertig stellen, wie bei der Bärenmutter beschrieben.

Beine

4x in Dunkelbraun arbeiten.
10 M anschl (= Pfote).
1. Reihe (= Hin-R): Re M str.
2. Reihe und alle folgenden Rückreihen: Li M str.
3. Reihe: 1 M re, 1 M zun, [3] M re, 2x (1 M re, 1 M zun), [3] M re, 1 M zun, 1 M re.
4. Reihe: Li M str. 3. und 4. R 2x wdh, dabei die Zahl in Klammern jedes Mal um 2 erhöhen (= 22 M).
9. – 34. Reihe: Gl re str (9. R = Hin-R re). *35. Reihe:* Alle M re abk. Die Beine fertig stellen und wie bei der Bärenmutter an den Rumpf nähen.
Pfote: Etwa 5 cm vom Ende des Beines die Pfote im rechten Winkel zum Bein abknicken und mit Leiterstichen fixieren.

Ohren

2x in Dunkelbraun arbeiten.
20 M anschl und 6 R gl re str (1. R = Hin-R re).
7. Reihe: *2 M re zusstr, 6 M re, 2 M re zusstr; ab * 1x wdh (= 16 M).
8. Reihe: Alle M li abk.
Die Ohren fertig stellen und annähen, wie bei der Bärenmutter beschrieben.

Schwanz

1x in Dunkelbraun arbeiten.
7 M anschl und 4 R gl re arb (1. R = Hin-R re).
5. – 8. Reihe: Gl re str, dabei am Beginn und am Ende jeder Hin-R jeweils 2 M re zusstr (= 3 M).
9. Reihe: 3 M re zusstr. Den Faden abschneiden, das Ende durch die letzte Masche führen und fest anziehen. Faden auf der Rückseite vernähen. Den Schwanz mit der glatt rechts gestrickten Seite nach außen an das Hinterteil de Jungtieres nähen.

Nase und Maul für beide Bären

Für die Nase an der Schnauzenspitze einige parallele Spannstiche sticken. Von der Nase aus nach unten einen vertikalen Spannstich arbeiten und von dessen unterem Ende aus zwei lange Spannstiche für das Maul nach rechts und links führen. Das Garn in leicht gerundeter Form mit einigen unsichtbaren Stichen mit schwarzem Nähgarn fixieren (siehe Grundtechniken, Seite 11).

BIBER

Größe: ca. 42 cm (ohne Schwanz)

Um seine Burg zu bauen, fällt der Biber kleinere Bäume und schleppt sie in den Fluss, wo er sie zu einem Schutzwall auftürmt. So verändert der Biber seine Umgebung wie ein Bauingenieur: Er errichtet einen Staudamm, legt einen Teich, ja vielleicht sogar einen neuen See an. Seine Burg ist hervorragend konstruiert und kann mehrere Jahrzehnte bestehen bleiben, in denen sie von den Nachkommen des Erbauers immer wieder ergänzt und verbessert wird. Wer weiß – vielleicht legt Ihr Kind ja im Garten einen ähnlichen Bau für seinen gestrickten Biber an …

Schwierigkeitsgrad

Für Fortgeschrittene. Hals und Kopf erfordern besondere Konzentration, da dort in wenigen Reihen viele Maschen zugenommen werden.

100 g Strickgarn (LL ca. 125 m/50 g) in Braun
Reste Strickgarn (LL ca. 160 m/50 g) in Schwarz und Weiß
Stricknadeln Nr. 3,5 – 4
Sticknadel Nr. 18 ohne Spitze
2 Sicherheitsaugen, Ø 14 mm
Nähnadel
Nähgarn, schwarz
Kunstfaser-Bastelwatte (waschbar)

Maschenprobe

26 M/34 R gl re 10 x 10 cm.

Anleitung

Alle Grundtechniken, die Sie beherrschen müssen, um den Biber zu arbeiten, sind auf Seite 9 bis 11 ausführlich beschrieben.

RUMPF UND KOPF

1x in Braun arbeiten.
32 M anschl.
1. Reihe (= Hin-R): Re M str.
2. Reihe und alle folgenden Rückreihen: Li M str.
3. Reihe: 2x (1 M re, 1 M zun), [12] M re, 4x (1 M re, 1 M zun), [12] M re, 2x (1 M zun, 1 M re).
4. Reihe: Li M str. 3. und 4. R 5x wdh, dabei die Zahl in eckigen Klammern jedes Mal um 4 erhöhen (= 80 M).
15. – 44. Reihe: Gl re str (15. R = Hin-R re).
45. Reihe: [38] M re, 2x 2 M re zusstr, [38] M re.
46. – 48. Reihe: Gl re str (46. R = Rück-R li). 45. – 48. R 8x wdh, dann die 45. R noch 1x wdh, dabei die Zahl in eckigen Klammern jedes Mal um 1 reduzieren (= 60 M).
83. Reihe: *4 M re, 3x (1 M re, 1 M zun); ab * 1x wdh; 6 M re, 3x (1 M re, 1 M zun), 4 M re, 6x (1 M re, 1 M zun), 4 M re, 3x (1 M re, 1 M zun), 6 M re, ** 3x (1 M re, 1 M zun), 4 M re; ab ** 1x wdh (= 84 M).
85. Reihe: 4 M re, *3x (1 M re, 1 M zun), 8 M re; ab * 2x wdh; 3x (1 M re, 1 M zun), 4 M re, 3x (1 M re, 1 M zun), **8 M re, 3x (1 M re, 1 M zun); ab ** 2x wdh; 4 M re (= 108 M).
86. – 94. Reihe: Gl re str (86. R = Rück-R li).
95. Reihe: 4x (10 M re, 2x 2 M re zusstr), 10 M re, 3x (2x 2 M re zusstr, 10 M re) (= 94 M).
97. Reihe: 9 M re, 3x (2x 2 M re zusstr, 8 M re), 2x 2 M re zusstr, 3x (8 M re, 2x 2 M re zusstr), 9 M re (= 80 M).
99. Reihe: 2x (7 M re, 2x 2 M re zusstr), 3x (6 M re, 2x 2 M re zusstr), 6 M re, 2x (2x 2 M re zusstr, 7 M re) (= 66 M).
101. Reihe: 3x (5 M re, 2x 2 M re zusstr), 4 M re, 2x 2 M re zusstr, 4 M re, 3x (2x 2 M re zusstr, 5 M re (= 52 M).
103. Reihe: 4x (3 M re, 2x 2 M re zusstr), 3 M re, 3x (2x 2 M re zusstr, 3 M re) (= 38 M).
105. Reihe: 2 M re, 3x (2x 2 M re zusstr, 1 M re), 2x 2 M re zusstr, 3x (1 M re, 2x 2 M re zusstr), 2 M re zusstr (= 24 M).
106. Reihe: Alle M li abk (= Schnauze fertig).
Das Strickteil mit der glatt rechts gestrickten Seite nach außen der Länge nach mittig zusammenlegen, die Naht an der Schnauze und die lange Bauchnaht schließen. Die Augen anbringen, Kopf und Rumpf mit Bastelwatte ausstopfen und die letzte Naht schließen.

VORDERBEINE

2x in Braun arbeiten
30 M anschl und 16 R gl re str (1. R = Hin-R re).
17. – 31. Reihe: Gl re str, dabei am Beginn und am Ende jeder Hin-R jeweils 2 M re zusstr (= 14 M).
32. Reihe: Alle M li abk (= Pfote).
Das Strickteil mit der glatt rechts gestrickten Seite nach außen der Länge nach mittig zusammenlegen und die Naht an der Pfote und an der Seite schließen. Das Bein mit Bastelwatte ausstopfen und die letzte Naht schließen. Beide Beine gleich arbeiten und mit Leiterstichen am Rumpf annähen.

HINTERBEINE

2x in Braun arbeiten.
40 M anschl und 20 R gl re str (1. R = Hin-R re).
21. – 39. Reihe: Gl re str, dabei am Beginn und am Ende jeder Hin-R jeweils 2 M re zusstr (= 20 M).
40. Reihe: Alle M li abk (= Pfote).
Hinterbeine fertig stellen und an den Rumpf nähen, wie bei den Vorderbeinen beschrieben.

SCHWANZ

1x in Braun arbeiten.
30 M anschl und 60 R gl re str (1. R = Hin-R re).

61. – 73. Reihe: Gl re str, dabei am Beginn und am Ende jeder Hin-R jeweils 2 M re zusstr (= 16 M).
74. Reihe: Alle M li abk und den Faden auf der Rückseite vernähen. Die Anschlagkante des Schwanzes an den Rumpf nähen.

Ohren

2x in Braun arbeiten.
20 M anschl und 8 R gl re str (1. R = Hin-R re).
9. Reihe: *2 M re zusstr, 6 M re, 2 M re zusstr; ab * 1x wdh (= 16 M)
10. Reihe: Li M str.
11. Reihe: *2 M re zusstr, 4 M re, 2 M re zusstr; ab * 1x wdh (= 12 M).
12. Reihe: Alle M li abk.

Das Ohr mit der glatt rechts gestrickten Seite nach außen zusammenlegen und entlang der äußeren Kante zusammennähen. Beide Ohren gleich arbeiten und an den Kopf nähen.

Nase und Maul

Mit schwarzem Garn einige waagerechte Spannstiche für die Nase aufsticken. Einen langen Spannstich von der Nase nach unten führen und vom unteren Ende dieses Stiches aus zwei Spannstiche nach außen arbeiten. Diese beiden Stiche mit schwarzem Nähgarn in Bogenform fixieren (siehe Grundtechniken, Seite 11).

Zähne

1x in Weiß arbeiten.
8 M anschl und 8 R gl re str (1. R = Hin-R re).
9. – 13. Reihe: Gl re str, dabei am Beginn und am Ende jeder Hin-R jeweils 2 M re zusstr (= 2 M). Den Faden abschneiden, das Ende durch die letzten Maschen führen und fest anziehen.
Das Strickteil mit der glatt rechts gestrickten Seite nach außen unterhalb des Maules aufnähen (siehe Foto). Einen vertikalen schwarzen Spannstich in der Mitte der Zähne aufsticken.

WASCHBÄR

Größe: ca. 34 cm (ohne Schwanz)

Waschbären sind wahre Schelme, berühmt-berüchtigt als Essensdiebe, Müllplünderer und Entfesselungskünstler. Ihr Aussehen ist unverwechselbar: Sie haben ein fuchsähnliches Gesicht mit einer schwarzen Maske um die Augen, den kräftigen Körper einer Katze, einen geringelten Schwanz und einen charakteristischen rollenden Gang, der wirkt, als könnten diese Tiere unmöglich auf der Suche nach Futter in eine Mülltonne klettern. Dieser unschuldige Charme ist sicher einer der Gründe dafür, dass junge Waschbären als Haustiere so beliebt sind. Erst wenn der Waschbär erwachsen wird, lässt die Begeisterung selbst bei eingefleischten Fans nach, denn seine unstillbare Neugier, seine Zerstörungswut und ganz allgemein seine Unzuverlässigkeit überfordern auch den geduldigsten Tierfreund. Wenn also bei Ihnen zu Hause das Chaos ausbricht, sobald Ihr gestrickter Waschbär fertig ist, wissen Sie ja, wer daran schuld ist …

Schwierigkeitsgrad

Für Könner. Die Teile sind zwar alle recht einfach herzustellen, doch werden hier einige Techniken kombiniert: der Farbwechsel, die Augenflecken und die Stickerei auf den Ohren.

100 g Strickgarn (LL ca. 160 m/50 g) in Mittelbraun
20 g Mohairgarn in Braun, 10 g Mohairgarn in Weiß, kleiner Rest in Schwarz
Stricknadeln Nr. 3 – 3,5
Sticknadel Nr. 18 ohne Spitze
2 Sicherheitsaugen, Ø 14 mm
Nähnadel
Nähgarn, schwarz
Kunstfaser-Bastelwatte (waschbar)

Maschenprobe

26 M/34 R gl re = 10 x 10 cm.

Anleitung

Alle Grundtechniken, die Sie beherrschen müssen, um den Waschbären zu arbeiten, sind auf Seite 9 bis 11 ausführlich beschrieben.

RUMPF UND KOPF

1x in Weiß (Mohair) und Mittelbraun arbeiten.
32 M Mittelbraun anschl.
1. Reihe (= Hin-R): Re M str.
2. Reihe und alle folgenden Rückreihen: Li M str.
3. Reihe: 2x (1 M re, 1 M zun), [12] M re, 4x (1 M re, 1 M zun), [12] M re, 2x (1 M zun, 1 M re).
4. Reihe: Li M str. 3. und 4. R 2x wdh, dabei die Zahl in eckigen Klammern jedes Mal um 4 erhöhen (= 56 M).
9. Reihe: 1 M re, 1 M zun, 26 M re, 2x (1 M re, 1 M zun), 26 M re, 1 M zun, 1 M re (= 60 M).
10. – 22. Reihe: Gl re str (10. R = Rück-R li).
23. Reihe: [28] M re, 2x 2 M re zusstr, [28] M re.
24. – 26. Reihe: Gl re str (24. R = Rück-R li). 23. – 26. R 6x wdh, dann die 23. R noch 1x wdh, dabei die Zahl in eckigen Klammern jedes Mal um 1 reduzieren (= 44 M).
53. Reihe: 5 M re, *2x (1 M re, 1 M zun), 6 M re; ab * 1x wdh; 2x (1 M re, 1 M zun), **6 M re, 2x (1 M re, 1 M zun); ab ** 1x wdh; 5 M re (= 54 M).
55. Reihe: 6 M re, 2x (1 M re, 1 M zun), 8 M re, 2x (1 M re, 1 M zun), 7 M re, 4x (1 M re, 1 M zun), 7 M re, 2x (1 M re, 1 M zun), 8 M re, 2x (1 M re, 1 M zun), 6 M re (= 66 M).
56. – 68. Reihe: Gl re str (56. R = Rück-R li).
69. Reihe: *2 M re zusstr, 29 M re, 2 M re zusstr; ab * 1x wdh (= 62 M).
71. Reihe: *2 M re zusstr, 27 M re, 2 M re zusstr; ab * 1x wdh (= 58 M).
73. Reihe: 2x 2 M re zusstr, [21] M re, 4x 2 M re zusstr, [21] M re, 2x 2 M re zusstr.
74. Reihe: Li M str. 73. und 74. R 2x wdh, dabei die Zahl in eckigen Klammern jedes Mal um 4 reduzieren (= 34 M). Mit weißem Mohairgarn weiterarbeiten.
79. Reihe: 2 M re zusstr, [13] M re, 2x 2 M re zusstr, [13] M re, 2 M re zusstr.
80. Reihe: Li M str. 79. und 80. Reihe 2x wdh, dabei die Zahl in eckigen Klammern jedes Mal um 2 reduzieren (= 22 M).
85. Reihe: 2 M re zusstr, [18] M re, 2 M re zusstr.
87. Reihe: 2 M re zusstr, [16] M re, 2 M re zusstr.
89. Reihe: 2x 2 M re zusstr, 10 M re, 2x 2 M re zusstr (= 14 M).
90. Reihe: Alle M li abk (= Schnauze).
Das Strickteil mit der glatt rechts gestrickten Seite nach außen zusammenlegen und die lange Naht von der Schnauze entlang der unteren Mitte des Waschbären schließen. Rumpf und Kopf ausstopfen und die letzte Naht schließen.

VORDERBEINE

2x in Mittelbraun arbeiten.
28 M anschl und 16 R gl re str (1. R = Hin-R re).
17. – 31. Reihe: Gl re str, dabei am Beginn und am Ende jeder Hin-R jeweils 2 M re zusstr (= 12 M).
32. Reihe: Alle M li abk (= Pfote).
Das Strickteil mit der glatt rechts gestrickten Seite nach außen zusammenlegen und die Naht an der Pfote und an der Seite schließen. Das Bein ausstopfen und die letzte Naht schließen.

Beide Vorderbeine gleich arbeiten und mit Leiterstichen seitlich an den Rumpf nähen.

Hinterbeine

2x in Mittelbraun arbeiten.
36 M anschl und 18 R gl re str (1. R = Hin-R re).
19. – 39. Reihe: Gl re str, dabei am Beginn und am Ende jeder Hin-R jeweils 2 M re zusstr (= 14 M).
40. Reihe: Alle M li abk (= Pfote).
Die Hinterbeine fertig stellen und an den Rumpf nähen, wie bei den Vorderbeinen beschrieben.

Ohren

4x in Mittelbraun arbeiten.
10 M anschl und 10 R gl re str (1. R = Hin-R re).
11. – 15. Reihe: Gl re str, dabei am Beginn und am Ende jeder Hin-R jeweils 2 M re zusstr (= 4 M).
16. Reihe: Alle M li abk.
Zwei der Ohrenteile mit langen Spannstichen in braunem Mohairgarn besticken (siehe Foto Seite 77 und unten). Jeweils ein besticktes und ein unbesticktes Ohrenteil zusammennähen und die Ohren mit Leiterstichen an den Kopf nähen.

Schwanz

1x in Braun (Mohair) und Mittelbraun arbeiten.
Streifenfolge: Im Wechsel jeweils 10 R in Braun (Mohair) und Mittelbraun arbeiten (siehe Grundtechniken, Seite 10).
30 M in Mittelbraun anschl und 76 R gl re str (1. R = Hin-R re).
Den Schwanz mit braunem Mohairgarn wie folgt beenden:
77. Reihe: *2 M re zusstr, 11 M re, 2 M re zusstr; ab * 1x wdh.
78. Reihe und alle folgenden Rückreihen: Li M str.
79. Reihe: *2 M re zusstr, 9 M re, 2 M re zusstr; ab * 1x wdh.
81. Reihe: *2 M re zusstr, 7 M re, 2 M re zusstr; ab * 1x wdh (= 18 M).
82. Reihe: Alle M li abk.
Das Strickteil mit der glatt rechts gestrickten Seite nach außen zusammenlegen und am gerundeten Ende sowie an der Längsseite zusammennähen. Den Schwanz mit Bastelwatte ausstopfen und die letzte Naht schließen. Den fertigen Schwanz ans Hinterteil des Waschbären nähen.

Augenflecken für die „Maske“

2x in Schwarz arbeiten.
4 M anschl.
1. Reihe (= Rückreihe): Li M str.
2. Reihe: 1 M re, 1 M zun, 2 M re, 1 M zun, 1 M re (= 6 M).
3. – 19. Reihe: Gl re str (3. R = Rück-R li).
20. Reihe: 2 M re zusstr, 2 M re, 2 M re zusstr (= 4 M).
21. Reihe: Alle M li abk, den Faden abschneiden und auf der Rückseite vernähen.
Auf jedem Fleck ein Auge zu einer Seite versetzt platzieren (siehe Foto). Die beiden Flecken als typische „Maske“ so auf dem Gesicht des Waschbären platzieren, dass die Seiten mit den Augen zur Mitte weisen. Dabei den Stiel des Auges durch die Maschen des Gesichts schieben.

Gesicht

Für die Nase 7 bis 8 parallele Spannstiche in Schwarz auf das Schnauzenende sticken. Einen langen Spannstich in Schwarz für das Maul arbeiten und mit kleinen Stichen fixieren (siehe Grundtechniken, Seite 11). Zwischen die Augenflecken lange Spannstiche in Schwarz sticken, die strahlenförmig von der Schnauze ausgehen (siehe Foto auf Seite 77).

Krallen

Auf jede Pfote 3 lange Spannstiche für die Krallen sticken.

BACKENHÖRNCHEN

Größe: ca. 20 cm (ohne Schwanz)

Ein Backenhörnchen ist ständig in Bewegung. Es steckt voller Energie und ist sehr flink, dabei mit seinen wachen Augen immer auf der Suche nach Nüssen und Körnern, die es in seine Backentaschen stopfen kann. Dort lagert es sein Futter, bis es einen sicheren Ort gefunden hat, wo es fressen kann. Wenn Nahrung im Überfluss vorhanden ist, sucht sich das Backenhörnchen ein Loch und lagert Nüsse und Körner ein; in den langen kalten Wintermonaten kann es dann auf diese Vorräte zurückgreifen.

Schwierigkeitsgrad

Für Könner. Alle Teile sind einfach und in einer einzigen Farbe zu stricken. Allerdings müssen Sie für das Aufsticken der Streifen etwas mehr Zeit einkalkulieren.

40 g Mohairgarn in Hellbraun, Reste in Schwarz, Weiß, Dunkelgrau und Mittelgrau
Strickgarnreste in Hellrosa und Schwarz
Stricknadeln Nr. 3
Sticknadel Nr. 18 ohne Spitze
2 Sicherheitsaugen, Ø 5 mm
Nähnadel
Nähgarn, schwarz
Kunstfaser-Bastelwatte (waschbar)

Maschenprobe

28 M/36 R gl re = 10 x 10 cm.

Anleitung

Alle Grundtechniken, die Sie beherrschen müssen, um das Backenhörnchen zu arbeiten, sind auf Seite 9 bis 11 ausführlich beschrieben.

RUMPF UND KOPF

1x in Hellbraun (Mohair) arbeiten.
20 M anschl.
1. Reihe: Re M str. *2. Reihe und alle Rückreihen:* Li M str. *3. Reihe:* 1 M re, 1 M zun, 7 M re, 4x (1 M re, 1 M zun), 7 M re, 1 M zun, 1 M re (= 26 M). *5. Reihe:* 1 M re, 1 M zun, 10 M re, 4x (1 M re, 1 M zun), 10 M re, 1 M zun, 1 M re (= 32 M). *7. Reihe:* 1 M re, 1 M zun, 14 M re, 2x (1 M re, 1 M zun), 14 M re, 1 M zun, 1 M re (= 36 M). *8. – 40. Reihe:* Gl re str (8. R = Rück-R li). *41. Reihe:* 2 M re zusstr, 15 M re, 2x (1 M re, 1 M zun), 15 M re, 2 M re zusstr (= 36 M). *43. Reihe:* 2x 2 M re zusstr, 13 M re, 2x (1 M re, 1 M zun), 13 M re, 2x 2 M re zusstr (= 34 M). *45. Reihe:* 2x 2 M re zusstr, 12 M re, 2x (1 M re, 1 M zun), 12 M re, 2x 2 M re zusstr (= 32 M). *47. Reihe:* 2x 2 M re zusstr, 11 M re, 2x (1 M re, 1 M zun), 11 M re, 2x 2 M re zusstr (= 30 M). *49. Reihe:* 2x (1 M re, 1 M zun), *5 M re, 2x (1 M re, 1 M zun); ab * 3x wdh (= 40 M). *51. Reihe:* 1 M re, 1 M zun, 8 M re, 2x (1 M re, 1 M zun), 18 M re, 2x (1 M re, 1 M zun), 8 M re, 1 M zun, 1 M re (= 46 M).
52. – 60. Reihe: Gl re str (52. R = Rück-R li). *61. Reihe:* 2 M re zusstr, [19] M re, 2x 2 M re zusstr, [19] M re, 2 M re zusstr. *62. Reihe:* Li M str. 61. und 62. R 6x wdh, dabei die Zahl in Klammern jedes Mal um 2 reduzieren (= 18 M). *74. Reihe:* Alle M li abk (= Schnauze).
Das Strickteil mit der glatt rechts gestrickten Seite nach außen der Länge nach mittig zusammenlegen. Die Naht an der Schnauze und an der Längsseite schließen. Die Augen anbringen, Rumpf und Kopf ausstopfen und die letzte Naht schließen.

VORDERBEINE

2x in Hellbraun (Mohair) arbeiten.
20 M anschl und 10 R gl re str (1. R = Hin-R re).
11. Reihe: *2 M re zusstr, 6 M re, 2 M re zusstr; ab * 1x wdh (= 16 M).
12. Reihe und alle folgenden Rückreihen: Li M str.
13. Reihe: *2 M re zusstr, 4 M re, 2 M re zusstr; ab * 1x wdh (= 12 M).
14. – 26. Reihe: Gl re str (14. R = Rück-R li).
27. Reihe: 1 M re, 2x 2 M re zusstr, 2 M re, 2x 2 M re zusstr, 1 M re (= 8 M).
28. Reihe: Alle M li abk (= Pfote).
Das Strickteil mit der glatt rechts gestrickten Seite nach außen der Länge nach mittig zusammenlegen und die Naht an der Pfote und an der Längsseite schließen. Das Bein ausstopfen und die letzte Naht schließen.
Beide Vorderbeine gleich arbeiten und mit Leiterstichen an den vorderen Teil des Rumpfes nähen. Ein kurzes Stück als Pfote im rechten Winkel zum Bein abknicken und mit Leiterstichen fixieren (siehe Grundtechniken auf Seite 11 und Foto).

HINTERBEINE

2x in Hellbraun (Mohair) arbeiten.
24 M anschl und 14 R gl re str (1. R = Hin-R re).
15. Reihe: *2 M re zusstr, 8 M re, 2 M re zusstr; ab * 1x wdh (= 20 M).
16. Reihe und alle folgenden Rückreihen: Li M str.
17. Reihe: *2 M re zusstr, 6 M re, 2 M re zusstr; ab * 1x wdh (= 16 M).
19. Reihe: *2 M re zusstr, 4 M re, 2 M re zusstr; ab * 1x wdh (= 12 M).
20. – 32. Reihe: Gl re str (20. R = Rück-R li).
33. Reihe: 1 M re, 2x 2 M re zusstr, 2 M re, 2x 2 M re zusstr, 1 M re (= 8 M).
34. Reihe: Alle M li abk (= Pfote).
Hinterbeine fertig stellen und an den hinteren Teil des Rumpfes nähen, wie bei den Vorderbeinen beschrieben.

SCHWANZ

1x in Hellbraun (Mohair) arbeiten.
2 M anschl und gl re str (1. R = Hin-R re).
1. Reihe: Re M str.
2. Reihe und alle folgenden Rückreihen: Li M str.

3. Reihe: Aus jeder der beiden M je 1 M herausstr (= 4 M).
5. Reihe: 1 M re, 1 M zun, 2 M re, 1 M zun, 1 M re.
7. Reihe: 1 M re, 1 M zun, 4 M re, 1 M zun, 1 M re (= 8 M).
8. – 106. Reihe: Gl re str (8. R = Rück-R li).
107. Reihe: 2 M re zusstr, 4 M re, 2 M re zusstr (= 6 M).
109. Reihe: 2 M re zusstr, 2 M re, 2 M re zusstr (= 4 M).
111. Reihe: 2x 2 M re zusstr (= 2 M).
112. Reihe: 2 M li zusstr. Den Faden abschneiden, das Ende durch die letzte M führen und fest anziehen. Das Strickteil mit der glatt rechts gestrickten Seite nach außen quer zur Hälfte zusammenlegen, sodass die Schmalseiten aufeinandertreffen. Beide Hälften verbinden und die gerade Kante mit Leiterstichen an den Rumpf nähen. Falls nötig, die beiden Lagen des Schwanzes in der Mitte mit einigen Stichen zusammenhalten.

Ohren

2x in Hellbraun (Mohair) arbeiten.
10 M anschl und 6 R gl re str (1. R = Hin-R re).
7. Reihe: *2 M re zusstr, 1 M re, 2 M re zusstr; ab * 1x wdh (= 6 M).
8. Reihe: Alle M li abk.
Das Ohr mit der glatt rechts gestrickten Seite nach außen zusammenlegen und entlang der Außenkante zusammennähen. Beide Ohren gleich arbeiten und an den Kopf nähen.

Streifen

Mit Kettstichen in weißem Mohairgarn die Streifen wie folgt aufsticken (siehe Grundtechniken auf Seite 10 und Foto auf Seite 89): Bei der Nase beginnen. Eine Linie Kettstiche von der Nasenspitze, oberhalb des Auges vorbei, an Kopf und Rumpf entlang, um die zusammengenähte Kante des Schwanzes, an der zweiten Seite von Rumpf und Kopf entlang, oberhalb des Auges vorbei und zurück zur Nase sticken.
Eine weitere Linie Kettstiche in Weiß dicht neben der ersten Linie arbeiten, jedoch unterhalb der Augen vorbeiführen.
Mit schwarzem Mohairgarn Kettstiche zu beiden Seiten der Augen über den weißen Kettstichen arbeiten.
Mit schwarzem Mohairgarn Kettstiche zu beiden Seiten des weißen Streifens auf dem Rumpf arbeiten. Diesen Arbeitsschritt mit dunkelgrauem Mohairgarn wiederholen.
Die dunkelgrauen Streifen an den Außenkanten schließlich mit mittelgrauen Kettstich-Streifen einrahmen, die dicht neben den dunkelgrauen Streifen vom Schwanzansatz bis zur Nasenspitze führen.

Nase und Maul

Mit Rosa für die Nase einige Spannstiche auf das Ende der Schnauze sticken. Für das Maul mit schwarzem Garn einen langen Spannstich arbeiten und mit Nähgarn fixieren (siehe Grundtechniken, Seite 11).

Elch

Größe: ca. 34 cm

Der Elch ist ein Gewohnheitstier; sein fast mathematisch exaktes Fressverhalten wird schon seit Jahren von Ökologen und Ökonomen studiert. Die Zeit, die ein Elch für die Suche nach nahrhaften Pflanzen und für das Fressen selbst aufbringt, reicht exakt aus, um seinen massigen Körper in Form zu halten. Wissenschaftler sind davon fasziniert, wie fein dieses Gleichgewicht zwischen Nahrungssuche und anderen Aktivitäten eingestellt ist; so bleibt dem Elch trotzdem noch ausreichend Zeit, um sich beispielsweise der Aufzucht seiner Jungen zu widmen.

Schwierigkeitsgrad

Für Könner. Hier werden verschiedene Techniken in einem Spielzeug eingesetzt. Damit der Elch möglichst naturgetreu aussieht, müssen die Beine lang und dürr sein; sie werden deshalb durch Pfeifenreiniger gestützt. Der Elch ist daher nicht als Spielzeug für Kleinkinder geeignet.

Maschenprobe

28 M/36 R gl re = 10 x 10 cm.

Strickgarn (LL ca. 160 m/50 g) in folgenden Mengen und Farben: 100 g in Mittelbraun, 20 g in Hellbraun, Reste in Dunkelbraun
Stricknadeln Nr. 3 – 3,5
Sticknadel Nr. 18 ohne Spitze
2 Sicherheitsaugen, Ø 10 mm
Nähnadel
Nähgarn, schwarz
4 Pfeifenreiniger (nach Belieben)
Kunstfaser-Bastelwatte (waschbar)

Anleitung

Alle Grundtechniken, die Sie beherrschen müssen, um den Elch zu arbeiten, sind auf Seite 9 bis 11 ausführlich beschrieben.

Rumpf, Hals und Kopf

1x in Mittelbraun arbeiten.
28 M anschl.
1. Reihe (= Rückreihe) und alle folgenden Rückreihen: Li M str.
2. Reihe: 1 M re, 1 M zun, [12] M re, 2x (1 M re, 1 M zun), [12] M re, 1 M zun, 1 M re. *3. Reihe:* Li M str. 2. und 3. R 5x wdh, dabei die Zahl in eckigen Klammern jedes Mal um 2 erhöhen (= 52 M).

14. – 19. Reihe: Gl re str (14. R = Hin-R re). *20. Reihe:* [24] M re, 2x 2 M re zusstr, [24] M re. *21. Reihe:* Li M str. 20. und 21. R 3x wdh, dabei die Zahl in eckigen Klammern jedes Mal um 1 reduzieren (= 44 M).
28. – 35. Reihe: Gl re str (28. R = Hin-R re). *36. Reihe:* 21 M re, 2x (1 M re, 1 M zun), 21 M re (= 46 M).
38. Reihe: 22 M re, 2x (1 M re, 1 M zun), 22 M re (= 48 M). *40. Reihe:* 23 M re, 2x (1 M re, 1 M zun), 23 M re (= 50 M). *41. – 45. Reihe:* Gl re str (41. R = Rück-R li). *46. Reihe:* 23 M re, 2x 2 M re zusstr, 23 M re (= 48 M).
48. Reihe: 22 M re, 2x 2 M re zusstr, 22 M re (= 46 M).
50. Reihe: 21 M re, 2x 2 M re zusstr, 21 M re (= 44 M).
51. – 53. Reihe: Gl re str (51. R = Rück-R li).
54. Reihe: 2 M re zusstr, [40] M re, mit 2 M re zusstr enden.
55. – 57. Reihe: Gl re str (55. R = Rück-R li). 54. – 57. R 8x wdh, dann die 54. R noch 1x wdh, dabei die Zahl in eckigen Klammern jedes Mal um 4 reduzieren (= 24 M).
91. – 99. Reihe: Gl re str (91. R = Rück-R li).
100. Reihe: 2x (1 M re, 1 M zun), 20 M re, 2x (1 M zun, 1 M re).
102. Reihe: 2x (1 M re, 1 M zun), 24 M re, 2x (1 M zun, 1 M re) (= 32 M).
103. – 107. Reihe: Gl re str (103. R = Rück-R li).
108. – 110. Reihe: Gl re str, dabei am Beginn und am Ende jeder R jeweils 2 M re bzw. li zusstr.
111. – 113. Reihe: Gl re str (111. R = Rück-R li).
114. Reihe: 2 M re zusstr, [22] M re, mit 2 M re zusstr enden. 111. – 114. R 2x wdh, dabei die Zahl in eckigen Klammern jedes Mal um 2 reduzieren (= 20 M).
124. Reihe: *2 M re zusstr, 6 M re, 2 M re zusstr; ab * 1x wdh (= 16 M).
126. Reihe: *2 M re zusstr, 4 M re, 2 M re zusstr; ab * 1x wdh (= 12 M).
127. Reihe: 6x 2 M li zusstr (= 6 M).
Den Faden abschneiden, das Ende durch die verbleibenden M führen und fest anziehen (= Schnauze).
Das Strickteil mit der glatt rechts gestrickten Seite nach außen der Länge nach mittig zusammenlegen. Die Augen etwa 7,5 cm von der Schnauze entfernt anbringen (siehe Foto auf Seite 89). Die Längsnaht schließen und den Elch durch das hintere Ende mit Bastelwatte ausstopfen, dann die Öffnung zunähen. (Der Elch ähnelt jetzt einer langen, dünnen Socke.)
Kopf: Den Kopf im rechten Winkel zum Hals abknicken und mit Leiterstichen fixieren.
Hals: Den Hals leicht nach oben biegen und mit Leiterstichen fixieren.

Ohren

2x in Mittelbraun arbeiten.
14 M anschl und 12 R gl re str (1. R = Hin-R re).
13. Reihe: [5] M re, 2x 2 M re zusstr, [5] M re. *14. Reihe:* Li M str. 13. und 14. R 5x wdh, dabei die Zahl in eckigen Klammern jedes Mal um 1 reduzieren (= 2 M).
25. Reihe: 2 M re zusstr. Den Faden abschneiden, das Ende durch die letzte M führen, fest anziehen und auf der Rückseite der Arbeit vernähen.
Das Ohr mit der glatt rechts gestrickten Seite nach außen zusammenlegen und mit der Unterkante so an den Kopf nähen, dass die offenen Kanten nach vorn zeigen (siehe Foto auf Seite 89). Beide Ohren gleich arbeiten.

Beine

4x in Mittelbraun arbeiten.
12 M anschl (= Hufe) und 12 R gl re str (1. R = Hin-R re).
13. – 36. Reihe: Gl re str, dabei am Beginn und am Ende jeder 2. Hin-R jeweils 1 M zun (= 26 M).
37. – 54. Reihe: Gl re str (37. R = Hin-R re).
55. Reihe: 2 M re zusstr, [9] M re, 2x 2 M re zusstr, [9] M re, 2 M re zusstr.
56. Reihe: Li M str. 55. und 56. R 3x wdh, dann die 55. R noch 1x wdh, dabei die Zahl in eckigen Klammern jedes Mal um 2 reduzieren (= 6 M).
64. Reihe: Alle M li abk.
Das Strickteil mit der glatt rechts gestrickten Seite nach außen der Länge nach mittig zusammenlegen. Die Öffnung am Huf und die Seitennaht mit Leiterstichen schließen. Einen Pfeifenreiniger einsetzen, der so lang ist wie das ganze Bein, und das Bein mit Bastelwatte ausstopfen. Die letzte Öffnung zunähen. Alle 4 Beine gleich arbeiten und mit Leiterstichen am Rumpf befestigen.

Geweih

Geweihstangen

2x in Mittelbraun arbeiten.
20 M anschl und 20 R gl re str (1. R = Hin-R re).
21. Reihe: 10x 2 M re zusstr.
22. Reihe: Li M str.
Den Faden ab-schneiden, das Ende durch die verbleibenden M führen und festziehen.
Das Strickteil mit der glatt rechts gestrickten Seite nach außen der Länge nach mittig zusammenlegen und die Längsnaht schließen. Beide Stangen gleich arbeiten und die offenen Enden mit Leiterstichen seitlich am Kopf befestigen.

Geweih-Enden

4x in Mittelbraun arbeiten.
10 M anschl und 6 R gl re str (1. R = Hin-R re).
7. Reihe: 5x 2 M re zusstr.
8. Reihe: Li M str. Den Faden abschneiden, das Ende durch die verbleibenden M führen und fest anziehen.
Das Strickteil mit der glatt rechts gestrickten Seite nach außen der Länge nach mittig zusammenlegen und die Längsnaht schließen. Alle 4 Geweih-Enden gleich arbeiten und jeweils 2 davon mit den offenen Enden im Leiterstich an den Seiten einer Geweihstange befestigen (siehe Foto auf Seite 89).

Schwanz

1x in Mittelbraun arbeiten.
8 M anschl und 6 R gl re str (1. R = Hin-R re).
7. Reihe: 2 M re zusstr, 4 M re, 2 M re zusstr.
8. Reihe: Alle M li abk. Das Ende des Fadens auf der Rückseite vernähen.
Den Schwanz mit der glatt rechts gestrickten Seite nach außen an das Hinterteil des Elches nähen.

Nasenlöcher und Maul

Für die Nasenlöcher mit dunkelbraunem Garn jeweils 2 bis 3 Spannstiche zu beiden Seiten der Nase sticken. Einen langen Spannstich in Dunkelbraun für das Maul arbeiten und mit kleinen Stichen in leichter Bogenform fixieren (siehe Grundtechniken auf Seite 11 sowie Foto auf Seite 89).

AUF SAFARI

WILDHÜTER

Größe: ca. 29 cm

Die Arbeit eines Wildhüters in einem der großen Naturreservate in Afrika ist nicht gerade einfach. Er muss ja nicht nur ein Auge auf die Tiere haben, die in diesem Gebiet leben, sondern auch gegen Wilderer vorgehen, die Elefanten und Nashörnern wegen ihrer wertvollen Stoßzähne und Hörner nachstellen.

In seiner sandfarbenen Uniform ist der Wildhüter gut getarnt und kann mit seinem Fernglas nach Eindringlingen Ausschau halten. Unser Wildhüter ist also für seine Aufgaben bestens vorbereitet. Er hat außerdem einen breiten Hut, der sein Gesicht vor der sengenden Sonne schützt, und eine kleine gestrickte Tasche – vielleicht um Pflanzen- und Samenproben zu sammeln oder für den Proviant, den er unterwegs auf seinen langen Touren im Busch braucht.

Schwierigkeitsgrad

Für Fortgeschrittene. Die Teile selbst sind nicht kompliziert. Eventuell brauchen Sie für Hut und Jacke etwas mehr Zeit. Wenn Sie den Wildhüter für ein Kleinkind anfertigen, sollten Sie die Uniform fest annähen, da die Teile sonst verloren gehen könnten.

Strickgarn (LL ca. 160 m/50 g) in folgenden Mengen und Farben: 50 g in Dunkelbraun, 70 g in Sandfarbe, 20 g in Schwarz, 20 g in Dunkelgrau, Rest in Mittelbraun
Stricknadeln Nr. 3 – 3,5
Sticknadel Nr. 18 ohne Spitze
2 Sicherheitsaugen, Ø 10 mm
Nähnadel
Nähgarn, dunkelbraun
Kunstfaser-Bastelwatte (waschbar)
3 Holzperlen, Ø 10 mm
Außerdem: Karton, Klebstoff, Klebeband, bunte Perlen, Pfeifenreiniger, Bastelfarbe in Schwarz und Silber für Funkgerät und Fernglas, Garnreste in Braun, 1 kleine Perle für die Tasche

Maschenprobe

26 Maschen/34 Reihen glatt rechts = 10 x 10 cm

Anleitung

Die Grundanleitung für die Puppen finden Sie auf Seite 12/13. Alle übrigen Grundtechniken, die Sie für die Puppe brauchen, sind auf Seite 9 bis 11 ausführlich beschrieben.

Rumpf und Kopf

1x in Sandfarbe, Dunkelgrau und Dunkelbraun arbeiten.
In den folgenden Farben stricken und fertig stellen, wie auf Seite 12/13 beschrieben: 12 R in Sandfarbe, 3 R in Dunkelgrau, alle übrigen R in Dunkelbraun.

Beine

2x in Dunkelgrau und Sandfarbe arbeiten.
In den folgenden Farben stricken und fertig stellen, wie auf Seite 12/13 beschrieben: 1. – 22. R in Dunkelgrau, alle übrigen R in Sandfarbe. Beide Beine gleich arbeiten und mit Leiterstichen an den Rumpf nähen.

Arme und Ohren

Je 2x in Dunkelbraun arbeiten.
Arbeiten und fertig stellen, wie auf Seite 13 beschrieben; die Teile mit Leiterstichen an den Rumpf nähen.

Jacke

Ärmel

2x in Sandfarbe arbeiten.
26 M anschl und 2 R re M str.
3. – 22. Reihe: Gl re str (3. R = Hin-R re).
23. – 31. Reihe: Gl re str, dabei am Beginn und am Ende sowie in der Mitte jeder Hin-R 2 M re zusstr (= 11 M).
32. und 33. Reihe: Re M str.
34. Reihe: Alle M re abk.
Das Strickteil mit der glatt rechts gestrickten Seite nach außen der Länge nach mittig zusammenlegen und die Seitennaht bis zum Beginn der Abnahmen schließen. Beide Ärmel gleich arbeiten.

Rechtes Vorderteil

1x in Sandfarbe arbeiten.
14 M anschl und 2 R re M str.
3. – 24. Reihe: Gl re str (3. R = Hin-R re).
25. – 35. Reihe: Gl re str, dabei am Ende jeder Hin-R 2 M re zusstr (= 8 M).
36. und 37. Reihe: Re M str.
38. Reihe: Alle M re abk.

Linkes Vorderteil

1x in Sandfarbe arbeiten.
14 M anschl und 2 R re M str.
3. – 10. Reihe: Gl re str (3. R = Hin-R re).
Das erste Knopfloch wird über die nächsten 2 R nahe dem vorderen Rand gearbeitet.
11. Reihe = 1. Knopfloch-Reihe: *Bis zu den letzten 3 M re arb. Stellen Sie sich vor, die restlichen M seien von links nach rechts mit M1, M2 und M3 nummeriert: M3 und M2 re str, M3 über M2 ziehen (= 1 M abk), dann M1 re str.
12. Reihe = 2. Knopfloch-Reihe: 2 M li, wenden und 1 M anschl, wenden und bis zum Ende der R li str.
13. – 20. Reihe: Gl re str (13. R = Hin-R re).

21. und 22. Reihe (Knopfloch): Wie 11. und 12. Reihe.
23. Reihe: Re M str.
24. Reihe: Li M str.
25. – 32. Reihe: Gl re str, dabei am Beginn jeder Hin-R 2 M re zusstr (= 10 M).
33. Reihe (Knopfloch): 2 M re zusstr, 5 M re, 2 M re, die 1. M über die 2. ziehen (siehe 1. Knopflochreihe), 1 M re.
34. Reihe: Wie 12. R str.
35. Reihe: 2 M re zusstr, 7 M re.
36. und 37. Reihe: Re M str.
38. Reihe: Alle M li abk.
Die Knopflöcher im Knopflochstich umranden (siehe Grundtechniken, Seite 10).

Rückenteil
1x in Sandfarbe arbeiten.
32 M anschl, 2 R re M str, dann 22 R gl re str (3. R = Hin-R re).
25. Reihe: 3 M abk (1 M bleibt auf der li Nd), 28 M re (= 29 M).
26. Reihe: 3 M abk (1 M bleibt auf der li Nd), 25 M li (= 26 M).
27. – 35. Reihe: Gl re str, dabei am Beginn und am Ende jeder Hin-R 2 M re zusstr (= 16 M).
36. und 37. Reihe: Re M str.
38. Reihe: Alle M li abk.

Jackentaschen
2x in Sandfarbe arbeiten.
8 M anschl und 8 R gl re str, dann alle M abk.

Kragen

1x in Sandfarbe arbeiten.
50 M anschl.
1. – 3. Reihe: Re M str.
4. – 6. Reihe: Gl re str (4. R = Rück-R li).
7. Reihe: Alle M abk. Faden auf der Rückseite vernähen.

Fertigstellung

Das Rückenteil mit der glatt rechts gestrickten Seite nach unten auslegen. Das linke und das rechte Vorderteil jeweils mit der glatt rechts gestrickten Seite nach oben so darauf legen, dass Knopf- und Knopflochleiste einander überlappen. Seitliche Nähte bis zur Schrägung schließen. Ärmel einsetzen. Auf jedes Vorderteil eine Tasche nähen, dabei die Oberkante offen lassen. Den Abkettrand des Kragens so an die Oberkante der Jacke nähen, dass die glatt rechts gestrickte Seite oben liegt.
3 Holzperlen als Knöpfe annähen.

Hut

Krempe
1x in Sandfarbe arbeiten.
108 M anschl und 2 R re str. Gl re weiterarbeiten (alle Rückreihen li str).
3. Reihe: *2 M re zusstr, 14 M re, 2 M re zusstr; ab * 5x wdh. (= 96 M).
5. Reihe: *2 M re zusstr, 12 M re, 2 M re zusstr; ab * 5x wdh (= 84 M).
7. Reihe: *2 M re zusstr, 10 M re, 2 M re zusstr; ab * 5x wdh (= 72 M).
9. Reihe: *2 M re zusstr, 8 M re, 2 M re zusstr; ab * 5x wdh (= 60 M).
10. Reihe: Alle M li abk.
Die Schmalseiten zusammennähen, sodass ein Ring entsteht.

Hutkopf
1x in Sandfarbe arbeiten.
60 M anschl und gl re str (Rückreihen li str).
1. – 4. Reihe: Gl re str (1. R = Hin-R re).
5. Reihe: *2 M re zusstr, 6 M re, 2 M re zusstr; ab * 5x wdh (= 48 M).
7. Reihe: *2 M re zusstr, 4 M re, 2 M re zusstr; ab * 5x wdh (= 36 M).
9. Reihe: *2 M re zusstr, 2 M re, 2 M re zusstr; ab * 5x wdh (= 24 M).
11. Reihe: 12x 2 M re zusstr (= 12 M).
13. Reihe: Li M str. Den Faden abschneiden, das Ende durch die verbleibenden M fädeln und fest anziehen.
Das Strickteil mit der glatt rechts gestrickten Seite nach außen in der Mitte zusammenlegen und die seitliche Naht schließen, sodass die Rundung entsteht. Die Unterkante an die innere Rundung der Krempe nähen.
Entlang der Außenkante der Hutkrempe eine Runde Vorstiche arbeiten (siehe Grundtechniken, Seite 11), den Faden leicht anziehen, damit die Krempe Form und Halt bekommt, und den Faden unsichtbar vernähen.

Haare

In Schwarz arbeiten, wie auf Seite 13 beschrieben.

Mund

In Mittelbraun aufsticken, wie auf Seite 13 beschrieben.

Accessoires

Funkgerät: 8 Karton-Rechtecke übereinander kleben, ein Stück Pfeifenreiniger als Antenne einfügen. Das Funkgerät schwarz, die Antenne silberfarben bemalen. Perlen als Bedienungsknöpfe aufkleben.
Fernglas: Ein rechteckiges, längliches Kartonstück an beiden Enden einrollen, festkleben und schwarz bemalen. 4 Kartonkreise für die Öffnungen zuschneiden, silberfarben bemalen und einkleben. Ein Stück Garn als Riemen an die Seiten des Fernglases kleben.
Tasche: 12 M mit Nd Nr. 3,5 in Braun anschl und 30 R gl re str. Am Beginn und am Ende jeder folgenden Hin-R jeweils 2 M re zusstr, bis nur noch 2 M übrig bleiben, und Faden durchziehen. Au s dem Fadenende eine Schlaufe bilden, dann das restliche Garn vernähen. Das untere Drittel des Strickteils nach oben klappen und die Seitennähte schließen. Einen Knopf annähen. Eine Luftmaschenkette als Riemen häkeln und an der Tasche annähen.

Zebra

Größe: ca. 23 cm

Obwohl es zahlreiche Theorien über dieses Thema gibt – so recht weiß bis heute niemand, warum Zebras Streifen haben. Möglicherweise können sie einander anhand dieses unverwechselbaren Musters innerhalb einer großen Herde auseinanderhalten. Vielleicht sind die Streifen aber auch die ideale Tarnung vor großen Raubkatzen, die stets auf leichte Beute lauern.

In der Annahme, Zebras könnten durch Gestreiftes aller Art angezogen werden, haben Wissenschaftler riesige schwarzweiß gestreifte Tafeln in der Steppe aufgestellt, und siehe da – binnen kurzem kamen die Zebras herbei und schlossen sich der merkwürdigen neuen „Herde" an.

Warum auch immer Zebras ihr markantes Muster haben: Beim Stricken lässt es sich ganz einfach darstellen, indem man alle paar Reihen die Garnfarbe wechselt.

Schwierigkeitsgrad

Für Könner. Hier werden verschiedene Techniken für ein einziges Tier benötigt: Farbwechsel, Zu- und Abnahmen für Kopf und Rumpf und das Anfertigen von Pompons. Anfänger könnten als Erstes ein Pferd in einer einzigen Farbe stricken und auf die Streifen verzichten.

Strickgarn (LL ca. 160 m/50 g) in folgenden Mengen und Farben: 50 g in Schwarz, 50 g in Weiß, Reste in Grau und Dunkelbraun
Stricknadeln Nr. 3
Sticknadel Nr. 18 ohne Spitze
2 Sicherheitsaugen, Ø 10 mm
Kunstfaser-Bastelwatte (waschbar)

Maschenprobe

28 M/36 R gl re = 10 x 10 cm.

Anleitung

Alle Grundtechniken, die Sie beherrschen müssen, um das Zebra zu arbeiten, sind auf Seite 9 bis 11 ausführlich beschrieben.

Rumpf, Hals und Kopf

1x in Weiß und Schwarz arbeiten.
Streifenfolge: 4 R in Schwarz und 4 R in Weiß im Wechsel str (siehe Grundtechniken, Seite 10).
28 M in Schwarz anschl. und gl re in der Streifenfolge str.
1. Reihe (= Rückreihe): Li M str.
2. Reihe: 1 M re, 1 M zun, [12] M re, 2x (1 M re, 1 M zun), [12] M re, 1 M zun, 1 M re.
3. Reihe und alle folgenden Rückreihen: Li M str. 2. und 3. R 5x wdh, dabei die Zahl in eckigen Klammern jedes Mal um 2 erhöhen (= 52 M).
14. – 19. Reihe: Gl re str (14. R = Hin-R re).
20. Reihe: [24] M re, 2x 2 M re zusstr, [24] M re.
21. Reihe: Li M str. 20. und 21. R 3x wdh, dabei die Zahl in eckigen Klammern jedes Mal um 1 reduzieren (= 44 M).
28. – 35. Reihe: Gl re str (28. Reihe = Hin-R re).
36. Reihe: 21 M re, 2x (1 M re, 1 M zun), 21 M re (= 46 M).
38. Reihe: 22 M re, 2x (1 M re, 1 M zun), 22 M re (= 48 M).
40. Reihe: 23 M re, 2x (1 M re, 1 M zun), 23 M re (= 50 M).
41. – 45. Reihe: Gl re str (41. R = Rück-R li).
46. Reihe: 23 M re, 2x 2 M re zusstr, 23 M re (= 48 M).
48. Reihe: 22 M re, 2x 2 M re zusstr, 22 M re (= 46 M).
50. Reihe: 21 M re, 2x 2 M re zusstr, 21 M re (= 44 M).
51. – 53. Reihe: Gl re str (51. R = Rück-R li).
54. Reihe: 2 M re zusstr, [40] M re, 2 M re zusstr.
55. – 57. Reihe: Gl re str (55. R = Rück-R li). 54. – 57. R 8x wdh, dann die 54. R noch 1x wdh, dabei die Zahl in eckigen Klammern jedes Mal um 2 reduzieren (= 24 M).
91. – 99. Reihe: Gl re str (91. R = Rück-R li).
100. Reihe: 2x (1 M re, 1 M zun), 20 M re, 2x (1 M zun, 1 M re).
102. Reihe: 2x (1 M re, 1 M zun), 24 M re, 2x (1 M zun, 1 M re) (= 32 M).
103. – 107. Reihe: Gl re str (103. R = Rück-R li).
108. – 110. Reihe: Gl re str, dabei am Beginn und am Ende jeder R jeweils 2 M re bzw. li zusstr.
111. – 113. Reihe: Gl re str (111. R = Rück-R li).
114. Reihe: 2 M re zusstr, [22] M re, 2 M re zusstr. 111. – 114. R 2x wdh, dabei die Zahl in eckigen Klammern jedes Mal um 2 reduzieren (= 20 M).
Um die schwarze Schnauze zu bilden, in Schwarz weiterstr (es werden keine Streifen mehr gearbeitet).
124. Reihe: *2 M re zusstr, 6 M re, 2 M re zusstr; ab * 1x wdh (= 16 M).
126. Reihe: *2 M re zusstr, 4 M re, 2 M re zusstr; ab * 1x wdh (= 12 M).
127. Reihe: 6x 2 M li zusstr (= 6 M).
Den Faden abschneiden, das Ende durch die verbleibenden M führen und fest anziehen.
Das Strickteil mit der glatt rechts gestrickten Seite nach außen der Länge nach mittig zusammenlegen und die Augen im zweiten weißen Streifen nach der Schnauze anbringen (siehe Foto). Die lange Naht (an der Schnauze beginnend) schließen.
Den entstandenen Schlauch vom hinteren Ende her mit Bastelwatte ausstopfen. Die letzte Naht bis auf

eine etwa 2,5 cm lange Öffnung schließen. (Das Zebra ähnelt nun einer langen, dünnen Ringelsocke.)
Kopf: Den Kopf im rechten Winkel zum Hals abknicken und mit Leiterstichen fixieren.
Hals: Den Hals leicht nach oben abknicken und mit Leiterstichen fixieren.

Ohren

2x in Schwarz arbeiten.
10 M anschl und 8 R gl re str (1. R = Hin-R re).
9. Reihe: 3 M re, 2x 2 M re zusstr, 3 M re (= 8 M).
10. Reihe und alle folgenden Rückreihen: Li M str.
11. Reihe: 2 M re, 2x 2 M re zusstr, 2 M re (= 6 M).
13. Reihe: 1 M re, 2x 2 M re zusstr, 1 M re (= 4 M).
15. Reihe: 2x 2 M re zusstr (= 2 M).
17. Reihe: 2 M re zusstr. Den Faden abschneiden, durch die letzte Masche führen und fest anziehen. Das Ende auf der Rückseite der Arbeit vernähen. Beide Ohren gleich arbeiten.
Jedes Ohr mit der glatt rechts gestrickten Seite nach außen zusammenlegen und mit der Unterkante so an den Kopf nähen, dass die offene Seite nach vorne weist (siehe Foto).

Beine

4x in Weiß und Schwarz arbeiten.
12 M in Schwarz anschl und für die Hufe 10 R gl re str (1. R = Hin-R re). In der Streifenfolge (siehe Rumpf) weiterarbeiten, dabei mit Weiß beginnen.
11. Reihe: Re M str.
12. Reihe: Li M str.
13. – 37. Reihe: Gl re str, dabei am Beginn und am Ende der 13. R und jeder 2. folgenden Hin-R 1 M zun (= 26 M)
38. – 50. Reihe: Gl re str (48. R = Rück-R li).
51. Reihe: 2 M re zusstr, [9] M re, 2x 2 M re zusstr, [9] M re, 2 M re zusstr.
52. Reihe: Li M str. 51. und 52. R 3x wdh, dann die 51. R noch 1x wdh, dabei die Zahl in eckigen Klammern jedes Mal um 2 reduzieren (= 6 M).
60. Reihe: Alle M li abk.
Das Strickteil mit der glatt rechts gestrickten Seite nach außen der Länge nach mittig zusammenlegen. Das offene Ende am Huf und die Seitennaht mit Leiterstichen schließen. Das Bein ausstopfen und die letzte Öffnung zunähen.
Alle 4 Beine gleich arbeiten und mit Leiterstichen an den Rumpf nähen.

Mähne

Aus schwarzem und weißem Garn 5 Pompons anfertigen (siehe Grundtechniken, Seite 11). Einen Pompon zwischen die Ohren des Zebras nähen, die übrigen hintereinander auf den Hals nähen und in Form schneiden, sodass eine Mähne entsteht.

Schwanz

Aus schwarzem und grauem Garn je 40 Stücke à 15 cm Länge zuschneiden. Alle Garnstücke mischen, damit die Farben gut verteilt sind, bündeln und an einem Ende zu einem dicken Knoten schlingen. Diesen Knoten durch das Loch im Hinterteil des Zebras schieben, dann mit schwarzem Garn das Loch mit einigen Stichen schließen und so den Schwanz befestigen.

Nasenlöcher und Maul

Mit dunkelbraunem Garn 2 bis 3 Spannstiche zu beiden Seiten der Nase sticken. Für das Maul einen langen Spannstich arbeiten und mit einigen Stichen fixieren (siehe Foto und Grundtechniken, Seite 11).

LÖWENFAMILIE

Größe: Löwe und Löwin ca. 23 cm, Löwenbaby ca. 15 cm

Der Löwe wird zumeist als „König des Wüste“ beschrieben, ist aber eher in der Savanne und in den Trockensteppen Afrikas und Indiens zu Hause. Eine Löwenfamilie bildet eine sehr enge Gemeinschaft und kann auch die Brüder und Schwestern anderer Verwandten mit einschließen. Eine Löwin säugt sogar die Kinder anderer Mütter, da sie alle zu einer Familie gehören. Um das Zusammengehörigkeitsgefühl zu stärken, putzen sich alle Familienmitglieder oft gegenseitig und spielen auch gern miteinander. Die Löwinnen jagen gemeinsam und koordinieren dabei ihre Strategie so perfekt, dass ein Zebra oder eine Gazelle keine Chance hat zu entkommen.

Die runden Gesichter dieser Löwen lassen sie besonders zahm erscheinen, viel jagen werden sie wohl nicht. Ihre weichen Tatzen sind eher zum Faulenzen da und um einen schattigen Lagerplatz aufzusuchen, der Schutz vor der brütenden Sonne bietet.

Schwierigkeitsgrad

Für Könner. Beine, Rumpf und Schwanz sind einfach und mit wenigen Ab- und Zunahmen anzufertigen. Der Kopf bedarf jedoch etwas größerer Aufmerksamkeit, da die Schnauze nach oben gefaltet wird, um das Gesicht zu bilden. Für die Mähne des Löwenvaters werden einige Pompons gebraucht. Die Löwin und das Löwenbaby sind einfacher herzustellen.

Maschenprobe

26 M/34 R gl re mit Nd Nr. 3,5 = 10 x 10 cm.

28 M/36 R gl re mit Nd Nr. 3 = 10 x 10 cm.

Anleitung

Alle Grundtechniken, die Sie beherrschen müssen, um die Löwen zu arbeiten, sind auf Seite 9 bis 11 ausführlich beschrieben.

LÖWE

OBERTEIL DES RUMPFES UND DES KOPFES

1x in Sandfarbe arbeiten. 14 M anschl.

1. Reihe: Re M str. *2. Reihe:* Li M str.

3. Reihe: [6] M re, 2x (1 M re, 1 M zun), [6] M re.

Für alle Löwen:
2 Sicherheitsaugen, Ø 10 mm
Sticknadel Nr. 18 ohne Spitze
Nähnadel
Nähgarn, schwarz
Kunstfaser-Bastelwatte (waschbar).
Für einen erwachsenen Löwen:
Strickgarn (LL ca. 160 m/50 g) in folgenden Mengen und Farben: 80 g in Sandfarbe, 50 g in Weiß, einen Rest in Dunkelbraun (für den Löwen außerdem einen Rest in Mittelbraun für die Mähne)
Stricknadeln Nr. 3,5
Für ein Löwenbaby:
Strickgarn (LL ca. 160 m/50 g) in folgenden Mengen und Farben: 25 g in Sandfarbe, 25 g in Weiß; einen Rest in Dunkelbraun, Stricknadeln Nr. 3

4. Reihe und alle folgenden Rückreihen: Li M str. 3. und 4. R 7x wdh, dabei die Zahl in eckigen Klammern jedes Mal um 1 erhöhen (= 30 M).
19. – 38. Reihe: Gl re str (19. R = Hin-R re).
39. Reihe: [13] M re, 2x 2 M re zusstr, [13] M re.
40. Reihe: Li M str. 39. und 40. R 3x wdh, dabei die Zahl in eckigen Klammern jedes Mal um 1 reduzieren (= 22 M).
47. Reihe: 10 M re, 2x (1 M re, 1 M zun), 10 M re (= 24 M).
49. Reihe: 11 M re, 2x (1 M re, 1 M zun), 11 M re (= 26 M).
51. Reihe: 12 M re, 2x (1 M re, 1 M zun), 12 M re (= 28 M).
52. – 58. Reihe: Gl re str (52. R = Rück-R li).
59. Reihe: 12 M re, 2x 2 M re zusstr, 12 M re (= 26 M).
61. Reihe: 11 M re, 2x 2 M re zusstr, 11 M re (= 24 M).
63. Reihe: 10 M re, 2x 2 M re zusstr, 10 M re (= 22 M).
64. Reihe: Alle M li abk (= Kopfende).

Unterteil des Rumpfes und des Kopfes

1x in Weiß arbeiten.

Bis zur 64. Reihe arbeiten, wie beim Oberteil des Rumpfes und des Kopfes beschrieben, jedoch die M nicht abketten, sondern Beginn und Ende der letzten R mit einem kontrastfarbenen Faden markieren.
65. Reihe: 8 M anschl, 9 M re, 2x 2 M re zusstr, 9 M re.
66. Reihe: 8 M anschl, weiter li M str.
67. Reihe: 2 M re zusstr, [14] M re, 2x 2 M re zusstr, [14] M re, 2 M re zusstr.
68. Reihe: Li M str. 67. und 68. R 3x wdh, dabei die Zahl in eckigen Klammern jedes Mal um 2 reduzieren (= 20 M).
73. – 78. Reihe: Gl re str (69. R = Hin-R re; insgesamt 14 R ab Markierungsfaden).
79. Reihe: 6 M re, 4x 2 M re zusstr, 6 M re (= 16 M).
81. Reihe: 4 M re, 4x 2 M re zusstr, 4 M re (= 12 M).
82. Reihe: Alle M li abk (= Schnauze).
Ober- und Unterteil mit der glatt rechts gestrickten Seite nach außen an den langen, geraden Kanten zusammennähen. An den beiden Seiten des Kopfes müssen die Ecken des sandfarbenen Oberteils auf die Markierungsfäden des weißen Unterteils treffen. Die beiden Seitenteile des weißen Unterteils verbinden, um die Schnauze zu bilden. Augen einsetzen. Die Oberkante der Schnauze an die Kante des sandfarbenen Oberteils nähen. Schnauze, Kopf und Rumpf ausstopfen und die letzte Naht schließen. Markierungsfäden entfernen.

Beine

4x in Sandfarbe arbeiten.
Für die Pfote 12 M anschl.
1. Reihe: Re M str.
2. Reihe: Li M str.
3. Reihe: 1 M re, 1 M zun, [4] M re, 2x (1 M re, 1 M zun), [4] M re, 1 M zun, 1 M re.
4. Reihe: Li M str. 3. und 4. R 3x wdh, dabei die Zahl in eckigen Klammern jedes Mal um 2 erhöhen (= 28 M).
11. – 38. Reihe: Gl re str (11. R = Hin-R re).
39. – 45. Reihe: Gl re str, dabei am Beginn, in der Mitte und am Ende jeder Hin-R jeweils 2 M re zusstr (= 16 M).
46. Reihe: Alle M li abk.
Das Strickteil mit der glatt rechts gestrickten Seite der Länge nach mittig zusammenlegen und die Öffnung an der Pfote sowie die lange Seitennaht schließen. Das Bein mit Bastelwatte ausstopfen und die letzte Öffnung zunähen.
Beide Beine gleich arbeiten und mit Leiterstichen an den Rumpf nähen. Die Pfote etwa 4 cm vom unteren Ende des Beines entfernt im rechten Winkel zum Bein abknicken und mit Leiterstichen fixieren (siehe Foto).

Schwanz

1x in Sandfarbe arbeiten.
14 M anschl und 26 R gl re str (1. R = Hin-R re).
27. Reihe: 7x 2 M re zusstr (= 7 M).
Den Faden abschneiden, das Ende durch die verbleibenden M führen und fest anziehen.
Das Strickteil mit der glatt rechts gestrickten Seite nach außen der Länge nach mittig zusammenlegen und die lange Seitennaht schließen. Den Schwanz ausstopfen und das offene Ende mit Leiterstichen an den Rumpf nähen. Mit Garn in Sandfarbe und Mittelbraun einen lockeren Pompon arbeiten (siehe Grundtechniken, Seite 11) und an das Schwanzende nähen.

Ohren

2x in Sandfarbe arbeiten.
20 M anschl und 6 R gl re str (1. R = Hin-R re).
7. Reihe: *2 M re zusstr, 6 M re, 2 M re zusstr; ab * 1x wdh (= 16 M).
8. Reihe: Li M str.
9. Reihe: *2 M re zusstr, 4 M re, 2 M re zusstr; ab * 1x wdh (= 12 M).
10. Reihe: Alle M li abk.
Das Strickteil mit der glatten Seite nach außen zusammenlegen und die Kanten zusammennähen. Beide Ohren gleich arbeiten und mit Leiterstichen an den Kopf nähen.

Nase, Maul und Krallen

Für die Nase mit schwarzem Garn 2 bis 3 Spannstiche am Ende der Schnauze sticken. Einen langen Spannstich von der Nase nach unten führen und vom unteren Ende aus für das Maul je einen langen Spannstich nach rechts und links sticken. Das Maul mit winzigen Stichen mit schwarzem Nähgarn leicht gerundet befestigen (siehe Grundtechniken, Seite 11). Auf die Pfoten jeweils 3 Krallen mit langen Spannstichen sticken.

Mähne

Aus einer Mischung von sandfarbenem und mittelbraunem Garn 7 oder 8 lockere Pompons anfertigen. Diese auf den Kopf des Löwen befestigen (siehe Foto, Seite 98).
Die Pompons leicht in Form schneiden.

Löwin

Wie den männlichen Löwen arbeiten, jedoch ohne Mähne.

Löwenbaby

Hinweis: Die Teile für das Löwenbaby werden mit Nadeln Nr. 3 gestrickt.

Oberteil des Rumpfes und des Kopfes

1x in Sandfarbe arbeiten.
10 M anschl.
1. Reihe: Re M str. *2. Reihe und alle folgenden Rückreihen:* Li M str.
3. Reihe: [4] M re, 2x (1 M re, 1 M zun), [4] M re. *4. Reihe:* Li M str.
3. und 4. R 4x wdh, dabei die Zahl in eckigen Klammern jedes Mal um 1 erhöhen (= 20 M). *13. – 26. Reihe:* Gl re str (13. R = Hin-R re).
27. Reihe: [8] M re, 2x 2 M re zusstr, [8] M re. *28. Reihe:* Li M str. 27. und 28. R 2x wdh, dabei die Zahl in eckigen Klammern jedes Mal um 1 reduzieren (= 14 M). *33. Reihe:* 6 M re, 2x (1 M re, 1 M zun), 6 M re (= 16 M).
35. Reihe: 7 M re, 2x (1 M re, 1 M zun), 7 M re (= 18 M). *36. – 40. Reihe:* Gl re str (36. R = Rück-R li).
41. Reihe: 7 M re, 2x 2 M re zusstr, 7 M re (= 16 M). *43. Reihe:* 6 M re, 2x 2 M re zusstr, 6 M re (= 14 M).
44. Reihe: Alle M li abk (= Kopf).

Unterteil des Rumpfes und des Kopfes

1x in Weiß arbeiten.
Bis zur 44. Reihe arbeiten, wie beim Oberteil des Rumpfes und des Kopfes beschrieben, jedoch die M nicht abketten, sondern Beginn und Ende der letzten R mit einem kontrastfarbenen Faden markieren.
45. Reihe: 7 M anschl, 5 M re, 2x 2 M re zusstr, 5 M re (= 19 M).
46. Reihe: 7 M anschl, weiter li M (= 26 M).
47. Reihe: 2 M re zusstr, [9] M re, 2x 2 M re zusstr, [9] M re, 2 M re zusstr.
48. Reihe: Li M str. 47. und 48. R 2x wdh, dabei die Zahl in eckigen Klammern jedes Mal um 2 reduzieren (= 14 M). *51. Reihe:* Re M str.
52. Reihe: Li M str. *53. Reihe:* 3 M re, 4x 2 M re zusstr, 3 M re (= 10 M).
55. Reihe: 1 M re, 4x 2 M re zusstr, 1 M re (= 6 M). *56. Reihe:* Alle M li abk (= Schnauze).
Kopf und Rumpf des Löwenbabys fertig stellen wie beim erwachsenen Löwen.

Beine

4x in Sandfarbe arbeiten.
10 M anschl.
1. Reihe: Re M str.
2. Reihe: Li M str.
3. Reihe: 1 M re, 1 M zun, [3] M re, 2x (1 M re, 1 M zun), [3] M re, 1 M zun, 1 M re.
4. Reihe: Li M str. 3. und 4. R 2x wdh, dabei die Zahl in eckigen Klammern jedes Mal um 2 erhöhen (= 22 M).
9. – 30. Reihe: Gl re str (9. R = Hin-R re).
31. – 35. Reihe: Gl re str, dabei am Beginn, in der Mitte und am Ende jeder Hin-R jeweils 2 M re zusstr (= 13 M).
36. Reihe: Alle M li abk.
Die Beine fertig stellen und an den Rumpf nähen, wie beim erwachsenen Löwen beschrieben. Die Tatzen etwa 2,5 cm vom Ende des Beines entfernt abknicken und mit Leiterstichen fixieren.

Schwanz

1x in Sandfarbe arbeiten.
10 M anschl und 16 R gl re str (1. R = Hin-R re).
17. Reihe: 5x 2 M re zusstr (= 5 M).
Den Faden abschneiden, das Ende durch die verbleibenden M führen und fest anziehen.
Den Schwanz fertig stellen und an den Rumpf nähen, wie beim erwachsenen Löwen beschrieben. Einen kleinen Pompon anfertigen und ans Schwanzende nähen.

Ohren

2x in Sandfarbe arbeiten.
14 M anschl und 4 R gl re str (1. R = Hin-R re). *5. Reihe:* *2 M re zusstr, 3 M re, 2 M re zusstr; ab * 1x wdh (= 10 M). *6. Reihe:* Alle M li abk.
Die Ohren fertig stellen, wie beim erwachsenen Löwen beschrieben, und mit Leiterstichen an den Kopf nähen.

Nashorn

(Abb. siehe Seite 103)
Größe: ca. 38 cm

Die wenigen Nashörner, die heute noch auf der Erde leben, sind Zeugen einer Vergangenheit, als noch viele riesige Pflanzenfresser die Erde besiedelten.
Nashörner haben sehr schlechte Augen. Würde man sich unbeweglich nur rund dreißig Meter entfernt vor eines von ihnen hinstellen, so würde das Tier keinerlei Notiz von einem nehmen. Der Geruchssinn des Nashorns jedoch ist hervorragend, da das Riechorgan des Tieres größer ist als sein Gehirn! Unter den schrumpligen Falten seiner Haut leben viele lästige Parasiten. Doch die Nashörner haben eine Art Partnerschaft mit einigen Vögeln entwickelt, die genau diese „blinden Passagiere" herauspicken und mit einer kostenlosen Mahlzeit für ihre Dienste belohnt werden.
Bei diesem gestrickten Nashorn werden die schrumpligen Panzerplatten der Haut durch einzeln gestrickte Felder dargestellt, die nachträglich auf den Rumpf aufgenäht werden.

Schwierigkeitsgrad

Für Könner. Bei diesem Tier werden verschiedene Techniken eingesetzt, und der Rumpf und die Beine werden in einem Stück gearbeitet. Für das Nashorn sollten Sie daher schon einige Strick-Erfahrung mitbringen.

120 g Strickgarn (LL ca. 160 m/50 g) in Grau; Reste in Weiß und Schwarz
Stricknadeln Nr. 3,5
Sticknadel Nr. 18 ohne Spitze
2 Sicherheitsaugen, Ø 14 mm
Kunstfaser-Bastelwatte (waschbar)

Maschenprobe

18 M/28 R gl re = 10 x 10 cm.

Anleitung

Alle Grundtechniken, die Sie beherrschen müssen, um das Nashorn zu arbeiten, sind auf Seite 9 bis 11 ausführlich beschrieben.

Beine mit Rumpf

2x in Grau arbeiten.
20 M anschl und 20 R gl re str (1. R = Hin-R re).
21. Reihe: 10 M abk. Den Faden abschneiden. Dies ist das 1. Bein. Die verbleibenden M auf der Nd lassen. Für das 2. Bein 20 M mit der Nd anschl, auf der sich das 1. Bein befindet. 20 R gl re über diese 20 M str (1. R = Hin-R re).
21. Reihe: 10 M abk, weiter re M über die verbleibenden 10 M str. Wenden und 15 M anschl, wenden und re M über die verbleibenden 10 M des 1. Beines str.
22. Reihe: Li M über alle 35 M str. Die Beine sind jetzt miteinander verbunden.
23. Reihe: 2x (1 M re, 1 M zun), [31] M re, 2x (1 M zun, 1 M re).
24. Reihe: Li M str. 23. und 24. R 3x wdh, dabei die Zahl in eckigen Klammern jedes Mal um 4 erhöhen (= 51 M). Beginn und Ende der 30. R mit einem kontrastfarbenen Faden markieren.
31. – 56. Reihe: Gl re str (31. R = Hin-R re).
Nun wird der Rumpf in zwei getrennten Teilen gearbeitet, um Schultern und Hinterteil des Nashorns auszuformen.
57. und 58. Reihe: 2 M re zusstr, 14 M re, 2x 2 M re zusstr; wenden und li M über diese 17 M str.
59. und 60. Reihe: 2 M re zusstr, 11 M re, 2x 2 M re zusstr; wenden und li M über diese 14 M wie folgt str: 2 M li zusstr, 10 M li, 2 M li zusstr.
61. und 62. Reihe: 2x 2 M re zusstr, 4 M re, 2x 2 M re zusstr; wenden und diese 8 M abk. Den Faden abschneiden.
Den Faden auf der rechten Seite der Arbeit wieder anfügen und 11 M abk (= 20 M). Weiter gl re str wie folgt:
57. Reihe: 2x 2 M re zusstr, 14 M re, 2 M re zusstr (= 17 M).
58. Reihe: Li M str.
59. Reihe: 2x 2 M re zusstr, 11 M re, 2 M re zusstr (= 14 M).
60. Reihe: 2 M li zusstr, 10 M li, 2 M li zusstr (= 12 M).
61. Reihe: 2x 2 M re zusstr, 4 M re, 2x 2 M re zusstr (= 8 M).
62. Reihe: Alle M li abk.
Die Beinteile mit der glatt rechts gestrickten Seite nach außen zusammenlegen und die Seitennähte der Beine schließen.

Fusssohlen

4x in Grau arbeiten.
4 M anschl.
1. Reihe: Re M str.
2. Reihe: Li M str.
3. Reihe: 1 M re, 1 M zun, 2 M re, 1 M zun, 1 M re (= 6 M).
4. – 13. Reihe: Gl re str (4. R = Rück-R li).
14. Reihe: 2 M li zusstr, 2 M li, 2 M li zusstr (= 4 M).
15. Reihe: Alle M re abk.
Alle 4 Fußsohlen gleich arbeiten und mit der glatt rechts gestrickten Seite nach außen auf die untere Öffnung der Beine nähen. Beine mit Bastelwatte ausstopfen.

Zwickel

1x in Grau arbeiten.
3 M anschl.
1. Reihe: Re M str.

2. Reihe und alle folgenden Rückreihen: Li M str.
3. – 12. Reihe: Gl re str, dabei am Beginn und am Ende jeder Hin-R jeweils 1 M zun (= 13 M).
13. – 58. Reihe: Gl re str (13. R = Hin-R re).
59. – 67. Reihe: Gl re str, dabei am Beginn und am Ende jeder Hin-R jeweils 2 M re zusstr (= 3 M).
68. Reihe: Alle M li abk.
Das eine spitze Ende des Zwickels in Höhe des kontrastfarbenen Markierungsfadens an den Rumpf nähen und anschließend Zwickel und Rumpf auf der einen Längsseite verbinden wie folgt: von der Spitze bis zum ersten Bein, dann entlang der offenen Kante des Beines, an dem geraden Stück zwischen den beiden Beinen, entlang der offenen Kante des zweiten Beins und weiter, bis Zwickelspitze und Markierungsfaden auch am anderen Ende aufeinandertreffen. Nähen Sie die andere Seite des Zwickels genauso an. Anschließend nähen Sie den Körper des Nashorns am Rücken zusammen:

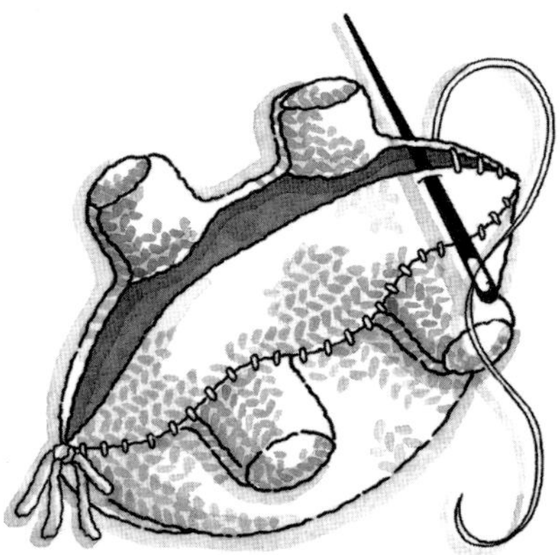

Beginnen Sie beim 1. Markierungsfaden und nähen Sie weiter bis etwa 10 cm vor dem 2. Markierungsfaden. Nashornkörper mit Bastelwatte ausstopfen und die Öffnung schließen.

Kopf

1x in Grau arbeiten.
44 M anschl und 4 R gl re str (1. R = Hin-R re).
5. Reihe: 17 M re, 1 M zun, 10 M re, 1 M zun, 17 M re (= 46 M).
6. Reihe: 18 M li, 1 M zun, 10 M li, 1 M zun, 18 M li (= 48 M).
7. Reihe: 19 M re, 1 M zun, 10 M re, 1 M zun, 19 M re (= 50 M).
8. Reihe: 20 M li, 1 M zun, 10 M li, 1 M zun, 20 M li (= 52 M).
9. Reihe: 21 M re, 1 M zun, 10 M re, 1 M zun, 21 M re (= 54 M).
10. Reihe: 22 M li, 1 M zun, 10 M li, 1 M zun, 22 M li (= 56 M).
11. Reihe: 1 M re, 1 M zun, 22 M re, 1 M zun, 10 M re, 1 M zun, 22 M re, 1 M zun, 1 M re (= 60 M).
12. Reihe: 1 M li, 1 M zun, 24 M li, 1 M zun, 10 M li, 1 M zun, 24 M li, 1 M zun, 1 M li (= 64 M).
13. – 18. Reihe: Gl re str (13. R = Hin-R re).
19. Reihe: 2 M re zusstr, [23] M re, 2 M re zusstr, 10 M re, 2 M re zusstr, [23] M re, 2 M re zusstr.
20. Reihe und alle folgenden Rückreihen: Li M str. 19. und 20. R 7x wdh, dabei die Zahl in eckigen Klammern jedes Mal um 2 reduzieren (= 32 M).
35. – 40. Reihe: Gl re str (35. R = Hin-R re).
41. Reihe: 2 M re zusstr, 6 M re, 4x (2 M re zusstr, 2 M re), 6 M re, 2 M re zusstr (= 26 M).
43. Reihe: 2 M re zusstr, 4 M re, 4x (2 M re zusstr, 2 M re), 2 M re, 2 M re zusstr (= 20 M).
44. Reihe: 8 M li, 2x 2 M li zusstr, 8 M li (= 18 M).
45. Reihe: Alle M re abk (= Schnauzenende).
Das Strickteil mit der glatt rechts gestrickten Seite nach außen der Länge nach mittig zusammenlegen, das Schnauzenende und die Längsnaht schließen. Den Kopf mit Bastelwatte ausstopfen und mit Leiterstichen an den Rumpf nähen.

Grosses Horn

1x in Weiß arbeiten.
12 M anschl und 6 R gl re str (1. R = Hin-R re).
7. Reihe: 1 M re, 1 M zun, 3 M re, 2x 2 M re zusstr, 3 M re, 1 M zun, 1 M re (= 12 M).
8. Reihe: Li M str. 7. und 8. R 1x wdh.
11. Reihe: 4 M re, 2x 2 M re zusstr, 4 M re (= 10 M).
12. Reihe: 3 M li, 2x 2 M li zusstr, 3 M li (= 8 M).
13. Reihe: 4x 2 M re zusstr (= 4 M).
14. Reihe: 2x 2 M li zusstr (= 2 M).
15. Reihe: 2 M re zusstr. Den Faden abschneiden, das Ende durch die letzte M führen und fest anziehen.
Das Strickteil mit der glatt rechts gestrickten Seite nach außen zusammenlegen und die Seitennaht schließen. Das Horn mit Bastelwatte ausstopfen und die offene Seite mit Leiterstichen vorne auf die Nase nähen (siehe Foto).

Kleines Horn

1x in Weiß arbeiten.
12 M anschl.
1. Reihe: Re M str.
2. Reihe: Li M str.
3. Reihe: 1 M re, 1 M zun, 3 M re, 2x 2 M re zusstr, 3 M re, 1 M zun, 1 M re (= 12 M).
4. Reihe: Li M str.
Weiterarbeiten wie beim großen Horn ab 11. R bis zum Ende.
Das kleine Horn fertig stellen, wie beim großen Horn beschrieben, und mit Leiterstichen hinter das große Horn nähen.

Schulterplatte

1x in Grau arbeiten.
10 M anschl.
1. Reihe: Re M str.
2. Reihe: Li M str.
3. – 8. Reihe: Gl re str, dabei am Beginn und am Ende jeder Hin-R jeweils 1 M zun (= 16 M).
9. – 36. Reihe: Gl re str (9. R = Hin-R re).
37. – 42. Reihe: Gl re str, dabei am Beginn und am Ende jeder Hin-R 2 M re zusstr (= 10 M). 1.– 42. R 1x wdh, dann alle M abk.
Das Strickteil so über die Schultern des Nashorns legen, dass die schmalere Mittelpartie parallel zur Schulternaht verläuft, und entlang der Schulternaht festnähen. Eine Hälfte der Schulterplatte mit Leiterstichen an den Rumpf nähen und dabei leicht mit Bastelwatte ausstopfen, um dem Teil mehr Volumen zu verleihen. Anschließend die andere Hälfte genauso annähen.

Hintere Platte

1x in Grau arbeiten
14 M anschl.
1. Reihe: Re M str.
2. Reihe: Li M str.
3. – 8. Reihe: Gl re str, dabei am Beginn und am Ende jeder Hin-R jeweils 1 M zun (= 20 M).
9. – 36. Reihe: Gl re str (9. R = Hin-R re).

37. – 42. Reihe: Gl re str, dabei am Beginn und am Ende jeder Hin-R 2 M re zusstr (= 14 M).
1. – 42. R 1x wdh, dann alle M abk. Die hintere Platte ebenso anbringen wie die Schulterplatte (siehe Foto).

Ohren

2x in Grau arbeiten.
10 M anschl und 4 R gl re str (1. R = Hin-R re).
5. Reihe: 1 M re, 1 M zun, 3 M re, 2x (1 M re, 1 M zun), 3 M re, 1 M zun, 1 M re (= 14 M).
6. Reihe und alle folgenden Rückreihen: Li M str.
7. Reihe: 1 M re, 1 M zun, 5 M re, 2x (1 M re, 1 M zun), 5 M re, 1 M zun, 1 M re (= 18 M).
8. – 12. Reihe: Gl re str (8. R = Rück-R li).
13. Reihe: *2 M re zusstr, 5 M re, 2 M re zusstr; ab * 1x wdh (= 14 M).
15. Reihe: *2 M re zusstr, 3 M re, 2 M re zusstr; ab * 1x wdh (= 10 M).
17. Reihe: *2 M re zusstr, 1 M re, 2 M re zusstr; ab * 1x wdh (= 6 M).
19. Reihe: 3x 2 M re zusstr (= 3 M).
21. Reihe: 3 M re zusstr.
Den Faden abschneiden, das Ende durch die letzte M führen und fest anziehen.
Das Ohr mit der glatt rechts gestrickten Seite nach außen zusammenlegen und entlang der äußeren Kante zusammennähen. Beide Ohren gleich arbeiten und an den Kopf nähen.

Schwanz

1x in Grau arbeiten.
12 M anschl und 24 R gl re str (1. R = Hin-R re).
25. Reihe: *2 M re, 2 M re zusstr, 2 M re; ab * 1x wdh (= 10 M).
26. Reihe und alle folgenden Rückreihen: Li M str.
27. Reihe: 2 M re, 2 M re zusstr; ab * 1x wdh; 2 M re (= 8 M).
29. Reihe: 2 M re, 2x 2 M re zusstr, 2 M re (= 6 M).
31. Reihe: 3x 2 M re zusstr (= 3 M).
33. Reihe: 3 M re zusstr. Den Faden abschneiden, das Ende durch die letzte M führen und fest anziehen.
Den Schwanz mit der glatt rechts gestrickten Seite nach außen zusammenlegen und entlang der äußeren Kante zusammennähen. Anschließend mit Leiterstichen an das Hinterteil des Nashorns nähen.

Nasenlöcher und Maul

Für die Nasenlöcher zu beiden Seiten der Schnauze jeweils 3 Spannstiche mit schwarzem Garn arbeiten. Für das Maul einen langen Spannstich sticken und mit kleinen, unsichtbaren Stichen fixieren (siehe Grundtechniken, Seite 11, und Foto).

ELEFANT

(Abb. siehe Seite 93) Größe: ca. 40 cm (ohne Schwanz)

Elefanten sind die größten Landsäugetiere, die heute auf der Erde leben, und haben eine sehr lange Lebenserwartung – viele sind über 70 Jahre alt. Sie leben in Herden, sind intelligent und sensibel. Berühmt sind sie für ihre außerordentliche Gabe, zu lernen und sich an etwas zu erinnern.

Der Rüssel des Elefanten ist kräftig genug, um Bäume auszureißen, und empfindlich genug, um kleine Objekte wie Grashalme und Blätter aufzuheben. Ein Elefant kann sich auch selbst duschen, indem er den Rüssel mit Wasser füllt und es über seinen eigenen Kopf sprüht. Der Rüssel dient darüber hinaus als vielseitiges Werkzeug: Er wird eingesetzt zum Riechen, zum Trinken und zum Sammeln von Nahrung. Entstanden sein dürfte der Rüssel, weil der Elefant ohne diese Verlängerung der Nase die Nahrung auf dem Erdboden nicht erreichen könnte.

Der Rüssel unseres Elefanten kann zwar keine Bäume ausreißen, doch die beeindruckenden Stoßzähne und das intelligente Gesicht erinnern an seine riesigen Verwandten, die durch die afrikanische Savanne streifen.

Schwierigkeitsgrad

Für Könner. Rumpf und Beine werden in einem Stück gearbeitet, Kopf und Rüssel haben einen ungewöhnlichen Schnitt – kurz: ein Projekt für eine erfahrene Strickerin.

150 g Strickgarn (LL ca. 160 m/50 g) in Grau; Reste in Weiß
Stricknadeln Nr. 3,5
Sticknadel Nr. 18 ohne Spitze
2 Sicherheitsaugen, Ø 14 mm
Kunstfaser-Bastelwatte (waschbar).

Maschenprobe

18 M/28 R gl re = 10 x 10 cm.

Anleitung

Alle Grundtechniken, die Sie beherrschen müssen, um den Elefanten zu arbeiten, sind auf Seite 9 bis 11 ausführlich beschrieben.

BEINE UND RUMPF

2x in Grau arbeiten.
30 M anschl und 18 R gl re str (1. R = Hin-R re).
19. Reihe: 15 M abk, weiter re M über die restlichen 15 M str. Das Garn am Ende der R abschneiden. Dies ist das 1. Bein; die verbleibenden M auf der Nd lassen.
Für das 2. Bein mit einer zusätzlichen Nd 30 M anschl und 18 R gl re str (1. R = Hin-R re).
19. Reihe: 15 M abk, weiter re M über die restlichen 15 M str.
20. Reihe: 15 M li über das 2. Bein str, wenden und 15 M anschl, wenden und 15 M li über das 1. Bein str (= 45 M). Die Beine sind nun miteinander verbunden.
21. Reihe: Re M str über alle 45 M.
22. Reihe und alle folgenden Rückreihen: Li M str.
23. Reihe: 1 M re, 1 M zun, [13] M re, 1 M zun, 17 M re, 1 M zun, [13] M re, 1 M zun, 1 M re.
24. Reihe: Li M str. 23. und 24. R 5x wdh, dabei die Zahl in eckigen Klammern jedes Mal um 2 erhöhen (= 69 M). Beginn und Ende der 34. R mit einem kontrastfarbenen Faden markieren.
35. – 42. Reihe: Gl re str (35. R = Hin-R re).
43. Reihe: [25] M re, 2 M re zusstr, 15 M re, 2 M re zusstr, [25] M re.
44. Reihe: Li M str. 43. und 44. R 4x wdh, dabei die Zahl in eckigen Klammern jedes Mal um 1 reduzieren (= 59 M).
53. Reihe: Re M str.
54. Reihe: Li M str.
55. – 68. Reihe: Gl re str, dabei am Beginn und am Ende jeder Hin-R jeweils 2 M re zusstr (= 45 M).
69. Reihe: 2x 2 M re zusstr, 41 M re, 2x 2 M re zusstr.
70. Reihe: 2 M li zusstr, bis auf die letzten 2 M alle M li abk, enden mit 2 M li zusstr. Den Faden abschneiden, das Ende durch die beiden letzten M führen und fest anziehen.
Die Beinteile mit der glatt rechts gestrickten Seite nach außen zusammenlegen und die Beinnähte schließen.

FUSSSOHLEN

4x in Grau arbeiten.
6 M anschl
1. Reihe: Li M str.
2. Reihe: 1 M re, 1 M zun, 4 M re, 1 M zun, 1 M re.
3. Reihe: 1 M li, 1 M zun, 6 M li, 1 M zun, 1 M li.
4. – 17. Reihe: Gl re str (4. R = Hin-R re).
18. Reihe: 2 M re zusstr, 6 M re, 2 M re zusstr.
19. Reihe: 2 M li zusstr, 4 M li, 2 M li zusstr.
20. Reihe: Alle M re abk.
Alle 4 Fußsohlen gleich arbeiten und mit der glatt rechts gestrickten Seite nach außen auf die untere Öffnung der Beine nähen. Beine mit Bastelwatte ausstopfen.

ZWICKEL

1x in Grau arbeiten.
3 M anschl.
1. Reihe (= Rückreihe): Li M str.
2. – 14. Reihe: Gl re str, dabei am Beginn und am Ende jeder Hin-R jeweils 1 M zun (= 17 M).

15. – 87. Reihe: Gl re str (15. R = Rück-R li).
88. – 100. Reihe: Gl re str, dabei am Beginn und am Ende jeder Hin-R jeweils 2 M re zusstr (= 3 M).
101. Reihe: Alle M li abk.
Den Zwickel einsetzen und den Rumpf fertig stellen, wie beim Nashorn beschrieben (siehe Seite 102).

Kopf mit Rüssel
1x in Grau arbeiten.
46 M anschl und 8 R gl re str (1. R = Hin-R re).
9. Reihe: 1 M re, 1 M zun, 7 M re, 1 M zun, 7 M re, 1 M zun, 7 M re, 2x (1 M re, 1 M zun), 7 M re, 1 M zun, 7 M re, 1 M zun, 7 M re, 1 M zun, 1 M re (= 54 M).
10. Reihe und alle folgenden Rückreihen: Li M str.
11. Reihe: 1 M re, 1 M zun, *7 M re, 2x (1 M re, 1 M zun); ab * 4x wdh; 7 M re, 1 M zun, 1 M re (= 66 M).
12. – 44. Reihe: Gl re str (12. R = Rück-R li).
45. Reihe: 6 M re, *2 M re zusstr, 3 M re; ab * 2x wdh; 2 M re zusstr, 20 M re, **2 M re zusstr, 3 M re; ab ** 2x wdh; 2 M re zusstr, 6 M re (= 58 M).
47. Reihe: 6 M re, 7x 2 M re zusstr, 18 M re, 7x 2 M re zusstr, 6 M re (= 44 M).
49. Reihe: 2 M re zusstr, 4 M re, 4x 2 M re zusstr, 16 M re, 4x 2 M re zusstr, 4 M re, 2 M re zusstr (= 34 M).
50. – 52. Reihe: Gl re str (50. R = Rück-R li).
53. – 94. Reihe: Gl re str, dabei am Beginn und am Ende jeder 2. Hin-R jeweils 2 M re zusstr (= 12 M).
95. – 108. Reihe: Gl re str (95. R = Hin-R re).
109. Reihe: Alle M abk.
Das Strickteil mit der glatt rechts gestrickten Seite nach außen der Länge nach mittig zusammenlegen. Das Ende des Rüssels und die Längsnaht bis zum Hals schließen. Die Augen einsetzen (siehe Abbildung oben in der Mittelspalte). Das Kopfteil ausstopfen und das offene Ende mit Leiterstichen an den Rumpf nähen. Den Rüssel im rechten Winkel zum Kopf abknicken und mit Leiterstichen fixieren (siehe Foto auf Seite 93 und Abbildung oben in der Mittelspalte).

Ohren
Teil A und Teil B je 2x in Grau arbeiten.
Teil A
15 M anschl.
1. Reihe (= Rückreihe): Li M str.
2. Reihe: 2x (1 M re, 1 M zun), 11 M re, 2x (1 M zun, 1 M re).
3. Reihe: 2x (1 M li, 1 M zun), 15 M li, 1 M zun, 1 M li. 2. und 3. R 1x

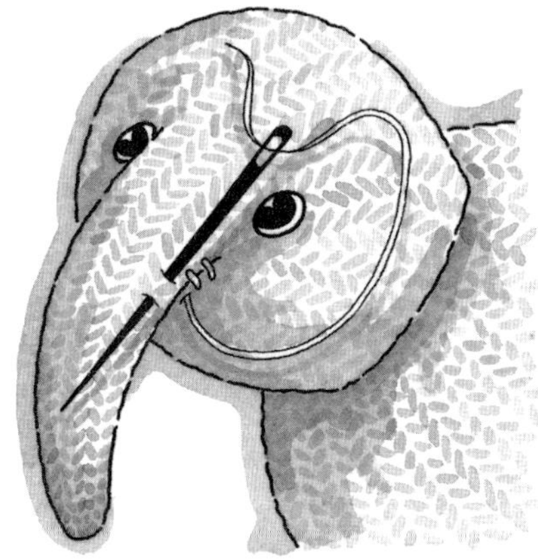

wdh (= 31 M).
6. Reihe: 1 M re, 1 M zun, 29 M re, 1 M zun, 1 M re.
7. Reihe: 1 M li, 1 M zun, 31 M li, 1 M zun, 1 M li (= 35 M).
8. – 16. Reihe: Gl re str (8. R = Hin-R re).
17. Reihe: 2 M li zusstr, 31 M li, 2 M li zusstr (= 33 M).
18. Reihe: 2x 2 M re zusstr, 25 M re, 2x 2 M re zusstr (= 29 M).
19. Reihe: 15 M abk, 2x 2 M li zusstr, 8 M li, 2 M li zusstr (= 11 M).
20. Reihe: 2 M re zusstr, 5 M re, mit 2x 2 M re zusstr enden (= 8 M).
21. Reihe: 2x 2 M li zusstr, 2 M li, 2 M li zusstr (= 5 M).
22. Reihe: 2 M re zusstr, 1 M re, 2 M re zusstr (= 3 M).
23. Reihe: 2 M li zusstr, 1 M li (= 2 M). Den Faden abschneiden, das Ende durch die beiden letzten M führen und fest anziehen.
Teil B
Wie Teil A arbeiten bis zum Ende der 18. Reihe.
19. Reihe: 2 M li zusstr, 8 M li, 2x 2 M li zusstr, 15 M abk (= 11 M). Den Faden abschneiden und das Strickstück mit der glatt rechts gestrickten Seite nach oben hinlegen. Faden am Reihenbeginn wieder anbringen.
20. Reihe: 2x 2 M re zusstr, 5 M re, 2 M re zusstr (= 8 M).
21. Reihe: 2 M li zusstr, 2 M li, 2x 2 M li zusstr (= 5 M).
22. Reihe: 2 M re zusstr, 1 M re, 2 M re zusstr (= 3 M).
23. Reihe: 1 M li, 2 M li zusstr (= 2 M).
Den Faden abschneiden, das Ende durch die beiden letzten M führen und fest anziehen.
Die Ohrteile mit den glatt rechts gestrickten Seiten nach außen paarweise zusammenlegen und entlang der äußeren Kante zusammennähen. Beide Ohren gleich arbeiten und mit Leiterstichen an den Kopf nähen.

Stosszähne
2x in Weiß arbeiten.
12 M anschl und 8 R gl re str (1. R = Hin-R re).
9. Reihe: 1 M re, 1 M zun, 3 M re, 2x 2 M re zusstr, 3 M re, 1 M zun, 1 M re.
10. Reihe: Li M str. 9. und 10. R 2x wdh (= 12 M).
15. Reihe: [4] M re, 2x 2 M re zusstr, [4] M re.
16. Reihe: Li M str. 15. und 16. R 3x wdh, dabei die Zahl in eckigen Klammern jedes Mal um 1 reduzieren (= 4 M).
23. Reihe: 2x 2 M re zusstr.
24. Reihe: Alle M li abk.
Das Strickteil mit der glatt rechts gestrickten Seite nach außen zusammenlegen, die Seitennaht schließen und den Stoßzahn ausstopfen. Beide Stoßzähne gleich arbeiten und die offenen Enden mit Leiterstichen seitlich am Kopf des Elefanten annähen. Die Stoßzähne mit einigen zusätzlichen Stichen am Rüssel befestigen.

Schwanz
6 Stücke graues Garn à 20 cm Länge zuschneiden. Die Fäden bündeln und mit einem weiteren Stück Garn in der Mitte zusammenbinden (dieses Stück wird später zum Annähen des Schwanzes verwendet).
Die Fäden mittig zusammenlegen und in 3 Stränge à 4 Fäden teilen. Diese Stränge bis 5 cm vor dem Ende miteinander verflechten (siehe Grundtechniken, Seite 11). Das Schwanzende verknoten und den fertigen Schwanz ans Hinterteil des Elefanten nähen.

WARZENSCHWEIN

Größe: ca. 30 cm (ohne Schwanz)

Durch seine furchterregenden Hauer wirkt das Warzenschwein zwar bedrohlich und grimmig, doch wird es bei einer Begegnung mit dem Menschen eher fliehen als angreifen.
Im Gegensatz zu anderen Mitgliedern der Schweine-Familie, die zu Haus- und Zuchttieren wurden, beharrt das Warzenschwein stur auf seiner Unabhängigkeit und lässt sich nicht zähmen. In der afrikanischen Savanne besteht sein einziger Kontakt zu den Farmern darin, dass es dann und wann auf deren Land schleicht, um nach Futter zu suchen.
Dieses gestrickte Warzenschwein scheint hier keine Ausnahme zu sein. Mit seinen großen hellen Augen und leichten Füßen sieht es genau so frech und drollig aus wie seine afrikanischen Verwandten.

Schwierigkeitsgrad

Für Könner. Dieses Modell erfordert diverse Stricktechniken, außerdem sind ziemlich viele Einzelteile zu stricken. Es empfiehlt sich daher eher für erfahrene Strickerinnen.

140 g Strickgarn (LL ca. 160 m/50 g) in Rost; Reste in Weiß und Schwarz
Stricknadeln Nr. 3,5
Sticknadel Nr. 18 ohne Spitze
2 Sicherheitsaugen, Ø 14 mm
Nähnadel
Nähgarn, schwarz
Kunstfaser-Bastelwatte (waschbar).

Maschenprobe

18 M/28 R gl re = 10 x 10 cm.

Anleitung

Alle Grundtechniken, die Sie beherrschen müssen, um das Warzenschwein zu arbeiten, sind auf Seite 9 bis 11 ausführlich beschrieben.

Rumpf und Kopf

1x in Rost arbeiten.
24 M anschl.
1. Reihe (= Rückreihe): Li M str.
2. Reihe: 1 M re, 2x (1 M re, 1 M zun), [6] M re, 2x (1 M re, 1 M zun), 2 M re, 2x (1 M re, 1 M zun), [6] M re, 2x (1 M re, 1 M zun), 1 M re.
3. Reihe und alle folgenden Rückreihen: Li M str. 2. und 3. R 5x wdh, dabei die Zahl in eckigen Klammern jedes Mal um 4 erhöhen (= 72 M).
14. Reihe: *1 M re, 1 M in die nächste M zun, 32 M re, 1 M in die nächste M zun, 1 M re; ab * 1x wdh (= 76 M). *15. – 29. Reihe:* Gl re str (15. R = Rück-R li). *30. Reihe:* 1 M re, 2 M re zusstr, [32] M re, 2 M re zusstr, 2 M re, 2 M re zusstr, [32] M re, 2 M re zusstr, 1 M re. *31. Reihe:* Li M str. 30. und 31. R 3x wdh, dabei die Zahl in eckigen Klammern jedes Mal um 2 reduzieren (= 60 M). *38. – 43. Reihe:* Gl re str (38. R = Hin-R re). *44. Reihe:* 29 M re, 1 M zun, 2 M re, 1 M zun, 29 M re (= 62 M). *46. Reihe:* [28] M re, 2x (1 M re, 1 M zun), 2 M re, 2x (1 M re, 1 M zun), [28] M re. *47. Reihe:* Li M str. 46. und 47. R 3x wdh, dabei die Zahl in eckigen Klammern jedes Mal um 2 erhöhen (= 78 M). *54. Reihe:* Re M str. *55. Reihe:* Li M str. *56. – 61. Reihe:* Gl re str, dabei am Beginn und am Ende jeder Hin-R jeweils 2 M re zusstr (= 72 M). *62. Reihe:* 2 M re zusstr, [31] M re, 2 M re zusstr, 2 M re, 2 M re zusstr, [31] M re, 2 M re zusstr. *63. Reihe:* Li M str. 62. und 63. R 5x wdh, dabei die Zahl in eckigen Klammern jedes Mal um 2 reduzieren (= 48 M). *74. Reihe:* [21] M re, 2 M re zusstr, 2 M re, 2 M re zusstr, [21] M re. *75. Reihe:* Li M str. 74. und 75. R 8x wdh, dabei die Zahl in eckigen Klammern jedes Mal um 1 reduzieren (= 30 M). *92. – 95. Reihe:* Gl re str (92. R = Hin-R re).
96. Reihe: Alle M li abk (= Schnauze).
Das Strickteil mit der glatt rechts gestrickten Seite nach außen der Länge nach mittig zusammenlegen und die Längsnaht schließen. Kopf und Rumpf mit Bastelwatte ausstopfen, die Öffnung am hinteren Ende schließen, die Schnauze jedoch noch offen lassen.

Schnauze

1x in Rost arbeiten.
11 M anschl
1. Reihe (= Rückreihe): Li M str.
2. Reihe: 1 M re, 1 M zun, 9 M re, 1 M zun, 1 M re. *3. – 5. Reihe:* Gl re str (3. R = Rück-R li). *6. Reihe:* 2 M re zusstr, 9 M re, 2 M re zusstr (= 11 M). *7. Reihe:* Alle M li abk.
Das Strickteil in die Schnauzenöffnung des Kopfes einsetzen.

Vorderbeine

2x in Rost arbeiten.
20 M anschl und 14 R gl re str (1. R = Hin-R re). *15. – 28. Reihe:* Gl re str, dabei am Beginn und am Ende der 15. R und jeder 2. folgenden Hin-R jeweils 1 M zun (= 28 M). *29. – 32. Reihe:* Gl re str (29. R = Hin-R re).
33. Reihe: 14 M abketten, 14 M re.
34. Reihe und alle folgenden Rück-R: Li M str. *35. – 39. Reihe:* Gl re str, dabei am Beginn und am Ende jeder

Hin-R jeweils 2 M re zusstr (= 8 M). *40. Reihe:* 2 M li zusstr, 4 M li, 2 M li zusstr (= 6 M). *41. Reihe:* Alle M abk. Das Strickteil mit der glatt rechts gestrickten Seite nach außen der Länge nach mittig zusammenlegen und die Öffnung an der Schmalseite sowie die lange Seitennaht schließen. Das Bein mit Bastelwatte ausstopfen und von der Unterkante ausgehend nach oben eine etwa 2,5 cm lange Linie abnähen, um den Huf zu formen. Beide Vorderbeine gleich arbeiten und das offene Ende mit Leiterstichen an den Rumpf nähen.

Hinterbeine

2x in Rost arbeiten.
20 M anschl und 14 R gl re str (1. R = Hin-R re).
15. – 27. Reihe: Gl re str, dabei am Beginn und am Ende der 15. R und jeder 2. folgenden Hin-R jeweils 1 M zun (= 28 M).
28. – 30. Reihe: Gl re str (28. R = Rück-R li).
31. – 35. Reihe: Gl re str, dabei am Beginn und am Ende der 31. und der 35. R jeweils 2 M zun (= 36 M).
36. – 38. Reihe: Gl re str (36. R = Rück-R li).
39. Reihe: 18 M abketten, 18 M re.
40. – 49. Reihe: Gl re str, dabei am Beginn und am Ende jeder Hin-R jeweils 2 M re zusstr (= 8 M).
50. Reihe: 2 M li zusstr, 4 M li, mit 2 M li zusstr enden (= 6 M).
51. Reihe: Alle M abk.
Die Hinterbeine fertig stellen und an den Rumpf nähen, wie bei den Vorderbeinen beschrieben.

Ohren

Teil A und B je 2x in Rost arbeiten.

Teil A

5 M anschl und 4 R gl re str (1. R = Hin-R re).
5. Reihe: 2x (1 M re, 1 M zun), 2 M re, 1 M zun, 1 M re. *6. Reihe und alle folgenden Rückreihen:* Li M str.
7. Reihe: 2x (1 M re, 1 M zun), 6 M re.
8. – 14. Reihe: Gl re str (8. R = Rück-R li). *15. Reihe:* 8 M re, 2 M re zusstr. *17. Reihe:* 7 M re, 2 M re zusstr.
19. Reihe: 6 M re, 2 M re zusstr.
21. Reihe: 2 M re zusstr, 2 M re, 2 M re zusstr. *23. Reihe:* 2 M re zusstr, 1 M re, 2 M re zusstr (= 3 M).
24. Reihe: Alle M li abk.

Teil B

5 M anschl und 4 R gl re str (1. R = Hin-R re).
5. Reihe: 1 M re, 1 M zun, 2 M re, 2x (1 M zun, 1 M re). *7. Reihe:* 6 M re, 2x (1 M zun, 1 M re). *8. – 14. Reihe:* Gl re str (8. R = Rück-R li). *15. Reihe:* 2 M re zusstr, 8 M re. *17. Reihe:* 2 M re zusstr, 7 M re. *19. Reihe:* 2 M re zusstr, 6 M re. *21. Reihe:* 2 M re zusstr, 2 M re, 2 M re zusstr. *23. Reihe:* 2 M re zusstr, 1 M re, 2 M re zusstr (= 3 M). *24. Reihe:* Alle M li abk.
Die Teile A und B paarweise zusammennähen und die fertigen Ohren an den Schmalseiten mit Leiterstichen am Kopf befestigen.

Schwanz

1x in Rost arbeiten.
10 M anschl und 44 R gl re str (1. R = Hin-R re).
45. Reihe: 5x 2 M re zusstr. Den Faden abschneiden, das Ende durch die letzte M führen und fest anziehen.
Das Strickteil mit der glatt rechts gestrickten Seite nach außen der Länge nach zusammenlegen, die Seitennaht schließen und den Schwanz leicht mit Bastelwatte ausstopfen. Den fertigen Schwanz mit Leiterstichen an das Hinterteil des Warzenschweines nähen und etwa 2,5 cm vom Ende entfernt farblich passendes Garn fest um den Schwanz wickeln und vernähen.

Kleine Warzen

2x in Rost arbeiten.
12 M anschl.
1. Reihe: Re M str. *2. Reihe:* Li M str.
3. Reihe: 6x 2 M re zusstr. *4. Reihe:* Li M str. Faden abschneiden, das Ende durch die verbleibenden M führen und fest anziehen.
Das Teil mit der glatt rechts gestrickten Seite nach außen zusammenlegen und die gerundeten Kanten zusammennähen, sodass eine Kuppelform entsteht. Beide Warzen gleich arbeiten, mit Bastelwatte ausstopfen und an die Schnauze des Warzenschweines nähen (siehe Foto).

Grosse Warzen

2x in Rost arbeiten.
16 M anschl.
1. Reihe: Re M str. *2. Reihe und alle folgenden Rückreihen:* Li M str.
3. Reihe: 4x (2 M re zusstr, 2 M re).
5. Reihe: 4x (2 M re zusstr, 1 M re).
7. Reihe: 4x 2 M re zusstr. Den Faden abschneiden, das Ende durch die verbleibenden M führen und anziehen.
Große Warzen fertig stellen wie die kleinen Warzen und rechts und links an den Kopf nähen (siehe Foto).

Augenwölbungen

2x in Rost arbeiten.
20 M anschl.
1. Reihe: Re M str. *2. Reihe und alle folgenden Rückreihen:* Li M str.
3. Reihe: 3x (2 M re zusstr, 4 M re), 2 M re zusstr. *5. Reihe:* 4x (2 M re zusstr, 2 M re). *7. Reihe:* 4x (2 M re zusstr, 1 M re). *9. Reihe:* 4x 2 M re zusstr. Faden abschneiden, das Ende durch die verbleibenden M führen und fest anziehen.
Die Augenwölbungen fertig stellen wie die kleinen Warzen. Auf jeder Wölbung ein Sicherheitsauge befestigen, die Wölbungen leicht mit Bastelwatte ausstopfen und an den Kopf nähen (siehe Foto), dabei den Stiel der Sicherheitsaugen durch die Maschen des Kopfes stecken.

Hauer

2x in Weiß arbeiten.
10 M anschl.
1. Reihe: Re M str.
2. Reihe und alle folgenden Rückreihen: Li M str.
3. und 5. Reihe: 1 M re, 1 M zun, 2 M re, 2x 2 M re zusstr, 2 M re, 1 M zun, 1 M re.
7. Reihe: 3 M re, 2x 2 M re zusstr, 3 M re.
9. Reihe: 2 M re, 2x 2 M re zusstr, 2 M re.
11. Reihe: 1 M re, 2x 2 M re zusstr, 1 M re.
12. Reihe: 2x 2 M li zusstr.
13. Reihe: 2 M re zusstr. Den Faden abschneiden, das Ende durch die verbleibenden M führen und fest anziehen.
Das Strickteil mit der glatt rechts gestrickten Seite nach außen der Länge nach zusammenlegen und die Seitennaht schließen. Den Hauer mit Bastelwatte ausstopfen. Beide Hauer gleich arbeiten, die Hinterenden mit Leiterstichen seitlich an die Schnauze nähen und dabei die Hauer mit einigen zusätzlichen Stichen an der Schnauze befestigen.

In Eis und Schnee

Eskimo

Größe: ca. 29 cm

Nur Menschen mit enormer Zähigkeit und Ausdauer können in den eisigen und unwirtlichen Gebieten leben, die von den Eskimos bewohnt werden. Diese Ureinwohner der nördlichen Polarregion nennen sich selbst „Inuit", was ganz einfach „Mensch" heißt.

Das Leben in den schneereichen Regionen Kanadas und Alaskas ist sehr hart. Lebensgrundlage der Inuit sind Seehunde, Wale, Karibus und Fisch; sie dienen als Nahrung und liefern Leder und Felle für die Bekleidung. Wo Nahrung und andere Rohstoffe so rar sind, wird nichts verschwendet, und die Menschen müssen sich einiges einfallen lassen – selbst ihre Behausungen, die Iglus, bauen sie aus Schnee und Eis.

Dieses Mädchen trägt einen Mantel aus Robbenpelz mit Blenden aus warmem Fell, damit Gesicht und Hände warm bleiben. Auf seinem Schlitten, der von einem Husky gezogen wird, bringt es erbeutete Fische nach Hause zu seinem Iglu.

Schwierigkeitsgrad

Für Könner. Die Teile selbst sind nicht kompliziert, doch die Jacke mit ihren flauschigen Blenden an Kragen, Manschetten und Kapuze ist ein wenig schwieriger zu arbeiten. Wenn Sie diese Puppe für ein Kleinkind anfertigen, sollten Sie die Kleidung fest an den Körper nähen, damit sie nicht verloren geht.

Strickgarn (LL ca. 160 m/50 g) in folgenden Mengen und Farben: 50 g in Hautfarbe, 60 g in Dunkelbraun, 25 g in Schwarz, 20 g in Kastanie, Rest in Dunkelgrau
Rest Mohairgarn in Weiß
Stricknadeln Nr. 3,5
Häkelnadel Nr. 3
Sticknadel Nr. 18 ohne Spitze
2 Sicherheitsaugen, Ø 10 mm
3 Holzperlen, Ø 10 mm
Nähnadel; Nähgarn, schwarz
Kunstfaser-Bastelwatte (waschbar)
Außerdem: Karton, Klebstoff, Bastelfarbe (Braun und Silber) für Fische und Schlitten

Maschenprobe

26 M/34 R gl re = 10 x 10 cm.

Anleitung

Die Grundanleitung für die Puppen finden Sie auf Seite 12/13.

Alle übrigen Grundtechniken, die Sie beherrschen müssen, um die Puppe zu arbeiten, sind auf Seite 9 bis 11 ausführlich beschrieben.

Rumpf und Kopf

1x in Dunkelbraun, Dunkelgrau und Hautfarbe arbeiten.

In den folgenden Farben stricken und fertig stellen, wie auf Seite 12/13 beschrieben: 12 R in Dunkelbraun, 3 R in Dunkelgrau, die übrigen R in Hautfarbe.

Beine

2x in Kastanie und Dunkelbraun arbeiten.

In den folgenden Farben stricken und fertig stellen, wie auf Seite 12/13 beschrieben: 22 R Kastanie, die übrigen R in Dunkelbraun. Beide Beine gleich arbeiten und mit Leiterstichen an den Rumpf nähen.

Arme und Ohren

Je 2x in Hautfarbe arbeiten.
Arbeiten und fertig stellen, wie auf Seite 13 beschrieben, und die Teile mit Leiterstichen an den Rumpf nähen.

Jacke

Ärmel

2x in Dunkelbraun mit Blenden aus weißem Mohairgarn arbeiten.
26 M mit weißem Mohairgarn anschl.
1. und 3. Reihe: Re M str.
2. und 4. Reihe: Li M str.
In Dunkelbraun weiterstr.
5. – 24. Reihe: Gl re str (Achtung: 5. R = Rück-R li!).
25. – 34. Reihe: Gl re str (25. R = Rück-R li), dabei am Beginn, in der Mitte und am Ende jeder Hin-R jeweils 2 M re zusstr (= 11 M).
35. Reihe: Li M str.
Mit weißem Mohairgarn weiterstr.
36. und 38. Reihe: Li M str.
37. Reihe: Re M str.
39. Reihe: Alle M abk.
Den Ärmel mit der glatt rechts gestrickten Seite nach außen der Länge nach mittig zusammenlegen und die Seitennaht bis zum Beginn der Abnahmen schließen. Beide Ärmel gleich arbeiten.

Rechtes Vorderteil

1x in Dunkelbraun mit Blenden aus weißem Mohairgarn arbeiten.
14 M mit weißem Mohairgarn anschl.
1. und 3. Reihe: Re M str.
2. und 4. Reihe: Li M str.
In Dunkelbraun weiterstr.
5. – 23. Reihe: Gl re str (Achtung: 5. R = Rück-R li).
24. – 34. Reihe: Gl re str, dabei am Ende jeder Hin-R 2 M re zusstr (= 8 M).
Mit weißem Mohairgarn weiterstr.
35. und 37. Reihe: Re M str.
36. und 38. Reihe: Li M str.
39. Reihe: Alle M abk.

Linkes Vorderteil

1x in Dunkelbraun mit Blenden aus weißem Mohairgarn arbeiten.
14 M mit weißem Mohairgarn anschl.
1. und 3. Reihe: Re M str.
2. und 4. Reihe: Li M str.
In Dunkelbraun weiterstr.
5. – 9. Reihe: Gl re str (Achtung: 5. R = Rück-R li).
Das erste Knopfloch wird über die nächsten 2 R nahe dem vorderen Rand gearbeitet.
10. Reihe = 1. Knopfloch-Reihe: Bis zu den letzten 3 M re str. Stellen Sie sich vor, die restlichen M seien von links nach rechts mit M1, M2 und M3 nummeriert: M3 und M2 re str, M3 über M2 ziehen (= 1 M abk), dann M1 re str.
11. Reihe = 2. Knopfloch-Reihe: 2 M li, wenden und 1 M anschl, wenden und bis zum Ende der R li str.

12. – 19. Reihe: Gl re str (12. R = Hin-R re).
20. und 21. Reihe (Knopfloch): Wie 11. und 12. Reihe.
22. Reihe: Re M str.
23. Reihe: Li M str.
24. – 31 Reihe: Gl re str, dabei am Beginn jeder Hin-R 2 M re zusstr (= 10 M).
32. Reihe (Knopfloch): 2 M re zusstr, 5 M re, 2 M re, die 1. M über die 2. ziehen (siehe 1. Knopflochreihe), 1 M re.
33. Reihe: Wie 11. R str.
34. Reihe: 2 M re zusstr, 7 M re.
Mit weißem Mohairgarn weiterstr.
35. und 37. Reihe: Re M str.
36. und 38. Reihe: Li M str.
39. Reihe: Alle M abk.
Die Knopflöcher im Knopflochstich umranden (siehe Grundtechniken, Seite 10).

Rückenteil mit Kapuze
1x in Dunkelbraun mit Blenden aus weißem Mohairgarn arbeiten.
32 M mit weißem Mohairgarn anschl.
1. und 3. Reihe: Re M str.
2. und 4. Reihe: Li M str.
In Dunkelbraun weiterstr.
5. – 23. Reihe: Gl re str (Achtung! 5. R = Rück-R li!).
24. Reihe: 3 M abk (1 M bleibt auf der li Nd), 28 M re (= 29 M).
25. Reihe: 3 M abk (1 M bleibt auf der li Nd), 25 M li (= 26 M).
26. – 36. Reihe: Gl re str, dabei am Beginn und am Ende jeder Hin-R 2 M re zusstr (= 14 M).
37. – 39. Reihe: Gl re str (37. R = Rück-R li).
Kapuze: *40. Reihe* (= 1. R der Kapuze): 6 M anschl, 14 M re (= 20 M).
41. Reihe: 6 M anschl, 20 M li (= 26 M).
42. Reihe: 2 M re, 6x (1 M re, 1 M zun, 3 M re) (= 32 M).
43. Reihe und alle folgenden Rückreihen: Li M str.
44. Reihe: 3 M re, 5x (1 M re, 1 M zun, 4 M re), 1 M re, 1 M zun, 3 M re (= 38 M).
45. – 63. Reihe: Gl re str (45. R = Rück-R li).
64. Reihe: 2 M re zusstr, 8x (2 M re zusstr, 2 M re), 2x 2 M re zusstr (= 27 M).
66. Reihe: 9x (2 M re zusstr, 1 M re) (= 18 M).
68. Reihe: 9x 2 M re zusstr (= 9 M).
70. Reihe: 4x 2 M re zusstr, 1 M re (= 5 M). Den Faden abschneiden, das Ende durch die verbleibenden M führen und fest anziehen. Das Garn auf der Rückseite unsichtbar vernähen. Das Rückenteil mit der glatt rechts gestrickten Seite nach unten hinlegen. Die beiden Vorderteile mit der glatt rechts gestrickten Seite nach oben und überlappenden Vorderkanten darauf legen und die Seitennähte bis zum Beginn der Abnahmen schließen. Die Ärmel einsetzen und die obere Mohairblende zusammennähen.

Kapuzenblende
1x in Weiß (Mohair) arbeiten.
54 M anschl und 4 R gl re str, dann alle M abketten.
Die Blende an die Vorderkante der Kapuze nähen (siehe Foto auf Seite 111).

Haare
Das Haupthaar aus schwarzem Garn arbeiten, wie auf Seite 13 beschrieben, und die Frisur durch schwarze Zöpfe mit kastanienbraunen Schleifen vervollständigen.

Mund
In Dunkelbraun aufsticken, wie auf Seite 13 beschrieben.

Schlitten
4 Karton-Rechtecke im Format 15 x 10 cm zuschneiden und aufeinanderkleben, sodass eine stabile Platte für die Oberseite des Schlittens entsteht. Diese Platte braun streichen.
Für die Schlittenkufen die unten abgebildete Vorlage 2x auf Karton übertragen und ausschneiden. Die Karton-Kufen ausschneiden und mit Silberfarbe bemalen. Den oberen Teil der Kufen entlang der gestrichelten Linie abknicken und auf die Unterseite der braunen Platte kleben. Falls die Kufen zu instabil sind, können Sie das Ganze durch passgenau zugeschnittene Kartonplatten versteifen, die Sie zwischen die Kufen auf die Unterseite der braunen Platte kleben.

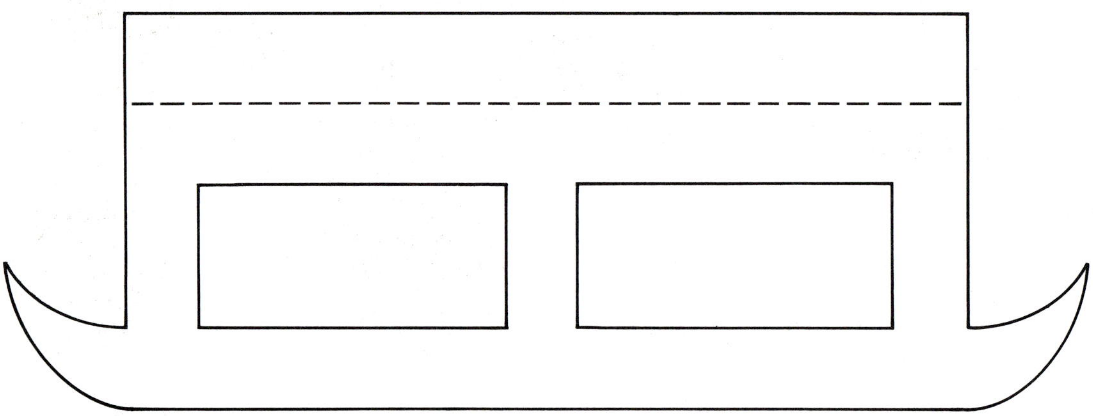

Kufe für den Eskimo-Schlitten (Originalgröße); 2x aus Karton zuschneiden.

HUSKY

(Abb. Seite 108 und 110) Größe: ca. 20,5 cm

Mensch und Hund verbindet von jeher ein besonderes Verhältnis. Deshalb wurden Hunde auch lange vor Kühen oder Schweinen domestiziert. Dies liegt vor allem an der Vielseitigkeit des Hundes, denn er kann für ganz unterschiedliche Aufgaben eingesetzt werden, etwa als Jagdhund, Hofhund oder Wachhund.
Auch die Eskimos oder Inuit haben im Hund einen zuverlässigen Freund gefunden. Mit ihrem dicken Fell und ihrer unwahrscheinlichen Ausdauer sind Huskys ideale Begleiter in Gebieten, in denen die Temperatur oft weit unter dem Gefrierpunkt liegt. Sie werden zum Ziehen von Schlitten eingesetzt und sind unentbehrlich bei Reisen über weite, schneereiche Flächen.
Dieser kleine Husky ist noch ein Welpe; daher wird er allein noch keinen schweren Schlitten ziehen können. Doch aus seinen glänzenden Augen und seinem freundlichen Gesicht spricht eine Begeisterung, die seine mangelnde Kraft bei weitem wettmacht.

Schwierigkeitsgrad

Für Einsteiger. Der Husky ist schnell aus wenigen einfachen Teilen anzufertigen. Wenn Sie nur ungern mit Mohair arbeiten, verwenden Sie einfach ein anderes passendes Garn.

Je 25 g Mohairgarn in Hellgrau und Schwarz
Garnrest in Schwarz
Stricknadeln Nr. 3,5
Sticknadel Nr. 18 ohne Spitze
2 Sicherheitsaugen, Ø 10 mm
Kunstfaser-Bastelwatte (waschbar)
Außerdem: farbige Garnreste für die Fische, braune Garnreste für das Geschirr

Maschenprobe

18 M/28 R gl re = 10 x 10 cm.

Anleitung

Alle Grundtechniken, die Sie beherrschen müssen, um den Husky zu arbeiten, sind auf Seite 9 bis 11 ausführlich beschrieben.

Unterteil von Rumpf und Kopf

1x in Weiß arbeiten.
12 M anschl für das Hinterteil.
1. Reihe: Re M str.
2. Reihe und alle folgenden Rückreihen: Li M str.
3. Reihe: 5 M re, 2x (1 M re, 1 M zun), 5 M re.
5. Reihe: 6 M re, 2x (1 M re, 1 M zun), 6 M re (= 16 M).
6. – 24. Reihe: Gl re str (6. R = Rück-R li).
25. Reihe: 6 M re, 2x 2 M re zusstr, 6 M re.
27. Reihe: 5 M re, 2x 2 M re zusstr, 5 M re.
29. Reihe: 4 M re, 2x 2 M re zusstr, 4 M re (= 10 M).
30. – 32. Reihe: Gl re str (30. R = Rück-R li).
33. Reihe: 4 M re, 2x (1 M re, 1 M zun), 4 M re.
35. Reihe: 5 M re, 2x (1 M re, 1 M zun), 5 M re (= 14 M).
36. – 38. Reihe: Gl re str (36. R = Rück-R li).
39. Reihe: 5 M re, 2x 2 M re zusstr, 5 M re.
41. Reihe: 4 M re, 2x 2 M re zusstr, 4 M re (= 10 M). Beginn und Ende der 41. R mit einem kontrastfarbenen Faden markieren.
43. Reihe: 3 M anschl, weiter re M str.
44. Reihe: 3 M anschl, weiter li M str (= 16 M).
45. Reihe: Re M str.
46. Reihe: Li M str.
47. Reihe: 2x (2 M re, 2 M re zusstr), 2x (2 M re zusstr, 2 M re) (= 12 M).
49. Reihe: 2x (1 M re, 2 M re zusstr), 2x (2 M re zusstr, 1 M re) (= 8 M).
51. Reihe: 4x 2 M re zusstr (= 4 M).
52. Reihe: Alle M li abk.

Oberteil von Rumpf und Kopf

1x in Hellgrau arbeiten.
Wie das Unterteil arbeiten bis einschließlich 41. R.
43. Reihe: 3 M re, 2x 2 M re zusstr, 3 M re (= 8 M).
44. Reihe: Alle M li abk (= Kopf-Ende).
Unterteil und Oberteil mit der glatt rechts gestrickten Seite nach außen an den Seiten zusammennähen. Die vorderen Ecken des grauen Oberteils müssen mit den Markierungsfäden des weißen Unterteils übereinstimmen. Die Vorderkante des weißen Teils links auf links zur Hälfte legen und die Naht schließen, um die Schnauze zu formen. Die Oberkante dieser Schnauze an die Vorderkante des grauen Oberteils nähen.

Augenpartie

2x in Weiß arbeiten.
5 M anschl und 4 R gl re str (1. R = Hin-R re).

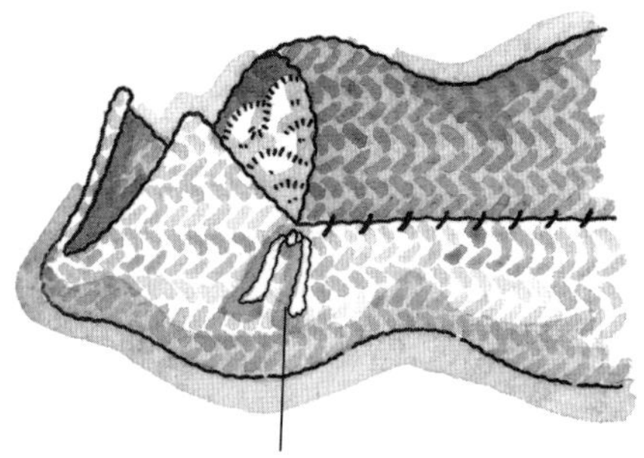

Kontrastfarbener Markierungsfaden

5. Reihe: 2 M re zusstr, 1 M re, 2 M re zusstr (= 3 M).
6. Reihe: Alle M li abk.
Auf jedem der weißen Strickstücke ein Sicherheitsauge anbringen (siehe Grundtechniken, Seite 8) und die Flecken mit den Augen auf den grauen Teil des Hundegesichtes, knapp über der Schnauze, nähen (siehe Foto auf Seite 110); dabei den Stiel der Augen durch die Maschen des Kopfes nach innen schieben. Die Schnauze, Kopf und Rumpf durch die Öffnung am hinteren Ende mit Bastelwatte ausstopfen und die Öffnung schließen. Die Markierungsfäden entfernen.

Schwanz

1x in Hellgrau arbeiten.
10 M anschl und 4 R gl re str (1. R = Hin-R re).
5. Reihe: 1 M re, 1 M zun, 8 M re, 1 M zun, 1 M re (= 12 M).
6. – 14. Reihe: Gl re str (6. R = Rück-R li).
15. – 23. Reihe: Gl re str, dabei am Beginn und am Ende jeder Hin-R 2 M re zusstr (= 2 M).
24. Reihe: Alle M li abk.
Das Strickteil mit der glatt rechts gestrickten Seite der Länge nach zusammenlegen und die Längsnaht schließen. Den Schwanz mit wenig Bastelwatte ausstopfen und mit Leiterstichen an den Rumpf nähen.

Beine

4x in Weiß arbeiten.
8 M anschl.
1. Reihe: Li M str.
2. Reihe: 1 M re, 1 M zun, 2 M re, 2x (1 M re, 1 M zun), 2 M re, 1 M zun, 1 M re.

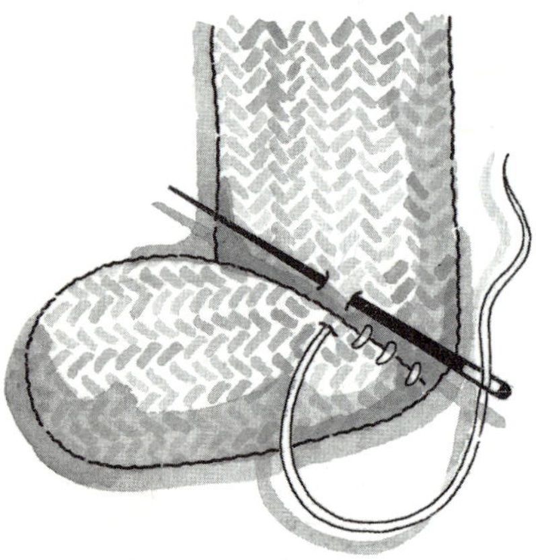

3. – 17. Reihe: Gl re str (3. R = Hin-R re).
18. Reihe: Alle M li abk.
Das Strickteil mit der glatt rechts gestrickten Seite nach außen der Länge nach zusammenlegen und am Fuß sowie an der Längsseite zusammennähen, dabei mit der Anschlagkante beginnen. Das Bein ausstopfen, dann die letzte Naht schließen. Alle 4 Beine gleich arbeiten und mit Leiterstichen an den Rumpf nähen.
Pfoten: An jedem Bein die Pfote im rechten Winkel zum Bein abknicken und mit Leiterstichen fixieren (siehe Abb. links unten).

Ohren

Je 2x in Weiß und Grau arbeiten.
5 M anschl und 5 R gl re str (1. R = Rück-R li).
6. Reihe: 2 M re zusstr, 1 M re, 2 M re zusstr (= 3 M).
7. Reihe: Li M str.
8. Reihe: 3 M re zusstr. Den Faden abschneiden, das Ende durch die verbleibende M führen und fest anziehen.
Je 1 weißes und 1 graues Teil mit der glatt rechts gestrickten Seite nach außen aufeinanderlegen und entlang der Außenkante zusammennähen.
Beide Ohren gleich arbeiten und mit Leiterstichen so an den Kopf nähen, dass die weiße Seite nach vorne zeigt.

Nase, Maul und Krallen

Für die Nase einige waagerechte Spannstiche über die Schnauzenspitze sticken. Dann das Maul als umgedrehtes T mit Spannstichen unter der Nase arbeiten. 3 lange Spannstiche auf jeder Pfote stellen die Krallen dar (siehe Grundtechniken, Seite 11, und Foto Seite 110).

Variante

Der Husky ähnelt dem Schäferhund stark, was kaum überrascht, da beide mit dem Wolf verwandt sind. Einen Schäferhundwelpen stricken Sie nach der Anleitung für unseren Husky, jedoch mit folgenden Farben: die Beine, das Unterteil von Kopf und Rumpf sowie die Vorderseite der Ohren in Mittelbraun; das Oberteil von Kopf und Rumpf, den Schwanz und die Rückseite der Ohren in Schwarz.

Fisch

Kopf, Rumpf und Schwanz

14 M anschl und 16 gl re str (1. R = Hin-R re).
17. Reihe: 7x 2 M re zusstr. Den Faden abschneiden, das Ende durch die verbleibenden M führen und fest anziehen.
Das Strickteil mit der glatt rechts gestrickten Seite nach außen der Länge nach zusammenlegen, die lange Seitennaht schließen und den Fisch nach und nach mit Bastelwatte ausstopfen. Dann die letzte Öffnung schließen.
Etwa 1 cm vom geraden Ende des Fisches entfernt farblich passendes Garn mehrmals um den Rumpf wickeln und fest anziehen, um den Schwanz zu formen. Im rechten Winkel zum geraden Schwanzende einige Vorstiche arbeiten und das Garn fest vernähen.
Für die Augen zwei schwarze Punkte aufsticken.

PINGUINE

Größe: Kaiserpinguin 24 cm, Kaiserpinguin-Küken 15,5 cm;
Adeliepinguin 23 cm, Adéliepinguin-Küken 14 cm

Pinguine haben feste Familienbindungen, die während des langen antarktischen Winters einer harten Prüfung unterzogen werden. Vor Einbruch der kältesten Periode legt das Weibchen des Kaiserpinguins ein großes Ei; dann macht es sich auf den Weg zum Meer, um nach Nahrung zu suchen. Das Männchen bleibt inzwischen allein zurück und kümmert sich um das Ei, das es in eine Hautfalte zwischen Füße und Unterleib schiebt und sorgfältig warm hält. Erst wenn das Weibchen zurückkehrt, kann sich das Männchen endlich selbst auf Nahrungssuche begeben.

Mit einfachen Farbwechseln können Sie die Zeichnungen und Muster der Pinguine verändern und nach der Anleitung für einen ausgewachsenen Pinguin und ein Jungtier ganz neue Rassen entstehen lassen. Bald werden Sie von einer großen Pinguin-Schar umgeben sein.

Schwierigkeitsgrad

Für Fortgeschrittene. Die Teile sind einfach zu stricken; auch die Zeichnung der Pinguine erfordert nur wenige Farbwechsel. Die Fertigstellung der Pinguine in der Endphase verlangt jedoch etwas mehr Aufmerksamkeit.

Für alle Pinguine:
Stricknadeln Nr. 3,5
Sticknadel Nr. 18 ohne Spitze
2 Sicherheitsaugen, Ø 10 mm
Kunstfaser-Bastelwatte (waschbar)
Für den erwachsenen Kaiserpinguin:
Strickgarn (LL ca. 160 m/50 g) in folgenden Mengen und Farben: 40 g in Schwarz, 25 g in Weiß, Reste in Dunkelbraun, Orange und Gelb
Für den erwachsenen Adeliepinguin:
Strickgarn (LL ca. 160 m/50 g) in folgenden Mengen und Farben: 40 g in Schwarz, 25 g in Weiß, Rest in Dunkelgrau
Für das Kaiserpinguin-Küken:
10 g Mohairgarn in Grau
Garnreste (LL ca. 160 m/50 g) in Schwarz, Dunkelbraun und Weiß
Häkelnadel Nr. 3
Für das Adeliepinguin-Küken:
10 g Mohairgarn in Hellbraun
Garnrest (LL ca. 160 m/50 g) in Dunkelbraun
Häkelnadel Nr. 3

Maschenprobe

26 M/34 R gl re = 10 x 10 cm.

Anleitung

Alle Grundtechniken, die Sie beherrschen müssen, um die Pinguine zu arbeiten, sind auf Seite 9 bis 11 ausführlich beschrieben.

GROSSER PINGUIN

RÜCKEN UND KOPF

1x in Schwarz arbeiten.
48 M anschl.
1. Reihe: Re M str.
2. Reihe: Li M str.
3. Reihe: [22] M re, 2x 2 M re zusstr, [22] M re.
4. Reihe: Li M str. 3. und 4. R 8x wdh, dabei die Zahl in eckigen Klammern jedes Mal um 1 reduzieren (= 30 M).
21. – 46. Reihe: Gl re str (21. R = Hin-R re).
47. Reihe: 1 M re, 1 M zun, 12 M re, 2x 2 M re zusstr, 12 M re, 1 M zun, 1 M re.
48. Reihe: Li M str (= 30 M). 47. und 48. R 7x wdh. Am Beginn und am Ende der 62. R einen kontrastfarbenen Faden als Markierung anbringen.
63. – 68. Reihe: Gl re str, dabei am Beginn und am Ende jeder Hin-R 1 M zun (= 36 M).
69. – 72. Reihe: Gl re str (69. R = Hin-R re).
73. Reihe: 2 M re zusstr, [14] M re, 2x 2 M re zusstr, [14] M re, 2 M re zusstr.
74. Reihe: Li M str. 73. und 74. R 2x wdh, dann die 73. R noch 1x wdh, dabei die Zahl in eckigen Klammern jedes Mal um 2 reduzieren (= 20 M).
80. Reihe: *2 M li zusstr, 6 M li, 2 M li zusstr; ab * 1x wdh (= 16 M).
81. Reihe: Alle M abk.

BAUCH

1x in Weiß arbeiten (zusätzl. mit Gelb und Orange für den Kaiserpinguin).
2 M anschl.
1. Reihe: Re M str.
2. Reihe und alle folgenden Rückreihen: Li M str.
3. Reihe: Je 1 M in beide M zun.
4. – 20. Reihe: Gl re str, dabei am Beginn und am Ende jeder Hin-R 1 M zun (= 20 M).
21. – 62. Reihe: Gl re str (21. R = Hin-R re).
Für einen Adéliepinguin in Weiß; für einen Kaiserpinguin in Gelb weiterstr.
63. – 68. Reihe: Gl re str, dabei am Beginn und am Ende jeder Hin-R 2 M re zusstr (= 14 M).
Für einen Adéliepinguin in Weiß; für einen Kaiserpinguin in Orange weiterstr.
69. – 72. Reihe: Gl re str, dabei am Beginn und am Ende jeder Hin-R 2 M re zusstr (= 10 M).

73. Reihe: 2x 2 M re zusstr, 2 M re, 2x 2 M re zusstr.
75. Reihe: 3x 2 M re zusstr.
76. Reihe: Alle M li abk.
Das schwarze Strickteil mit der glatt rechts gestrickten Seite der Länge nach mittig zusammenlegen. Die herausragende Spitze ist der Schwanz. Das breitere Ende des Bauchteils (beim Kaiserpinguin: das weiße Ende) mit schwarzem Garn an die Schwanzspitze nähen. Die eine Seite des Bauchteils so an den Rücken nähen, dass die obere Spitze des Bauchteils mit den Markierungsfäden am Hals übereinstimmt. Die andere Seite des Bauchteils genauso annähen. Die Vorderseite des Kopfes zusammennähen. Die Sicherheitsaugen an beiden Seiten des Gesichts einsetzen. Kopf und Rumpf mit Bastelwatte ausstopfen und die letzte Naht schließen. Die Markierungsfäden entfernen.

FLÜGEL

Teil A und B jeweils 1x in Schwarz und Weiß arbeiten (= 4 Flügelteile insgesamt).

Teil A

12 M anschl und 10 R gl re str (1. R = Hin-R re).
11. Reihe: 1 M re, 1 M zun, 8 M re, 2 M re zusstr. *12. Reihe:* Li M str. 11. und 12. R 3x wdh. *19. Reihe:* 2 M re zusstr, 8 M re, 1 M zun, 1 M re. *20. Reihe:* Li M str. 19. und 20. R 2x wdh. *21. – 24. Reihe:* Gl re str, dabei am Beginn und am Ende jeder Hin-R 2 M re zusstr (= 6 M).
25. Reihe: 2 M re zusstr, 2 M re, 2 M re zusstr.
26. Reihe: Alle M li abk.

Teil B

12 M anschl und 10 R gl re str (1. R = Hin-R re).
11. Reihe: 2 M re zusstr, 8 M re, 1 M zun, 1 M re. *12. Reihe:* Li M str. 11. und 12. R 3x wdh. *19. Reihe:* 1 M re, 1 M zun, 8 M re, 2 M re zusstr. *20. Reihe:* Li M str. 19. und 20. R 2x wdh. *21. – 24. Reihe:* Gl re str, dabei am Beginn und am Ende jeder Hin-R 2 M re zusstr (= 6 M). *25. Reihe:* 2 M re zusstr, 2 M re, 2 M re zusstr.
26. Reihe: Alle M li abk.
Je 1 weißes und 1 schwarzes Flügelteil mit der glatt rechts gestrickten Seite nach außen aufeinanderlegen und entlang der Kante zusammennähen. Beide Flügel gleich arbeiten und an der geraden Kante mit Leiterstichen an den Rumpf nähen (siehe Foto).

SCHNABEL (KAISERPINGUIN)

1x in Dunkelbraun arbeiten.
9 M anschl und 10 R gl re str (1. R = Hin-R re).
11. Reihe: 1 M re, 1 M zun, 2x (1 M re, 2 M re zusstr), 1 M re, 1 M zun, 1 M re. *12. Reihe und alle folgenden Rückreihen:* Li M str. *13. Reihe:* 2 M re, 2 M re zusstr, 1 M re, 2 M re zusstr, 2 M re. *15. Reihe:* 2x (1 M re, 2 M re zusstr), 1 M re. *17. Reihe:* 2 M re zusstr, 1 M re, 2 M re zusstr.

19. Reihe: 3 M re zusstr. Den Faden abschneiden, das Ende durch die verbleibende M führen und fest anziehen.
Das Strickteil mit der glatt rechts gestrickten Seite nach außen zusammenlegen und die Seitennaht schließen. Den Schnabel mit Bastelwatte ausstopfen und mit Leiterstichen vorne an das Gesicht des Pinguins nähen.

SCHNABEL (ADÉLIEPINGUIN)
1x in Grau arbeiten.
10 M anschl und 8 R gl re str (1. R = Hin-R re).
9. Reihe: *2 M re zusstr, 1 M re, 2 M re zusstr; ab * 1x wdh.
10. Reihe: Li M str.
11. Reihe: 3x 2 M re zusstr.
13. Reihe: 3 M re zusstr. Den Faden abschneiden, das Ende durch die letzte M führen und fest anziehen.
Den Schnabel fertig stellen und annähen, wie beim Kaiserpinguin beschrieben.

ZEHEN
6x in Dunkelbraun für den Kaiserpinguin bzw. in Grau für den Adéliepinguin arbeiten.
8 M anschl und 12 R gl re str (1. R = Hin-R re).
13. Reihe: 2 M re zusstr, 4 M re, 2 M re zusstr.
14. Reihe: Li M str.
15. Reihe: 2 M re zusstr, 2 M re, 2 M re zusstr.
16. Reihe: Alle M li abk.
Das Strickteil mit der glatt rechts gestrickten Seite nach außen der Länge nach zusammenlegen und die Seitennaht schließen. Die Zehe mit Bastelwatte ausstopfen und die letzte Naht schließen.
Fuß: Je 3 Zehen mit Leiterstichen verbinden und dabei den Fuß formen. Beide Füße unter den Rumpf des Pinguins nähen.

Fertigstellung der Pinguine

ZEICHNUNG AM KOPF DES KAISERPINGUINS
2x in Orange arbeiten.
4 M anschl.
1. Reihe: Li M str.
2. Reihe: 1 M re, 1 M zun, 2 M re, 1 M zun, 1 M re.
3. – 11. Reihe: Gl re str (3. R = Rück-R li).
12. Reihe: 2 M re zusstr, 2 M re, 2 M re zusstr.
13. – 15. Reihe: Gl re str (13. R = Rück-R li).
14. Reihe: 2x 2 M re zusstr (= 2 M).
Den Faden abschneiden, das Ende durch die verbleibenden M führen und fest anziehen. Diese Spitze liegt später vorne am Hals des Vogels.
Die beiden orangefarbenen Teile seitlich so an den Kopf nähen, dass die Spitzen am oberen Ende des Bauches aufeinandertreffen (siehe Foto).
Mit orangefarbenem Garn an beiden Seiten des Schnabels jeweils 2 Reihen Kettstiche arbeiten (siehe Grundtechniken, Seite 10).

AUGENRINGE (ADÉLIEPINGUIN)
Mit weißem Garn und Kettstichen die Augen des Adéliepinguins mandelförmig umranden (siehe Grundtechniken, Seite 10, und Foto, Seite 117).

PINGUIN-KÜKEN

RUMPF UND KOPF

1x in Grau und Schwarz für ein Kaiserpinguin-Küken bzw. in Hellbraun für ein Adéliepinguin-Küken arbeiten.
24 M anschl (Kaiserpinguin: in Grau; Adéliepinguin: in Hellbraun) und gl li str.
1. Reihe und alle folgenden Hinreihen: Li M str.
2. Reihe (= Rück-R): 9 M re, 1 M zun, 6 M re, 1 M zun, 9 M re (= 26 M).
4. Reihe: 1 M re, 1 M zun, 7 M re, 2x (1 M re, 1 M zun), 6 M re, 2x (1 M re, 1 M zun), 7 M re, 1 M zun, 1 M re (= 32 M).
6. Reihe: 1 M re, 1 M zun, 9 M re, 2x (1 M re, 1 M zun), 8 M re, 2x (1 M re, 1 M zun), 9 M re, 1 M zun, 1 M re (= 38 M).
7. – 9. Reihe: Gl li str (7. R = Hin-R li).
10. – 29. Reihe: Gl li str, dabei am Beginn und am Ende jeder rechts gestr Rück-R 2 M re zusstr (= 18 M; 29. R = Hin-R li).
Für den Kaiserpinguin in Schwarz gl re weiterstr wie folgt:
30. – 38. Reihe: Gl re str (30. R = Rück-R li).
39. Reihe: *2 M re zusstr, 5 M re, 2 M re zusstr; ab * 1x wdh (= 14 M).
40. Reihe: Alle M li abk.
Für den Adéliepinguin in Hellbraun gl li weiterstr wie folgt:
30. – 37. Reihe: Gl li str (30. R = Rück-R re).
38. Reihe: *2 M re zusstr, 5 M re, 2 M re zusstr; ab * 1x wdh (= 14 M).
39. Reihe: Alle M li abk.
Das Strickteil mit der links gestrickten Seite nach außen der Länge nach zusammenlegen und die Öffnung am Kopf sowie die Seitennaht schließen. Beim Adéliepinguin bereits jetzt die Sicherheitsaugen anbringen. Rumpf und Kopf mit Bastelwatte ausstopfen.

UNTERSEITE

1x in Grau für ein Kaiserpinguin-Küken bzw. in Hellbraun für ein Adéliepinguin-Küken arbeiten.
6 M anschl und 2 R gl li str (1. R = Rück-R re).
3. Reihe: 1 M re, 1 M zun, 4 M re, 1 M zun, 1 M re.
4. Reihe und alle folgenden Hinreihen: Li M str.
5. Reihe: 1 M re, 1 M zun, 6 M re, 1 M zun, 1 M re (= 10 M).
6. – 14. Reihe: Gl li str (6. R = Hin-R li).
15. Reihe: 2 M re zusstr, 6 M re, 2 M re zusstr.
17. Reihe: 2 M re zusstr, 4 M re, 2 M re zusstr.
18. Reihe: Alle M li abk.
Das Strickteil mit der links gestrickten Seite nach außen in die Öffnung an der Unterseite des Kükens einsetzen.

FLÜGEL (KAISERPINGUIN-KÜKEN)

2x in Grau arbeiten.
14 M anschl und 8 R gl li str (1. R = Rück-R re).
9. Reihe: 1 M re, 1 M zun, 4 M re, 2x 2 M re zusstr, 4 M re, 1 M zun, 1 M re.
10. Reihe und alle folgenden Hinreihen: Li M str. 9. und 10. R 3x wdh.
17. – 22. Reihe: Gl li str, dabei am Beginn und am Ende jeder re gestr Rück-R 2 M re zusstr (= 8 M).
23. Reihe: 2x (2 M re zusstr, 1 M re), 2 M re zusstr.
24. Reihe: Alle M li abk.
Das Strickteil mit der links gestrickten Seite nach außen zusammenlegen und entlang der Außenkante zusammennähen. Beide Flügel gleich arbeiten und mit Leiterstichen an die Seiten des Kükens nähen.

FLÜGEL (ADÉLIEPINGUIN-KÜKEN)

2x in Hellbraun arbeiten.
14 M anschl und 12 R gl li str (1. R = Rück-R re).
13. – 17. Reihe: Gl li str, dabei am Beginn und am Ende jeder re gestr Rück-R 2 M re zusstr (= 8 M).
18. Reihe: Alle M li abk.
Die Flügel fertig stellen und anbringen wie beim Kaiserpinguin-Küken.

SCHNABEL (BEIDE KÜKEN)

1x in Dunkelbraun arbeiten.
7 M anschl und 4 R gl re str (1. R = Hin-R re).
5. – 8. Reihe: Gl re str, dabei am Beginn und am Ende jeder Hin-R 2 M re zusstr (= 3 M).
9. Reihe: 3 M re zusstr. Den Faden abschneiden, das Ende durch die verbleibenden M führen und anziehen.
Das Strickteil mit der glatt rechts gestrickten Seite nach außen zusammenlegen und die Seitennaht schließen. Den Schnabel mit Bastelwatte ausstopfen und mit Leiterstichen an das Gesicht des Kükens nähen.

Fertigstellung der Küken

„BRILLE“ (KAISERPINGUIN-KÜKEN)

2x in Weiß arbeiten.
3 M anschl und gl re str.
1. Reihe und alle folgenden Rückreihen: Li M str.
2. Reihe: 1 M re, 1 M zun, 1 M re, 1 M zun, 1 M re.
4. Reihe: 1 M re, 1 M zun, 3 M re, 1 M zun, 1 M re (= 7 M).
5. – 7. Reihe: Gl re str (5. R = Rück-R li).
8. Reihe: 2 M re zusstr, 3 M re, 2 M re zusstr.
10. Reihe: 2 M re zusstr, 1 M re, 2 M re zusstr (= 3 M).
11. Reihe: Alle M li abk.
In jeden der weißen Flecken ein Sicherheitsauge einsetzen. Die „Brille“ mit weißem Garn und Leiterstichen seitlich auf das Gesicht des Kükens nähen (siehe Foto auf Seite 116), dabei den Stift des Auges durch die Maschen des Kopfes nach innen schieben.

FÜSSE (BEIDE KÜKEN)

Für jeden Fuß eine 15 cm lange Luftmaschenkette häkeln. Diese Kette zu 3 Schlaufen für die 3 Zehen legen und zusammennähen (siehe Abb. unten).

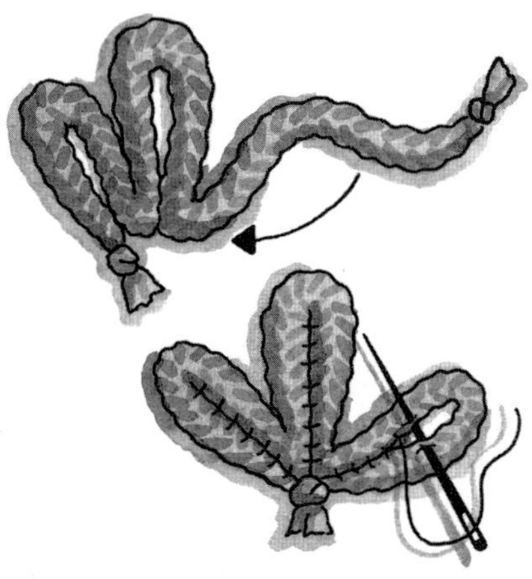

Beide Füße gleich arbeiten und unter den Rumpf des Kükens nähen.

ROBBE

(Abb. Seite 108/109) Größe: ca. 24 cm

Robben sind intelligente und neugierige Tiere, die sich oft stark für das Treiben der Menschen interessieren. Sie sehen aus wie Schwimmer in der Sonne, wenn sie im Wasser herumplanschen oder sich die Taucher ansehen, die in ihre Unterwasserwelt vordringen. Mit den weit auseinander liegenden Augen und dem großen „lächelnden" Maul ähnelt ihr Gesicht dem eines Menschen. Und so ist es nicht verwunderlich, dass man sich in vielen Kulturen Geschichten erzählt, in denen die Seele eines Menschen in eine Robbe eingesperrt ist. Es gibt sogar Märchen von Selkies – Frauen in Robbengestalt –, die als Ehefrauen an Land leben mussten, nachdem es ihrem Mann gelungen war, ihr magisches Fell in seine Gewalt zu bekommen.

In Mohair gestrickt bezaubern diese freundlichen Robben durch ihre großen Augen, ihr unwiderstehliches Lächeln und freundliches Wesen. Von allen Spielsachen in diesem Buch sind die Robben am einfachsten herzustellen. Sie bestehen aus lediglich vier einzelnen Teilen, die alle aus dem gleichen Garn gearbeitet werden.

Schwierigkeitsgrad

Für Einsteiger. Genau das Richtige für Anfänger ohne Strick-Erfahrung – vier einfache Teile in einer einzigen Farbe. Wenn Sie ungern mit Mohair arbeiten, verwenden Sie stattdessen ein anderes, glattes Garn.

50 g Mohairgarn in Weiß
Garnreste in Schwarz
Stricknadeln Nr. 3
Sticknadel Nr. 18 ohne Spitze
2 Sicherheitsaugen, Ø 16 mm
Nähnadel
Nähgarn, schwarz
Kunstfaser-Bastelwatte (waschbar)

Maschenprobe

28 M/36 R gl re = 10 x 10 cm.

Anleitung

Alle Grundtechniken, die Sie beherrschen müssen, um die Robbe zu arbeiten, sind auf Seite 9 bis 11 ausführlich beschrieben.

RUMPF UND KOPF

1x in Weiß arbeiten.

16 M anschl und 2 R gl li str (1. R = Rück-R re).

3. Reihe: 1 M re, 1 M zun, [6] M re, 2x (1 M re, 1 M zun), [6] M re, 1 M zun, 1 M re.

4. – 6. Reihe: Gl li str (4. R = Hin-R li).

3. – 6. R 6x wdh, dabei die Zahl in eckigen Klammern jedes Mal um 2 erhöhen (= 44 M).

31. – 70. Reihe: Gl li str (31. R = Rück-R re).

71. Reihe: 2 M re zusstr, [18 M] re, 2x 2 M re zusstr, [18 M] re, 2 M re zusstr.

72. Reihe und alle folgenden Hinreihen: Li M str. 71. und 72. R 4x wdh, dabei die Zahl in eckigen Klammern jedes Mal um 2 reduzieren (= 24 M).

81. – 84. Reihe: Gl li str (81. R = Rück-R re).

85. Reihe: *2x 2 M re zusstr, 4 M re, 2x 2 M re zusstr; ab * 1x wdh (= 16 M).

87. Reihe: *2 M re zusstr, 4 M re, 2 M re zusstr; ab * 1x wdh (= 12 M).

Den Faden abschneiden, das Ende durch die verbleibenden M führen und fest anziehen. Dies ist das Schnauzenende.

Das Strickteil mit der links gestrickten Seite nach außen der Länge nach zusammenlegen und die Längsnaht schließen. Die Sicherheitsaugen einsetzen, Kopf und Rumpf ausstopfen und die letzte Naht schließen.

Schnauze: Etwa 2,5 cm vom Schnauzenende entfernt eine Runde Vorstiche in passender Farbe um die Schnauze arbeiten und den Faden fest anziehen (siehe Grundtechniken, Seite 11). Das Ende des Fadens mit einigen kleinen Stichen fixieren.

Hals: Etwa 7,5 cm vom Schnauzenende entfernt den Hals formen, wie bei der Schnauze beschrieben.

SCHWANZFLOSSE

1x in Weiß arbeiten.

18 M anschl. (Diese Kante wird später an den Rumpf angenäht.)

1. Reihe (= Rückreihe): Re M str.

2. Reihe: Li M str.

3. Reihe: 1 M re, 1 M zun, [7] M re, 2x (1 M re, 1 M zun), [7] M re, 1 M zun, 1 M re.

4. Reihe: Li M str. 3. und 4. R 4x wdh, dann die 3. R noch 1x wdh, dabei die Zahlen in Klammern jedes Mal um 2 erhöhen (= 42 M).

14. Reihe: Alle M li abk.

Das Strickteil mit der links gestrickten Seite nach außen zusammenlegen und an zwei Seiten zusammennähen. Die Flosse mit Bastelwatte ausstopfen und die letzte Naht schließen. Die Anschlagkante der Flosse mit Leiterstichen an das Hinterende der Robbe nähen (siehe Foto auf Seite 109).

VORDERFLOSSEN

2x in Weiß arbeiten.

16 M anschl und 4 R gl li str (1. R = Rück-R re).

5. Reihe: 1 M re, 1 M zun, [14] M re, 1 M zun, 1 M re.

6. Reihe und alle folgenden Hinreihen: Li M str. 5. und 6. R 4x wdh, dann die 5. R noch 1x wdh, dabei die

Zahl in eckigen Klammern jedes Mal um 2 erhöhen (= 28 M).
16. Reihe: Alle M li abk.
Das Strickteil mit der links gestrickten Seite nach außen zusammenlegen und an zwei Seiten zusammennähen. Die Flosse mit Bastelwatte ausstopfen und die letzte Naht schließen. Beide Vorderflossen gleich arbeiten, mit Leiterstichen an die Seiten der Robbe nähen (siehe Foto auf Seite 109) und mit einigen zusätzlichen Stichen am Körper befestigen.

Nase und Maul

Mit schwarzem Garn für die Nase einige waagerechte Spannstiche über die Schnauzenspitze sticken.
Für das Maul ein großes umgekehrtes T sticken und den Faden in leicht gerundeter Form mit winzigen unsichtbaren Stichen und schwarzem Nähgarn fixieren (siehe Grundtechniken, Seite 11).

Walross

Größe: ca. 40 cm

Walrosse sind außerordentlich freundliche Tiere, die sich oft in großer Zahl an Land beobachten lassen. Eine enorme Fettschicht hält die Kälte ab und verleiht den Tieren einen beachtlichen Umfang. Im Wasser bewegen sich die Walrosse sehr wendig, aber an Land macht ihnen ihr großes Gewicht buchstäblich das Leben schwer: Hier müssen sie sogar ihre Hauer zur Hilfe nehmen, um sich auf die Felsen zu hieven. Walrosse sind gesellige Tiere, die in einer sozialen Gemeinschaft leben. Allerdings kommt es unter den Bullen manchmal zu heftigen Kämpfen um die Weibchen, wobei sie einander mit ihren zu Hauern verlängerten oberen Eckzähnen schwere Verletzungen zufügen können. Die Stellung eines Walrossbullen innerhalb der Gemeinschaft ist klar erkennbar: Je größer die Hauer sind, desto höher steht er in der sozialen Rangfolge. Unser gestricktes Walross dürfte daher irgendwo in der Mitte einzuordnen sein.

Schwierigkeitsgrad

Für Fortgeschrittene. Die Teile sind einfach herzustellen, nur die Hauer erfordern etwas mehr Aufmerksamkeit. Sie neigen dazu, in die falsche Richtung zu zeigen, und müssen deshalb besonders sorgfältig gearbeitet werden.

60 g Strickgarn (LL ca. 160 m/50 g) in Mittelbraun; Reste in Weiß und Schwarz
Stricknadeln Nr. 3 und 3,5
Sticknadel Nr. 18 ohne Spitze
2 Sicherheitsaugen, Ø 14 mm
Nähnadel
Nähgarn, schwarz
Kunstfaser-Bastelwatte (waschbar)

Maschenprobe

18 M/28 R gl re mit Nd-Nr 3,5 = 10 x 10 cm. 28 M/36 R gl re mit Nd-Nr 3 = 10 x 10 cm.

Anleitung

Alle Grundtechniken, die Sie beherrschen müssen, um das Walross zu arbeiten, sind auf Seite 9 bis 11 ausführlich beschrieben.

Rumpf und Kopf

1x in Mittelbraun arbeiten.
16 M anschl und 2 R gl re str (1. R = Hin-R re).
3. Reihe: 1 M re, 1 M zun, [6] M re, 2x (1 M re, 1 M zun), [6] M re, 1 M zun, 1 M re.
4. – 6. Reihe: Gl re str (4. R = Rück-R li). 3. – 6. R 6x wdh, dabei die Zahl in eckigen Klammern jedes Mal um 2 erhöhen (= 44 M).
31. – 108. Reihe: Gl re str (31. R = Hin-R re).
Das Walross weiterstr und fertig stellen, wie bei der Robbe ab 71. R beschrieben. (Gestrickt wird dabei gleich wie bei der Robbe, doch da beim Walross die gl re gestr Seite außen liegt, sind die re gestr R Hin-R, die li gestr R Rück-R.)
Kopf: Etwa 7,5 cm vom Schnauzenende entfernt den Kopf leicht nach unten abknicken. Das Kinn mit Leiterstichen an der Vorderseite des Halses befestigen.
Brustkorb: Etwa 15 cm vom Schnauzenende entfernt den Hals leicht nach oben abknicken. Den Nacken mit Leiterstichen an den oberen Teil des Rumpfes nähen.
Schnauze: Etwa 2,5 cm vom Schnauzenende entfernt eine Runde Vorstiche in passender Farbe um die Schnauze arbeiten und den Faden fest anziehen (siehe Grundtechniken, Seite 11). Das Ende des Fadens mit einigen kleinen Stichen fixieren.

Schwanzflosse

1x in Mittelbraun arbeiten.
18 M anschl (diese Kante wird später an den Rumpf angenäht) und 4 R gl re str (1. R = Hin-R re).
5. Reihe: 1 M re, 1 M zun, [7] M re, 2x (1 M re, 1 M zun), [7] M re, 1 M zun, 1 M re.
6. Reihe: Li M str. 5. und 6. R 4x wdh, dann die 3. R noch 1x wdh, dabei die Zahlen in Klammern jedes Mal um 2 erhöhen (= 42 M).
16. – 18. Reihe: Gl re str (16. R = Rück-R li).
19. Reihe: Alle M abk.

Das Strickteil mit der glatt rechts gestrickten Seite nach außen zusammenlegen und an zwei Seiten zusammennähen. Die Flosse mit wenig Bastelwatte ausstopfen und die letzte Naht schließen. Die Anschlagkante der Flosse mit Leiterstichen an das Hinterende des Walrosses nähen (siehe Foto auf Seite 109). Von der langen geraden Kante aus eine Reihe Vorstiche in der Mitte der Schwanzflosse zum Körper hin arbeiten.

Vorderflossen

2x in Mittelbraun arbeiten.
16 M anschl und 4 R gl re str (1. R = Hin-R re).
5. – 17. Reihe: Gl re str, dabei am Beginn und am Ende jeder Hin-R 1 M zun (= 30 M).
18. – 20. Reihe: Gl re str (18. R = Rück-R li).
21. Reihe: Alle M abk.
Das Strickteil mit der glatt rechts gestrickten Seite nach außen zusammenlegen und die leicht gekrümmte Kante schließen. Die Flosse mit etwas Bastelwatte ausstopfen und die letzte Naht schließen. Beide Flossen gleich arbeiten, mit Leiterstichen seitlich an die Brust des Walrosses nähen (siehe Foto) und dabei mit einigen zusätzlichen Stichen am Körper befestigen. Auf jeder Flosse 3 Reihen Vorstiche von der Breitseite zum Körper hin arbeiten (siehe Grafik).

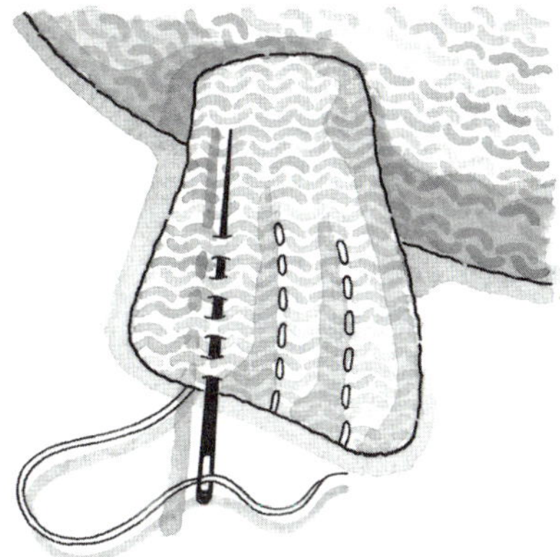

Nase und Maul

Am Schnauzenende für die Nase einige waagerechte Spannstiche mit schwarzem Garn arbeiten. Von der Nase ausgehend einen senkrechten Spannstich nach unten sticken und von dessen unterem Ende als Maul je einen langen Spannstich nach links und rechts führen. Die Maullinie mit einigen unsichtbaren Stichen in gerundeter Form fixieren (siehe Grundtechniken, Seite 11).

Hauer

2x in Weiß mit Nadeln Nr. 3 arbeiten.
10 M anschl und 12 R gl re str (1. R = Hin-R re).
13. Reihe: 1 M re, 1 M zun, 2 M re, 2x 2 M re zusstr, 2 M re, 1 M zun, 1 M re.
14. Reihe und alle folgenden Rückreihen: Li M str. 13. und 14. R 3x wdh.
21. Reihe: 3 M re, 2x 2 M re zusstr, 3 M re.
23. Reihe: 2 M re, 2x 2 M re zusstr, 2 M re.
25. Reihe: 1 M re, 2x 2 M re zusstr, 1 M re.
26. Reihe: Alle M li abk.
Das Strickteil mit der glatt rechts gestrickten Seite der Länge nach zusammenlegen und entlang der gekrümmten Kante zusammennähen. Den Hauer leicht mit Bastelwatte ausstopfen und die letzte Naht schließen.
Beide Hauer gleich arbeiten und mit Leiterstichen unterhalb der schwarzen Maullinie annähen. Die Hauer mit einigen zusätzlichen Stichen auch am Kinn des Walrosses befestigen.

EISBÄR

Größe: ca. 29 cm

Trotz ihrer enormen Körpergröße sind Eisbären sehr agil und wendig; sie können sich im Wasser genauso gut und schnell bewegen wie an Land. Ihre Beute sind hauptsächlich Robben, die flink und vor Gefahren immer auf der Hut sind. Dank ihres weißen Fells sind Eisbären in der Schneelandschaft hervorragend getarnt; außerdem schützt es sie beim Schwimmen im eisigen Wasser vor der Kälte.

Im tiefsten Winter gräbt sich die Bärin eine Höhle im Schnee. Dort bringt sie ihre Jungen zur Welt, und die Höhle bietet ihnen während der ersten Monate ausgezeichneten Schutz. Erst im Frühling verlassen die jungen Bären ihre Höhle und riskieren einen ersten Blick auf die weiße Welt um sie herum.

Mit seiner rundlichen Gestalt sieht unser knuddeliger Bär aus, als ob er lieber in seiner molligen Höhle bleiben würde, statt sich in den arktischen Winter zu stürzen.

Schwierigkeitsgrad

Für Fortgeschrittene. Kopf und Nase müssen etwas ausgeformt werden, doch ansonsten ist der Eisbär recht einfach zu arbeiten.

100 g Strickgarn (LL ca. 160 m /50 g) in Weiß; Rest in Dunkelbraun
Stricknadeln Nr. 3,5
Sticknadel Nr. 18 ohne Spitze
2 Sicherheitsaugen, Ø 14 mm
Nähnadel
Nähgarn, schwarz
Kunstfaser-Bastelwatte (waschbar)

Maschenprobe

26 M/34 R gl re = 10 x 10 cm.

Anleitung

Alle Grundtechniken, die Sie beherrschen müssen, um den Eisbären zu arbeiten, sind auf Seite 9 bis 11 ausführlich beschrieben.

RUMPF UND KOPF

1x in Weiß arbeiten.
24 M anschl.
1. Reihe und alle folgenden Rückreihen: Li M str.
2. Reihe: 2x (1 M re, 1 M zun), [8] M re, 4x (1 M re, 1 M zun), [8] M re, 1 M zun, 1 M re.
3. Reihe: Li M str. 2. und 3. R 5x wdh, dabei die Zahl in eckigen Klammern jedes Mal um 4 erhöhen (= 72 M).
14. Reihe: 1 M re, 1 M zun, 34 M re, 2x (1 M re, 1 M zun), 34 M re, 1 M zun, 1 M re (= 76 M).
15. – 29. Reihe: Gl re str (15. R = Rück-R li).
30. Reihe: 2 M re zusstr, [34] M re, 2x 2 M re zusstr, [34] M re, 2 M re zusstr.
31. Reihe: Li M str. 30. und 31. R 3x wdh, dabei die Zahl in eckigen Klammern jedes Mal um 2 reduzieren (= 60 M).
38. – 43. Reihe: Gl re str (38. R = Hin-R re).
44. Reihe: 29 M re, 2x (1 M re, 1 M zun), 29 M re (= 62 M).
46. Reihe: [29] M re, 4x (1 M re, 1 M zun), [29] M re.
47. Reihe: Li M str. 46. und 47. R 3x wdh, dabei die Zahl in eckigen Klammern jedes Mal um 2 erhöhen (= 78 M).
54. Reihe: Re M str.
55. Reihe: Li M str.
56. – 61. Reihe: Gl re str, dabei am Beginn und am Ende jeder Hin-R 2 M re zusstr (= 72 M).
62. Reihe: 2 M re zusstr, [32] M re, 2x 2 M re zusstr, [32] M re, 2 M re zusstr.
63. Reihe: Li M str. 62. und 63. R 5x wdh, dabei die Zahl in eckigen Klammern jedes Mal um 2 reduzieren (= 48 M).
74. Reihe: [22] M re, 2x 2 M re zusstr, [22] M re.
75. Reihe: Li M str. 74. und 75. R 3x wdh, dabei die Zahl in eckigen Klammern jedes Mal um 1 reduzieren (= 40 M).
82. Reihe: *2x 2 M re zusstr, 12 M re, 2x 2 M re zusstr; ab * 1x wdh (= 32 M).
83. – 89. Reihe: Gl re str (83. R = Rück-R li).
90. Reihe: 2x 2 M re zusstr, [24] M re, 2x 2 M re zusstr (= 28 M).
91. Reihe: Li M str. 90. und 91. R 1x wdh, dann die 90. R noch 1x wdh, dabei die Zahl in eckigen Klammern jedes Mal um 4 reduzieren (= 20 M).
95. Reihe: Alle M li abk (= Schnauze).
Das Strickteil mit der glatt rechts gestrickten Seite der Länge nach mittig zusammenlegen. Die Öffnung an der Schnauze und die Längsnaht schließen. Die Augen anbringen, Kopf und Rumpf mit Bastelwatte ausstopfen und die letzte Naht schließen.

BEINE

4x in Weiß arbeiten.
14 M anschlagen (= Pfote) und 2 R gl re str (1. R = Hin-R re).
3. Reihe: 1 M re, 1 M zun, [5] M re, 2x (1 M re, 1 M zun), [5] M re, 1 M zun, 1 M re.
4. Reihe: Li M str. 3. und 4. R 3x wdh, dabei die Zahl in eckigen Klammern jedes Mal um 2 erhöhen (= 30 M).
11. – 50. Reihe: Gl re str (11. R = Hin-R re).

51. Reihe: Alle M abk.
Das Strickteil mit der glatt rechts gestrickten Seite nach außen der Länge nach zusammenlegen, die Öffnung am Fuß und die Seitennaht schließen. Das Bein mit Bastelwatte ausstopfen und die letzte Naht schließen. Alle 4 Beine gleich arbeiten und mit Leiterstichen an den Rumpf nähen.
Pfote: 5 cm vom unteren Ende des Beins entfernt die Pfote im rechten Winkel zum Bein nach oben abknicken und mit Leiterstichen fixieren.

Ohren

2x in Weiß arbeiten.
28 M anschl und 10 R gl re str (1. R = Hin-R re).
11. Reihe: *2 M re zusstr, 10 M re, 2 M re zusstr; ab * 1x wdh (= 24 M).
12. Reihe und alle folgenden Rückreihen: Li M str.
13. Reihe: *2 M re zusstr, 8 M re, 2 M re zusstr; ab * 1x wdh (= 20 M).
15. Reihe: *2 M re zusstr, 6 M re, 2 M re zusstr; ab * 1x wdh (= 16 M).
16. Reihe: Alle M li abk.
Das Strickteil mit der glatt rechts gestrickten Seite nach außen zusammenlegen und entlang der äußeren Kante zusammennähen. Beide Ohren gleich arbeiten und mit Leiterstichen an den Kopf nähen.

Schwanz

1x in Weiß arbeiten.
10 M anschl und 6 R gl re str (1. R = Hin-R re).
7. Reihe: *2 M re zusstr, 1 M re, 2 M re zusstr; ab * 1x wdh (= 6 M).
8. und 10. Reihe: Li M str.
9. Reihe: 3x 2 M re zusstr (= 3 M).
11. Reihe: 3 M re zusstr. Den Faden abschneiden, das Ende durch die letzte M führen und fest anziehen. Den Schwanz mit der glatt rechts gestrickten Seite nach außen an das Hinterteil des Bären nähen.

Nase, Maul und Krallen

Für die Nase einige waagerechte Spannstiche mit dunkelbraunem Garn über das Schnauzenende arbeiten. Von der Nase aus einen Stich senkrecht nach unten führen und von dessen Ende aus für das Maul je einen Stich nach links und nach rechts arbeiten. Dieses Maul mit winzigen Stichen fixieren (siehe Grundtechniken, Seite 11). Auf jede Tatze mit Spannstichen und dunkelbraunem Garn 3 Krallen sticken.

Modellvarianten

Manche der in diesem Buch gezeigten Modelle verwandeln sich in ein anderes Tier, wenn Sie ganz einfach die Farben austauschen. Für den unten abgebildeten Seelöwen hat beispielsweise das Walross (siehe Seite 120) Pate gestanden, für den Panda auf Seite 125 der Eisbär (siehe Seite 122).

Seelöwe

Größe: ca. 40 cm

Seelöwen sind flink und geschickt und daher als Zirkusartisten sehr beliebt. Mit ihrer Intelligenz können sie sogar komplizierten Anordnungen folgen. Doch ursprünglich haben sie ihre Fähigkeiten nicht entwickelt, um uns Menschen zu unterhalten. In freier Wildbahn brauchen Seelöwen ihre Behändigkeit und ihr akrobatisches Talent, um Fische als Nahrung zu fangen.

Schwierigkeitsgrad

Für Einsteiger. Der Seelöwe besteht nur aus vier Teilen, die alle sehr einfach zu stricken sind. Nur die Gestaltung des Kopfes, der sehr genau genäht werden muss, kann etwas mehr Zeit in Anspruch nehmen.

Maschenprobe

18 M/28 R gl re = 10 x 10 cm.

Anleitung

Arbeiten Sie den Seelöwen nach der Anleitung für das Walross (Seite 120), doch stricken Sie alle Teile in Schwarz und lassen Sie die Hauer weg.

Alle Grundtechniken, die Sie beherrschen müssen, um den Seelöwen zu arbeiten, sind auf Seite 9 bis 11 ausführlich beschrieben.

60 g Strickgarn (LL ca. 160 m/50 g) in Schwarz; Rest in Dunkelgrau für Nase und Maul
Stricknadeln Nr. 3,5
Sticknadel Nr. 18 ohne Spitze
2 Sicherheitsaugen, Ø 14 mm
Nähnadel
Nähgarn, schwarz
Kunstfaser-Bastelwatte (waschbar)

Die Anleitung für die unten abgebildeten Fische finden Sie auf Seite 114.

PANDA

Größe: ca. 29 cm

Der Große Panda oder Bambusbär ist eher mit dem Kleinen Panda oder Katzenbären verwandt als mit Großbären wie den Grizzlys. In China, wo Pandas in freier Wildbahn leben, nennt man sie Schneebären. Eine alte Sage erklärt, woher Pandas ihre schwarz-weiße Zeichnung haben. Dieser Erzählung nach waren Pandas einst weiß und wurden von einem hübschen chinesischen Mädchen versorgt. Als das Mädchen starb, sollen die Pandas so sehr geweint haben, dass das Schwarz des Trauerflors ihre Vorder- und Hinterbeine verfärbte. Als sie sich die Ohren zuhalten wollten, um nichts mehr über den Tod des Mädchens hören zu müssen, wurden diese schwarz. Und als die Pandas ihre verweinten Augen trockneten, entstanden die charakteristischen schwarzen Augenflecken.

Schwierigkeitsgrad

Für Fortgeschrittene. Kopf und Nase müssen etwas ausgeformt werden, doch ansonsten ist der Panda recht einfach zu arbeiten.

Je 50 g Strickgarn (LL ca. 160 m/50 g) in Schwarz und Weiß; Rest in Dunkelbraun
Stricknadeln Nr. 3,5
Sticknadel Nr. 18 ohne Spitze
2 Sicherheitsaugen, Ø 14 mm
Nähnadel
Nähgarn, schwarz
Kunstfaser-Bastelwatte (waschbar)

Maschenprobe

26 M/34 R gl re = 10 x 10 cm.

Anleitung

Folgen Sie der Anleitung für den Eisbären (Seite 122) und stricken Sie in folgenden Farben: das Teil für Rumpf und Kopf in Weiß, Beine, Ohren und Schwanz in Schwarz. Die charakteristischen Augenflecken entstehen nach der unten stehenden Anleitung.
Alle Grundtechniken, die Sie beherrschen müssen, um den Großen Panda zu arbeiten, sind auf Seite 9 bis 11 ausführlich beschrieben.

AUGENFLECKEN

2x in Schwarz arbeiten.
4 M anschl und 2 R gl re str (1. R = Hin-R re).
3. – 8. Reihe: Gl re str, dabei am Beginn und am Ende jeder Hin-R 1 M zun (= 10 M).
9. – 20. Reihe: Gl re str (9. R = Hin-R re).
21. – 25. Reihe: Gl re str, dabei am Beginn und am Ende jeder Hin-R 2 M re zusstr (= 4 M).
26. Reihe: Alle M li abk.
Beide Flecken gleich arbeiten.
Den Panda fertig stellen, wie beim Eisbären beschrieben, jedoch die Augen noch nicht einsetzen. In jeden Augenfleck dicht an einem Ende ein Auge einsetzen (siehe Foto unten), dann die Flecken auf das Panda-Gesicht nähen und dabei den Stiel des Auges durch die Maschen in den Kopf schieben.

Bezugsquellen

Stricktiere und -puppen sind eine hervorragende Möglichkeit, Garnreste aufzubrauchen, die bei größeren Projekten übrig geblieben sind. Sehen Sie also erst in Ihrem Restekorb nach, bevor Sie Geld für neue Garne ausgeben. Fragen Sie auch in der Familie oder im Freundeskreis nach derlei Resten: Solche Garne haben dann auch noch eine Vorgeschichte, die das daraus gestrickte Spielzeug umso wertvoller macht.

Wenn Sie jedoch neues Garn kaufen wollen, empfehle ich Ihnen die Woll-Lädchen und Handarbeitsgeschäfte, die oft abseits der großen Einkaufsstraßen versteckt sind. Dort werden Sie fast immer von den Inhaberinnen bedient, die selbst begeisterte Strickerinnen sind und Sie bei der Wahl des geeigneten Garns geduldig und kundig beraten oder Ihnen einzelne Knäuel einer weniger geläufigen Qualität verkaufen. In vielen dieser Läden steht ein großer Korb voller Restknäuel, die zu reduzierten Preisen angeboten werden und sich hervorragend zum Stricken von Tieren und Puppen eignen. Viele der Garne, aus denen die Originalmodelle in diesem Buch gestrickt sind, stammen aus solchen Quellen.

Wenn Sie in der Großstadt leben, lohnt sich der Gang in große Warenhäuser, die meist über gut sortierte Handarbeitsabteilungen verfügen. Dort finden Sie eine große Auswahl an Qualitäten in vielen Farben.

Wenn Sie jedoch gar nicht fündig werden, können Sie sich auch direkt an die Garnhersteller wenden, die Ihnen eine Bezugsquelle in Ihrer Nähe empfehlen werden. Einige der wichtigsten Adressen sind unten aufgeführt. Ich weise jedoch noch einmal darauf hin, dass ich für meine Tiere und Puppen nicht das Garn einer bestimmten Marke verwendet habe. Ich suche stets lieber ein in Farbe und Qualität für das jeweilige Projekt geeignetes Garn aus. Bei Spielsachen ist es nicht einmal notwendig, für ein Modell nur das Garn einer Marke zu verwenden. Im Gegenteil: Wie Schaf und Wombat in diesem Buch beweisen, entstehen durch einen gezielten Materialmix oft sogar besonders interessante Effekte.

Lana Grossa GmbH & Co. KG
Ingolstädter Straße 86
D – 85080 Gaimersheim

Lang Garn & Wolle GmbH
Püllenweg 20
D – 41352 Korschenbroich

Rowan
Vertrieb in Deutschland über:
Wolle & Design
Wolfshovener Straße 76
D – 52428 Jülich-Stetternich

Online
Klaus Koch GmbH & Co. KG
Rheinstraße 19
D – 35260 Stadtallendorf

Schachenmayr
Coats GmbH
Eduardstraße 44
D – 73084 Salach

Schoeller & Stahl GmbH
Auenstraße 1
D – 73079 Süssen

Steinbach Wolle GmbH
Aistingerstraße 2
A – 4311 Schwertberg

Danksagung der Autorin

An dieser Stelle möchte ich all meinen Helfern für ihre Mitwirkung an diesem Buch danken:

Meiner Freundin Hilary Nicholson für ihr unermüdliches Stricken und die unerschütterlich gute Laune, mit der sie Dutzende von wollenen Armen und Beinen angefertigt hat. Ohne ihre Unterstützung hätte dieses Projekt nicht realisiert werden können.

Frances Kelly, Jenny Rodwell, Cheryl Brown und Mary Bartlett für ihren fachkundigen Rat und Beistand.

Brenda Morrison und Alan Duns für unglaublich kreative Foto-Wochenenden, an denen ich nicht nur ihre großzügige Gastfreundschaft genoss und kulinarisch verwöhnt wurde, sondern auch Gelegenheit bekam, mir herrliche Bäume anzusehen.

Inge, Hilary, Jo und Wendy Desfarges für gemütliche Strickabende in angenehmer Gesellschaft.

Sally Carr Designs, meinem Lieblingsladen in Totnes, wo man zwar nichts davon ahnte, an welch abenteuerlichem Unterfangen ich arbeitete, jedoch immer wieder mit interessanten Garnen aushalf und mich freundlich beriet.

Den Kollegen im Schumacher College, die nicht nur meine verrückten Projekte laufend unterstützten, sondern mir sogar die Freude machten, die fertig gestrickten Tiere zu erkennen.

Marcelle Shears, die mich als Erste dazu ermutigte, aus meiner Liebe zur Strickerei etwas zu machen; ich werde ihr dafür immer dankbar sein.

Danksagung des Verlages

Für die sorgfältige Umformulierung und Anpassung der Strickanleitungen an die Erfordernisse der Strickerinnen im deutschsprachigen Raum sowie für die Überarbeitung der Materiallisten sind wir Helene Weinold-Leipold zu großem Dank verpflichtet.

Register

Kursiv gedruckte Seitenzahlen verweisen auf Fotos und Grafiken.